목
수
일
기

DIARY OF A CARPENTER

올레 토르스텐센 지음 — 손화수 옮김

목수 木手 일기

살림

감사의 말

출간에 즈음하여 고맙다는 말을 전하고 싶은 분이 참 많습니다.
한 사람도 잊지 않고 모두에게 고마움을 전하고 싶습니다.
토룬 보르게가 마지막으로 눈을 감았습니다.
모두에게 전하는 마음을 그녀에게 대표로 바칩니다.

I

○

공구와 연장은 내 몸의 일부라고 해도 과언이 아니다.
이것들을 조심스레 잘 다룬다는 것은
내가 하는 일과 그 일에 대한 지식,
그리고 나 자신을 존중하는 거나 마찬가지다.

나는 기능장이면서 학위를 가진 목수다. 대부분의 사람들은 나를 목수 또는 건축목공기사라고 부른다.

노르웨이에서 '기능장'이란 이 분야의 전문 기술자임을 의미하고, 학위가 있다는 것은 관련 분야 회사를 운영할 수 있음을 의미한다. 내게는 기능, 즉 목공 기술이 회사 운영보다 훨씬 더 큰 의미가 있다. 그러므로 나는 기능장을 더 가치 있게 생각한다.

손으로 직접 하는 일은 조금도 신비롭지 않다. 나는 주문이 들어오면 일을 한다. 즉 주문에 전적으로 의존하며 산다.

나는 사업주이며 기업가이자 비즈니스맨이다. 사람들은 나를 소개할 때 종종 이런 단어를 사용하곤 한다. 하지만 나는 목수라는 말을 쓴다. 그러니까 나는 작은 건축회사를 운영하는 목수인 셈이다.

건축업계의 작은 회사들은 주로 소규모 공사를 맡아 진행한다. 큰 회사들은 이런 일에 별로 관심을 보이지 않는다. 큰 회사들은 도시계획에 따른 공사를 하고, 주택단지를 건설하고, 병원과 학교, 가끔은 유치원 건물과 규모가 작은 상가를 지어 올리기도 한다.

작은 회사들은 가정집의 욕실이나 방을 새로 짓거나 개축하며, 창문을 바꿔 달기도 하고 차고를 짓기도 한다. 최근에 건축된 주택들과 집 앞 우체통도 모두 이런 작은 회사들의 손을 거친 것이다. 전국에 있는 약 250만 채의 주택을 수리하고 증축하는 일들도 모두 이들의 손을 거쳤다.

나와 같은 일을 하는 사람들은 꽤 많아서 전국 어디서든 흔히 볼 수 있다. 그러니 한마디로 다채로운 집단인 셈이다. 우리는 전문 지식과 기술을 서로 나누고, 최선을 다해 각자 맡은 일을 한다. 목수들 중에는 손이 재빠른 사람, 느릿느릿한 사람, 일을 아주 잘하는 사람, 그저 그런 사람, 무뚝뚝한 사람, 항상 밝은 표정으로 일하는 사람, 돈을 적게 받는 사람, 많이 받는 사람, 정직한 사람, 정직하지 않은 사람 등 다양하기 그지없다. 이 모든 표현은 우리가 이 분야의 지식과 기술을 어떻게 이용하고, 또 어떻게 일을 해나가는지를 설명한다.

나는 오슬로의 퇴이엔이라는 곳에 살고 있다. 일은 대부분 오슬로 시내, 그중 동쪽 지역에서 한다. 가끔은 서쪽 지역에서 의뢰가 들어오기도 한다. 시Ski, 오스, 아스케르 등지에서 일해본 적도 있다. 오슬로 토박이가 아닌데도 오슬로 지리에 익숙해질 수 있었던 것은 일 덕분이었다. 지인들과 시내를 걸을 때면 나는 가끔 발을 멈추고 건물들을 가리키며 이렇게 말하곤 한다. 저 집 문은 내가 달아줬어, 저 집 다락방은 내가 증축해주었지, 저 집은 욕실을 만들어주었고 말야. 방향감각이라곤 거의 없는 사내가 지리를 익히는 데 이보다 더 좋은 방법이 있을까. 내가 손을 댄 건물은 잊는 법이 없으니 말이다.

내겐 직원도 없고, 사무실이나 부지도 없다. 공구와 연장은, 습기와 한기에 취약한 건축자재들과 함께 집 안 창고에 보관해둔다. 나사못, 일반 못 등 잡다한 도구들은 다락방에 넣어둔다. 공구와 연장은 내 몸의 일부라고 해도 과언이 아니다. 이것들을 조심스레 잘 다룬다는 것은 내가 하는 일과 그 일에 대한 지식, 그리고 나 자신을 존중하는 거나 마찬가지다.

내가 몰고 다니는 낡은 밴 한 대는 집 앞 골목길에 세워둔다. 어디든 빈자리를 찾아 주차하기 때문에 내 차가 있는 곳은 늘 일정하지 않다. 매일 일을 마치고 돌아오면 사용했던 도구와 연장을 집 안으로 옮긴다. 차 안에 두면 자칫 도둑맞을 염려가 있기 때문이다.

주차할 때는 창문을 열어둔다. 훔쳐갈 게 없는 빈 차라는 것을 보여주기 위해서다.

내가 사는 집은 건물 3층에 있다. 그래서 때마다 자재와 연장을 옮겨 나르는 건 보통 일이 아니다. 세월이 흐르다 보니 이젠 미리미리 계획을 세워 큰 범석을 떨지 않고서도 차에 짐을 싣고 내릴 수 있게 되었다. 덕분에 물론 시간도 많이 절약할 수 있다.

나는 거실을 사무실로 사용한다. 집은 그리 크지 않다. 모든 서류와 서류첩은 문이 달린 벽장 속에 넣어둔다. 그렇게 하니 필요할 때만 볼 수 있어서 그리 나쁘지 않다. 서류 작업은 피할 수 없는 일이다. 집에서 이런 식으로 일을 한다는 것은 매우 피곤한 일이 아닐 수 없다. 이 일은 어깨를 짓누르는 무거운 짐과 같다. 일을 하고 돌아오면 피곤을 애써 참으며 서류 작업을 마무리해야 한다. 일에서 완전히 벗어나 휴식을 하는 건 불가능하다고 여겨지기도 한다. 잠시 일에서 고개를 돌리고 창 밖 풍경을 바라보며 진정한 휴식을 얻기란 하늘에서 별 따기라는 느낌도 든다. 밖에서 육체노동을 마치고 돌아오면, 잠시 쉴 틈도 없이 벽장 문을 열고 필요한 서류를 꺼낸다. 컴퓨터를 켜고 부가가치세를 내고, 서류를 정리하고 필요한 것들을 적어 넣고 주문서를 작성하기도 한다. 이런 일은 많은 시간이 걸린다. 건축자재나 갖가지 연장들을 다루는 일보다 훨씬 긴 시간이…….

내 회사에 고용된 사람은 나밖에 없다. 한마디로 1인 회사라서 개인적인 씀씀이와 회삿돈을 구별하기 어렵다. 건축자재와 연장들을 내가 직접 관리하고 사용하므로, 회사의 이윤과 개인적 경제 상황은 떼려야 뗄 수 없다. 각종 공구와 차, 내가 지은 집과 깔아놓은 바닥, 그리고 회계 업무는 불가분의 관계를 맺고 있는 것이다.

가끔은 엄청나게 일이 많아 머리가 아플 때도 있지만 그렇다고 해서 부정적으로만 생각할 수는 없는 노릇이다. 그럴 때는 내가 하는 일이 나 자신은 물론, 건축 작업을 의뢰해 온 고객들에게도 큰 의미를 지니고 있음을 상기하며 스스로 다독인다. 우리를 둘러싸고 있는 모든 것은 삶에 결정적인 영향력을 미치는 동시에 무의미하고 보잘것없이 여겨지기도 한다. 그러니 가끔은 일이 잘 돌아가지 않는다 하더라도 죽자사자 매달리고 상심할 필요는 없다. 예를 들어 대성당에 화재가 나서 전소되었다 해도 죽은 사람만 없다면 내 일을 바라보며 다시 마음을 다잡게 되는 것과 같은 이치다.

셀소스에서 하는 일은 이제 거의 마무리 단계에 접어들었다. 수첩의 일정은 3주 후부터 비어 있다. 내가 하는 일은 항상 이렇다. 일터에 가서 무언가를 만들고 짓는 동시에 다음 일을 찾아 예약해놓아야 한다.

2

————

○

나는 설계도를 보며 완공된 건물을 머릿속으로 그려본다.
이때 설계도는 영화 시나리오와 같다.
나사못과 일반 못의 개수를 세고, 건축자재의 길이와 너비를 재고,
일하는 시간을 계산한다.

어두컴컴하고 축축한 11월의 어느 날 저녁, 나는 거실에 앉아 캡틴 비프하트Captain Beefheart(미국의 록가수. 1960년대 중반~1980년대 초반에 활동했다 - 옮긴이)의 음반을 듣고 있다. 어제는 일이 늦게 끝나 느지막이 잠자리에 들었다. 음반에서 흘러나오는 「하루 종일 달빛을 눈에 담고 다녔어요I went around all day with the moon sticking in my eye」라는 노래가 왠지 잘 어울리는 듯한 저녁이다. 설거지 배경음악으로 딱 좋군, 하며 설거지를 시작했지만 전화벨 소리에 멈춰야 했다. 낯선 번호였다.

"여보세요."

"안녕하세요, 저는 욘 페테르센이라고 합니다. 헬레네 칼센에게

서 당신 이야기를 듣고 전화를 했습니다."

"아! 토르스호브에 사는 헬레네와 소년들 말입니까? 그렇다면 건축 공사에 대한 일이겠군요."

토르스호브의 헬레네와 소년들은 약 2년 전 다락방을 증축하겠다며 내게 연락해 왔다. 그들은 점잖고 친절한 사람들이었다. 물론 내 작업에도 매우 흡족해했다. 그 집에는 헬레네와 남편, 사내아이 둘이 살고 있었다. 그래서 나는 텔레비전 연속극 제목을 빌려 그들을 '헬레네와 소년들'이라 불렀던 것이다. 그들은 내 말에 웃음을 터뜨리며 좋아했던 것으로 기억한다. 문득, 욘 페테르센은 이런 이야기를 전혀 모르고 있겠다는 생각이 스쳤다.

"예, 맞습니다. 저희도 토르스호브에 살고 있고 헬레네 씨 가족과 마찬가지로 다락방 증축을 계획하고 있습니다. 이 일을 할 수 있는 실력 있는 기술자를 찾다가 헬레네 씨의 추천을 받게 되었지요. 이 분야는 제가 알지도 못하고 이해할 수 없는 것들투성이라……. 어쨌든 저희는 일을 깔끔하게 해줄 수 있는 분을 찾고 있습니다. 헬레네 씨가 당신 솜씨에 감탄하며 추천을 하기에……."

욘은 헬레네 가족의 다락방에 대해 잠시 이야기하더니, 자기도 그와 비슷한 방식으로 하고 싶다고 했다. 그들이 살고 있는 주택단지의 주택조합 측에서는 시간을 질질 끌다가, 다락방이 주거 목적을 벗어나지 않을 경우에 한해서라는 조건을 달아 증축을 허가해주었다. 주택조합은 가정집에서 개별적으로 하는 증축 작업을 그리 달가워하지 않는다. 건축 구조에 변화가 생기면 사고가 날 수도 있고, 무엇보다 증축은 근본적으로 불필요하다고 생각하기 때문이다. 하지만 욘은 허가를 얻어낸 모양이었다.

"다락방에 대해 몇 가지 간략한 질문을 드려도 되겠습니까? 지금 거주하시는 집과 바로 연결된 공간에 다락방을 증축하실 계획입니까?"

"예, 거실에서 계단으로 다락에 올라갈 수 있게요. 전에 거실과 부엌 사이에 있는 벽 하나를 없앤 적이 있어요."

"증축 설계도는 작성하셨습니까? 그리고 건축 허가 신고서는 접수하셨는지요? 엔지니어가 해야 하는 공학 관련 작업은 해놓은 상태입니까?"

우리는 꽤 오랫동안 이야기를 나누었다. 페테르센은 엔지니어의 도움을 받아 도면의 기술적인 부분을 마무리했다고 말했다. 증축 허가 신고서는 시청 도시건축과에 이미 접수했으며, 곧 허가가 날 것이라고 했다. 나는 만약 일을 맡게 된다면 건축목공기사로서 해야 할 일은 직접 하겠다고 말했다. 건축자재는 여러 해 동안 함께 일해왔던 하청업자들에게서 공급받을 생각이었다. 사업주라 하더라도 나처럼 모든 일을 직접 하는 사람이 있는가 하면, 다른 사람들을 시켜서 하는 사람들이 있다. 건축목공기사 또한 단순하게 기술자 역할을 하는 사람이 있는가 하면, 여러 기사들을 부려서 일을 시키는 중소기업 수준의 기술자도 있다.

그런데 알고 보니, 욘 페테르센의 일을 맡기 위해서는 다른 두 명의 건축기사와 경쟁해야 하는 입장이었다. 그다지 나쁘지는 않았다. 만약 경쟁자가 다섯 명이라면 진작 포기했을 것이다. 일이 들어올 확률이 확 줄어들기 때문이다.

페테르센이 일을 의뢰하는 방식을 보니, 가장 기술이 좋은 목수들은 스스로 발을 빼게 되어 있었다. 아마 나만 그렇게 느끼는 건 아니리라. 그건 내가 이 분야에서 최고인지 아닌지 여부와는 상관없이 일반적으로 느낄 수 있는 점이다. 경력이 많은 사업주들은 고객들의 이러한 의뢰 방식을 훤히 꿰뚫어보고 있다. 세 명의 기술자에게 일을 의뢰한 고객보다 다섯 명에게 의뢰한 고객에게 선택되기는 더 어렵다. 대체로 소수의 기술자들을 추려내어 일을 의뢰하는 고객은 궁극적으로 더 좋은 결과를 얻어낼 수 있다. 왜냐하면 여기저기 마구잡이로 의뢰하는 고객을 만나면 기술자들은 지레 겁을 먹고 미리 발을 뺄 확률이 크기 때문이다.

예를 들어 고객이 열 군데의 회사를 알아본다고 하자. 고객은 먼저 그들의 경력과 회사의 경제 사정 등을 알아본 후, 그중에서 몇몇 회사를 추려내어 공사에 들어가는 비용이 어느 정도인지 견적을 내달라고 부탁한다. 경력과 회사 소개서를 작성하는 일은 그리 시간이 많이 걸리지 않지만, 실제 공사에 들어가는 예산을 계산하는 일은 꽤 시간이 걸린다.

나는 고객이 견적을 의뢰한 세 명의 기술자 중 하나라면 만족한다. 이 경우 일을 맡게 될 확률이 크기 때문이다.

헬레네 가족의 일을 맡았던 것은 이제 어디 내보일 수 있는 경력 중 하나가 되었다. 물론 헬레네 가족도 이런 식으로 의뢰를 해 왔고, 나는 견적을 내주었다.

이야기를 하다 보니, 욘은 NSB(노르웨이 국영철도회사)에서 행정 업무를 담당하고 있고, 그의 아내 카리는 오슬로 코뮤네kommune(노르웨이의 최소 행정 단위. 2017년 현재 428개의 코뮤네가 있다 - 옮긴이)에서 문화 관련 일을 한다는 것을 알게 되었다. 그는 자기들이 이렇게 건축과는 전혀 관계없는 일을 하다 보니 자연히 다락방을 증축하는 일에는 백지 상태일 수밖에 없다고 고백했다. 따라서 누군가가 그 일을 대신해줄 수 있다면 그보다 더 감사한 일이 없다고도 덧붙였다.

두 아들이 점점 자라면서 필요한 공간도 더 많아져서 부부는 다른 곳으로 이사를 가볼까 생각해보았지만, 어쩌다 보니 다락방을 증축할 수 있는 기회를 얻게 되었다고 했다. 게다가 토르스호브에 정도 들었기에 이사 가려던 생각을 접고 다락방을 증축해 계속 살기로 결정했다고 말했다.

지금까지는 다락방 증축과 관련해 그 집을 지었던 건설회사와 건축가만 접촉해왔다고 했다. 엔지니어와 도시건축과는 건축가를 통해 연락할 수 있었다. 일과 관련된 이론적인 사항들은 그들 부부가 매일 직장에서 하는 업무와 그리 다르지 않았기 때문에 이해하기 쉬웠다. 페테르센은 이미 이론적인 절차만 1년 넘게 공을 들여왔다. 그러므로 그가 이제는 실질적인 단계로 넘어가고 싶어 안달한다는 것은 누가 봐도 알 수 있었다. 그것은 내가 이 일을 처음부터 아주 조심스럽고 완벽하게 해내야 함을 의미하기도 했다.

서류 작업은 언제나 되돌릴 수 있는 이점이 있다. 실제로 완수하기가 불가능할 경우 언제든 처음부터 다시 시작할 수 있기 때문이다. 하지만 내가 하는 일은 서류 작업과는 판이하다. 건물을 지어 올리다가 한 구석이 이가 맞지 않는다고 무너뜨리고 처음부터 새로 지을 수는 없는 일이다. 물론 그렇게 할 수는 있지만, 거기에 들어가는 비용까지 부담하려는 고객은 아무도 없을 것이다.

나는 설계도를 보며 완공된 건물을 머릿속으로 그려본다. 이때 설계도는 영화 시나리오와 같다. 나사못과 일반 못의 개수를 세고, 건축자재의 길이와 너비를 재고, 일하는 시간을 계산한다. 머릿속으로는 이 건물을 어떻게 지을까, 영화처럼 장면들을 상상해본다. 고객들은 완성된 결과물에만 관심을 가지기 마련이다. 그들은 목수가 완성한 결과물을 보며, 목수가 그 과정을 설명해줄 때 더욱 잘 이해한다.

일을 완성했을 때 고객에게 설명하는 것을 잊는다고 해서 문제가 되지는 않는다. 그것은 그다지 중요하지 않다. 설계도는 창고처럼 빈 공간으로 존재하던 다락방을 주거 목적으로 변경하는 데 필수불가결한 요소라고 할 수 있다.

나는 증축을 할 때 일 자체에 가장 큰 관심을 쏟지만, 고객과 설계사 그리고 엔지니어는 물리적인 일에 대해서는 그다지 신경을 쓰지 않는다. 이러한 관점의 차이는 자연스레 서로의 입장 차이는 물론 거리감마저 만들어낸다.

대부분의 기술자들이 나와 비슷한 생각을 할 것이다. 고객이 원하는 결과를 만들어내려면 설계사와 건축목공기사가 자주 얼굴을 맞대고 의견을 교환해야 한다. 하지만 설계사는 대부분 공사장에 거의 얼굴을 내밀지 않는다. 엔지니어는 공사가 시작되기 전에 잠시 와서 자신이 맡은 일만 하고 가버린다. 나는 가끔 그들을 사무실 밖으로 불러내는 데 성공할 때도 있다. 이 경우, 결과는 확연히 더 나아진다. 경제적으로도, 실제 결과물도 더 나아진다. 이제 다락방은 더 이상 잡동사니를 쌓아두는 장소가 아니라, 사람들이 일상생활을 영위할 수 있는 공간으로 변한다.

내 경험에 비추어볼 때, 건축업계에서 건축목공기사들이 차지하는 자리는 지난 25년간 더 좁아졌다. 다른 말로 하자면 건축업계는 학술계처럼 변해버렸다. 공사나 건축 과정에서 건축목공기사들이 자신들의 지식을 실제로 활용하고 영향력을 발휘할 수 있는 가능성은 줄어버렸다. 예전에는 건축목공기사들이 전체 과정을 총괄하는 것이 일반적이었지만 이제는 이들의 아이디어와 경험에서 나온 지식에 귀 기울이는 사람들은 거의 없다.

나는 수많은 설계사와 엔지니어도 건축목공기사와 협력 관계로 변화하기를 바랄 거라고 믿는다. 이들의 협력이 공고하다면 건축업계의 발전은 자연히 이루어질 것이다. 서로 협동하는 법을 배우지 못한다면 일하는 과정에서 무엇이 부족한지 알 수 없다. 이것은 비단 건축업계만의 일은 아니다. 현대를 사는 우리는 기계적인 역할 분담에 너무나 익숙해져 있어서 다른 작업 방식은 생각지도 않는 경우가 많다.

물론 이러한 추세는 건축목공기사들에게도 좋지 않다. 그들도 고객과 설계사와 엔지니어와 협력할 수 있는 현명한 방법을 생각해 내야 한다. 사실, 이것은 동전의 양면과도 같다.

3

○

오래된 건물의 다락 건축 구조를 보면 감탄하지 않을 수 없다.
아름다울 뿐 아니라 정교하기 짝이 없기 때문이다.
각각의 부분은 기능성도 최상이고,
논리적인 구조는 물론, 환상적인 원재료의 미와 성질을
그대로 살린 세심한 장인의 손길을 느낄 수 있다.

나는 다락방 증축 공사를 즐거운 마음으로 할 수 있었다.

온도와 습도, 건물의 지지 구조, 화재 안전, 마무리 손질, 건축자
재, 고객과의 소통, 이 모든 것은 항상 서로 유기적으로 연결되어
있다. 결과의 차이는 이런 여러 사항들을 선택하는 데 얼마나 시간
을 들이고 숙고했는지에 따라 달라진다. 사람들이 일하는 모습을
보면 그 결과물을 어느 정도 예측할 수 있다. 건축기사들은 낡고 오
래된 건물과 그 장소가 지닌 역사적 과거를 바탕으로 새로운 것을
만들어낼 수 있다.

예를 들어 약 130년 전에 지어진 건물 내부의 부분 공사를 맡았

다고 가정해보자. 이 작업은 아주 오랜 기간을 두고 조금씩 조금씩 건물을 완성하는 일과 비교할 수 있다. 서로 다른 공사지만, 크게 보면 동일한 터에서 시간 간격을 두고 궁극적으로 동일한 목표를 향해 작업을 하는 셈이다. 과거에는 다락이 음식물의 저장과 건조를 위해 없어서는 안 될 장소였지만, 이제 그런 기능은 사라졌다. 현대의 다락방은 온갖 잡다한 물건들을 보관해두는 장소로 바뀌었다. 세월이 흐르면서 이름도 모를 갖가지 물건들이 자꾸만 쌓이기 마련이다. 나는 이 다락에서 130년 전의 자취를 발견한다. 공사 중에는 이러한 과거와 직접 만날 수 있다. 물이 샜던 자국, 낡은 빨래 건조대, 오래되어 부스러질 것 같은 전선, 통풍관과 석면 등.

페테르센이 살고 있는 헤게르만스 가街의 건물은 1890년 즈음에 지어졌고, 그곳에 전기가 들어온 것은 1900년대였다. 아마 공사를 하다 보면 초기의 두꺼비집이라든가 절연재로 사용했던 도자기 재질 스위치와 끊어진 검은 전선도 볼 수 있을지 모른다. 통풍관 주변의 석면은 1930년대 무렵에 제작된 것이리라.

다락방 벽장 속에 있는 낡은 신문지들을 통해 그곳에 살던 사람들에 대해 짐작해볼 수도 있다. 1930년대의 사람들은 각자의 정치적 관점에 따라 일간지를 선택했을 확률이 높다. 「아프텐포스텐Aftenposten」 「한델스Handels」 「쇼파르트스티엔데Sjøfartstidende」 등을 보았던 사람이라면 노동당에 표를 던지지는 않았을 것이다. 「나시오넨 Nationen」을 받아 보았던 사람이라면 농업을 주로 했던 코뮤네에서 오슬로로 이사 온 이방인이었을 확률이 크다. 「아르베이더블라데 Arbeiderbladet」는 오슬로 동쪽 지역 사람들이 주로 보았던 일간지다.

우리 집에는 나시오날 삼믈링Nasjonal Samling(1933년부터 1945년까지 노르웨이에 존재했던 나치 정당 - 옮긴이)이 1945년에 발행했던 「프릿 폴크 Fritt Folk」(자유인이라는 의미 - 옮긴이)라는 신문 한 부가 아직 보관되어 있다. 그 신문에는 독일군이 여러 곳에서 연이어 승리를 하고 있다는 이야기가 실려 있었다. 언젠가 보그츠 가街에 있는 집 다락방 공사를 하다가 그곳에서 내가 가지고 있는 것과 똑같은 「프릿 폴크」한 부를 발견했다. 그 집에 살던 사람들은 나와 같은 이유로 그 신문을 보관해두었을까? 그저 역사적 가치가 담긴 하나의 문서로? 그런 게 아니라면 그들이 나치 정치색을 지녔기 때문일까?

오래된 건물의 다락 건축 구조를 보면 감탄하지 않을 수 없다. 아름다울 뿐 아니라 정교하기 짝이 없기 때문이다. 각각의 부분은 기능성도 최상이고, 논리적인 구조는 물론 환상적인 원재료의 미와 성질을 그대로 살린 세심한 장인의 손길을 느낄 수 있다. 못을 사용하지 않고 자재를 조립하듯 서로 끼워 맞추어 이음새를 마무리하는 건축 기술은 당시에 유행한 방식이었다. 구조물에는 마치 조립식 장난감처럼 알파벳과 숫자가 새겨져 있다. 그것은 당시의 기술자들이 시간을 절약하기 위해 사용했던 방법이다. 시간을 절약하는 것은 솜씨 있는 기술자들의 기본 덕목이기도 하다.

그들은 일하기 전에 구조물을 그려놓고, 효과적으로 일할 수 있는 널찍한 공간을 미리 확보한 후 본격적으로 일을 시작했다. 그다음엔 각각의 자재와 부품을 제자리에 끼워 맞추고 쌓아가는 식으로 건물을 지었다. 따라서 그들이 일하는 과정에는 우연이라든가 예측 불가능한 일은 거의 일어나지 않았다. 물론 당시의 구조물이 현대에 비해 비교적 단순하기도 하지만, 기술자들의 솜씨 또한 요즘 기술자들과 비교할 수 없을 정도로 뛰어났기 때문이다. 나는 내 지식과 경험을 바탕으로 오늘날 기술자들이 일하는 방식과 고객들이 요구하는 방식으로 일을 한다.

4

○

나는 설계도면을 완벽하게 이해하기 위해
시간을 충분히 가지려고 한다.
작업을 시작하기 전에 다락방을 한번 둘러보고,
고객의 의도를 잘 이해하기 위해 그들과 대화를 나누는 것도
꼭 해야 하는 일 중 하나다.

욘 페테르센은 작업에 대한 간략한 설명과 함께, 설계사와 엔지니어가 각각 작성한 두 개의 도면을 보내왔다. 나는 이 기본 자료들을 바탕으로 약 100만 크로네(현재 환율로 약 1억 3,600만 원-옮긴이)의 가치가 있는 일을 할 예정이다. 공사가 끝나고 다락방이 도면상의 모습을 갖추면 페테르센의 가족은 그곳에서도 일상생활을 할 수 있을 것이다. 다른 게 있다면 실제 다락방은 도면상 다락방보다 100배 정도 더 크다는 점이다. 그것은 내가 어렸을 때 만들었던 조립식 비행기와 비슷하다. 하지만 지금 내가 하는 일은 조립식 비행기보다 훨씬 더 큰 의미와 가치를 지녔다. 사용하는 재료에도 조립

순서를 표시하는 번호 같은 것은 새겨져 있지 않다.

나는 설계도면을 완벽하게 이해하기 위해 시간을 충분히 가지려고 한다. 작업을 시작하기 전에 다락방을 한번 둘러보고, 고객의 의도를 잘 이해하기 위해 그들과 대화를 나누는 것도 꼭 해야 하는 일 중 하나다. 각각의 작업 방식에는 모두 나름의 이유가 있다. 어떤 의뢰인은 건물의 기존 골조를 보존하면서 증·개축을 원하고, 또 어떤 의뢰인은 자신의 입맛에 따라 완전히 바꾸기를 원한다. 의뢰인들의 개인 취향이나 바람은 현실과는 거리가 멀다. 막상 설계도면을 마주하면 그들은 자신의 바람과는 조금 거리가 있는 결과물이 나올 것임을 이해한다. 그리고 그들의 바람과 완성된 실제 건물은 설계도면을 봤을 때보다 거리감이 훨씬 더 클 때도 많다. 나는 이런 상황이 일어날 수 있음을 충분히 인지하고 있다. 내가 설계도면을 보며 오랜 시간을 들여 심사숙고하고, 의뢰인과 직접 만나 대화를 하고 그들의 생각을 알아보려 하는 것은 바로 이런 이유 때문이다. 그들의 바람과 생각을 이해하고 나면 일을 하기도 훨씬 쉬워진다.

설계도면에 따르면 증축될 다락의 바닥 면적은 약 60제곱미터다. 바로 그곳에 침실과 거실, 욕실이 하나씩 자리 잡게 된다. 다락은 복층으로 만들어져 접이식 사다리로 연결되는데, 위쪽은 트인 공간인 발코니 방으로 침실이 놓일 예정이다. 그 옆 공간, 즉 비상계단

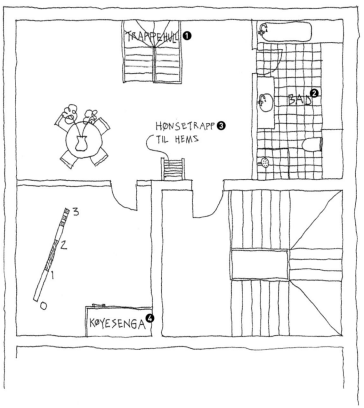

45 % AN ORCINAL.

---

① 계단 자리 **②** 욕실
③ 2층 발코니 방으로 올라가는 간이 계단 **④** 침대
⑤ 45%의 최적 상태

으로 향하는 곳은 문을 달아 막을 계획이다. 다락은 아래쪽 원래 거주 공간과 90도로 꺾이는 계단으로 연결될 것이다. 다락의 바닥은 흔히 사용하는 쪽매널 마루가 아니라 원목 마루를 깔 예정이었다. 돈이 좀 더 들어가더라도 마루는 처음부터 튼튼하게 만드는 것이 좋다. 원목은 쪽매널보다 훨씬 수명이 길고 보기가 좋다. 그러니 가끔은 바닥 재질로 원목을 고려해보는 것도 좋겠다.

나는 설계도면을 보며 완성된 다락을 떠올려보았다. 약 8개월 후, 약 100만 크로네의 돈을 손에 넣을 수 있는 그 시점. 물론 그 전에 일을 완성해야만 한다. 나는 시간이 필요하다. 설계도면과 의뢰인의 의도를 정확히 이해하기 위해 많은 시간을 투자해야 한다. 하지만 그건 큰 문제가 아니다.

나는 가끔 의뢰인을 살짝 못살게 굴기도 한다. "왜죠?" "그런데 그건 왜 그렇게 하시려는 거죠?" 등과 같은 말로 말이다. 그들이 자신의 생각을 정확한 언어로 표현할 수 있기를 바라기 때문이다. 일주일쯤 시간이 흐른 후, 다시 같은 질문을 던질 때도 있다. 그러면 이전과 비교해 더 나은 대답을 얻어낼 때가 많다. 내가 질문을 하는 이유는 단순히 의뢰인의 의도를 알아보기 위해서만이 아니라, 내가 맡은 일을 더 잘 이해하고 더 잘 해내기 위해서다. 기본적으로 우리는 그 일에 대해 같은 방식으로 이해해야 한다.

의뢰인이 내게 임금을 주는 사람이라는 것도 아주 중요한 사실 중 하나다. 의뢰인의 성격과 내 성격도 마찬가지로 중요하다. 어떤 의뢰인은 자신의 의견을 관철하기 위해 끊임없이 작업 과정을 통제하려 한다. 그런 사람에게 내 의견과 관점을 전달하기 위해서는 노련하고 영리해져야 한다.

어떤 의뢰인은 의사 결정을 할 때 대부분 남에게 맡겨버린다. 그들은 "당신이 가장 좋다고 생각하는 대로 해주세요"라고 말한다. 큰 믿음을 보인다고 생각할 수도 있지만 그것은 의뢰인의 의사 결정 능력이 그다지 확고하지 않음을 의미한다. 나는 그럴 때 바로 내가 이 일을 하는 것은 그들이 의뢰를 해 왔기 때문이라는 사실을 상기시키며, 그들이 스스로 결정을 내릴 수 있어야 한다고 말해준다. 가끔은 의뢰인과 나 사이에 오해가 생길 때도 있다. 그것은 의뢰인의 성격이나 심성 때문만은 아니다. 오해를 피하는 것은 내가 해야 할 일 중 하나이기도 하다.

돈은 무시할 수 없는 중요한 요소다. 공사에 들어가는 비용은 의뢰인의 지불 능력을 넘어서면 안 된다. 공사를 하는 데 한두 가지 대안이 있다 하더라도 들어가는 비용은 대체로 거의 비슷하다. 따라서 어떤 선택이 옳은지를 파악하는 것은 매우 중요하다.

집 짓는 것과 관련해서 부동산 중개업자의 말에 좌우되는 경우도 많다. 의뢰인이 새 집을 지을 때는 앞으로 수년 동안 그곳에서 그 누구도 아닌 바로 자기들이 살 것을 생각하고 있겠지만, 한편으로는 훗날 집을 팔고 사는 일을 염두에 두고 있기 마련이다.

인테리어 잡지를 산더미처럼 쌓아두고 읽는 사람들 때문에 대부분의 집은 모양이 거의 비슷비슷하다. 다른 점이 있다면 집 외관의 페인트 색이 흰색인지 회색인지, 외벽 재질이 유행하는 것인지 아닌지 등이다. 건축법 조항 때문에 대부분의 욕실 바닥에는 마치 정육점 바닥처럼 타일이 깔려 있다. 부엌은 내부 자재들을 어디에서 구입하느냐에 따라 조금씩 달라지지만 대부분은 이케아IKEA나 노레마Norema(노르웨이의 부엌 설비·가구 회사—옮긴이)의 인테리어 책자에 나오는 것과 별 차이점이 없다. 이케아와 노레마의 인테리어 자문관들은 전문 건축인이라고 할 수는 없다. 설계사가 인테리어 전문가 또는 건축목공기사가 될 수 없듯, 그곳에서 일하는 상담원들은 판매자에 불과하다.

페테르센이 보낸 설계도면은 너무나 일반적이어서 나는 설계사에게 직접 전화를 해보리라 마음먹었다. 그가 도면에 표시하지 않은 세세한 부분들에 대해 알고 싶었기 때문이었다. 지지 구조물인 건물의 뼈대에 대해서도 설명이 부족했다. 벽돌 외벽은 어떻게 할 것인지, 욕실 바닥은 타일로 할 것인지에 대해서도.

설계사인 크리스티안 헤를로브셴은 내 전화를 그리 달가워하지 않았다. 나는 긴 말 하지 않고 내가 구할 수 있는 자재로 공사를 해 나가리라 속으로 다짐했다.

5

○

나는 사람들이 내가 지닌 전문 지식과 기술로
나를 평가해주기를 바란다.
오랜 세월이 흐른 후 또 다른 기술자가
내 손이 거쳐간 일을 보며
긍정적인 평가를 내릴 수 있기를 바라기도 한다.

목요일 저녁, 토르스호브의 헤게르만스 가에 도착했다. 골목길 맞
은편에 서서 우선 집 안마당을 살펴보았다. 그 집의 단순하면서 세
련된 외양과 매끈하게 페인트칠한 외벽이 마음에 들었다. 둘러보면
외벽에 치렁치렁하게 장식물을 달아놓거나 치장 벽토를 발라놓은
집이 의외로 많다. 창가에 1년 내내 둥근 전통 장식물을 달아놓은
집도 있다. 하지만 나는 단순하고 깔끔한 것이 좋다.

　전체 인상은 1890년대 즈음에 건축된 여느 건물들처럼 다소 묵
직했다. 처마와 외벽에 두른 장식은 목공소에서 미터 간격으로 파
는 것을 구입한 듯했는데, 내가 천장과 벽의 이음새를 처리하는 방

식과 동일한 방식으로 달아놓았다. 현재 건물은 1950년대에 개축한 결과물이라는 생각이 들었다. 이 또한 그 집의 역사라고 할 수 있다.

집 앞의 인도는 꽤 넓었고, 골목길의 빈 공간에는 차를 주차할 수 있었다. 그렇다면 공사를 시작할 경우 나도 트럭과 대형 쓰레기 수거통을 집 앞에 세워둘 수 있을 것이다. 건물 안으로 들어가는 문은 여느 집과 마찬가지로 인도에서 바로 연결되었다. 대문은 뒷마당 쪽으로 나 있었다. 하지만 뒷마당으로 통하는 길이 너무 좁아서 차가 들어갈 수 없을 것 같았다. 그래도 자재를 임시 적재할 공간이 필요할 경우에는 그곳을 이용해도 될 것 같았다.

현관으로 오르는 계단을 잘 살펴보는 것도 내가 해야 하는 일 중 하나다. 집 주위 여기저기서 필요한 정보를 모두 모아야 한다. 계단 주변 공간이 어느 정도인지 정확히 파악해야 자재를 집 안으로 옮길 때 어려움을 겪지 않는다. 계단으로 커다란 판자를 쉽게 운반할 수 있는지, 기다란 자재를 계단을 통해 올릴 수 있는지. 벽에 페인트칠이 새로 되어 있다면 자재를 옮길 때 벽에 흠을 내지 않기 위해 더 조심해야 하는 것은 물론이다.

계단 주변에는 화재 방지를 위한 그 어떤 설비도 되어 있지 않았다. 따라서 다락 공사를 할 때는 안전 장치들을 새로 설치해야 할 것 같았다. 지하층으로 통하는 문은 근래에 바꾸었는지 꽤 새것으로 보였는데, 불연성 자재로 제작된 것 같았다. 지하층에서 1층까지 벽과 이음새는 석고보드로 마감되어 있었다. 그렇다면 화재 방지 조건은 충족시킬 수 있으리라 짐작되었다. 설계도면에는 이러한 사항들이 전혀 명시되어 있지 않았다. 이런 요건을 기입하지 않는 것은 잊고 하지 않는 것과는 다르다.

욘은 인사를 건네며 아내 카리를 소개했다. 아이들은 조부모님 댁에서 저녁을 보낼 예정이라고 했다. 이것이 우리의 첫 만남이 될지 마지막 만남이 될지는 알 수 없었다. 그들은 나를 만나보고 평가할 참이었다. 그들은 첫눈에도 매우 호의적인 사람들로 보였지만, 나 또한 이 만남을 통해 그들을 평가할 생각이었다.

우리는 부엌 식탁에 둘러앉아 함께 도면을 보며 공사 작업에 대해 일반적인 이야기를 나누었다. 나는 이 일에 대해 잘 알고 있으며 흥미를 가지고 있다는 것을 보여주기 위해 그들에게 전문가다운 질문을 던지기도 했다. 그건 사실이기도 하다. 더욱 중요한 것은, 이 만남에서 공사에 대한 더 많은 사항들을 알아내야 한다는 점이다. 하지만 전체 그림을 세세히 이해하기까지는 시간이 좀 더 걸릴 것이다. 지금은 첫인상에 신경을 써야 했다. 그들에게 좋은 인상을 주어야 내가 일을 맡을 수 있을 테니 말이다. 의뢰인들과 원만한 의사소통이 가능한지 살펴보는 것도 매우 중요하다. 훗날 어떤 문제가 생겨도 의사소통이 잘 되어야 자연스럽게 해결할 수 있다.

이제 내게는 카리와 욘이 한 사람으로 다가온다. 내 머릿속에는 이 두 사람이 페테르센 부부라는 이름으로 자리를 잡았다. 우리는 함께 다락으로 올라가보았다. 어둠침침했다. 나는 헤드라이트를 꺼내 머리에 쓰고 구석구석을 세세히 살펴본 후, 가져온 맥 컴퓨터를 삭은 의자 위에 올려놓았다. 그들에게서 얻어낸 정보를 적고, 내가 한 질문에 대한 그들의 대답은 물론, 앞으로 기억해야 할 문제점도 함께 기록해두었다.

대부분의 건축 공사는 겨울에는 진행하기 쉽지 않다. 날이 빨리 어두워지는 것도 문제지만, 직접 눈으로 보아야 할 곳들이 눈에 뒤덮여버린다는 것도 일을 하기 어려운 이유 중 하나다. 하지만 겨울철이 고즈넉하고 아름답다는 것은 부인하지 않는다. 쌓인 눈 속에 묻혀 들어가는 일상의 소리, 이른 저녁부터 빛을 발하는 별들. 심지어는 도심에서도 밤하늘의 별을 볼 수 있다.

나는 창 밖으로 머리를 쑥 내밀어 사방을 둘러보았다. 굴뚝과 지붕, 그리고 처마. 어둠 속에서 몸을 구부정하게 하고서 창 밖을 내다보려니 마치 내가 노트르담의 꼽추가 된 것 같다는 느낌이 스쳤다. 좁은 간격을 두고 자리한 두 개의 굴뚝 사이로 초승달이 얼굴을 내밀고 있었다. 언뜻 초승달이 내뿜는 빛이 하나의 굴뚝을 이등분하여 쪼개어놓는 날카로운 칼 같다는 생각이 들었다. 지붕 타일과 지지대의 상태가 어떤지는 쌓인 눈 때문에 자세히 살펴보는 것이 불가능했다. 지붕은 8년 전에 새로 덮은 것으로 전반적으로 좋은 상태를 유지하고 있는 것 같았고, 굴뚝도 점검한 지 오래되지 않았다고 했다.

다락의 건축 방식은 1900년대 오슬로 지역에서 유행했던 방식에서 많이 벗어나지 않았다. 널찍한 면적에 바닥에서부터 지붕 용마룻대까지 간격은 어림잡아 5~6미터 정도 되는 것 같았다. 그 사이에는 지붕 양쪽 서까래 연결보들과 서까래 버팀목들이 설치되어 있었다. 많은 사람들이 멋져 보인다고 생각하는 것들이다. 하지만 이것들은 공간을 많이 차지하고 행동에도 제약을 준다. 도회지에서 농촌 느낌을 자아내는 건축물은 전원생활을 동경하는 이들이 만들어낸 산물이다. 지붕 각도는 36도 정도로 꽤 경사가 급했고, 다락 벽은 높았다. 다락의 지붕이 높으면 증개축 작업이 그리 어렵지 않다.

아래층에서 이어진 계단은 다락에서도 계속 이어져 다락 내의 2층 발코니 방으로 연결될 예정이다. 계단 주변은 방화벽으로 마감할 것이다.

다락 내 수납 시설은 통풍이 잘 되게 나무로 만들어졌는데, 최근에 설치한 것 같았다. 수납 시설 중 몇 개는 떼어낼 수 있어서 주거 공간으로 활용하는 데 문제가 없어 보였다. 떼어낸 수납 시설은 건조대 공간 쪽으로 옮겨가도 무방할 것 같았다. 수납 시설을 옮겨놓더라도 건조 장소로 쓸 최소한의 공간은 확보할 수 있었다.

전기선과 전화선, 케이블 TV 전선은 한데 뒤얽혀 있어서 다시 배선을 하거나 아니면 다른 곳으로 아예 옮겨서 설치해야 할 것 같았다. 물론 없애버려야 하는 것도 없지 않았다. 이 일을 하려면 케이블 회사나 전화국에 미리미리 예약을 해야 한다. 이들과는 시간 약속을 잡기도 어렵거니와 인부들이 시간에 맞추어 도착하는 일도 드물다. 현대 사회는 전화나 TV 없이는 하루도 살기가 쉽지 않다. 이웃에 까다로운 사람들이 살고 있다면 케이블이나 전화선 공사 시 나는 드릴 소리와 먼지 또는 낯선 작업 인부들이 집 주변을 서성이는 것을 보고 불편해할 수도 있다. 이처럼 다락 공사를 진행할 때 목수의 손이 닿기 전에 해놓아야 하는 일은 많다. 또한 막상 공사가 시작되면 그 소란스러움과 지저분함의 끝이 언제인지 가늠하기 어려울 정도로 길게만 느껴지기 마련이다. 따라서 공사장 주변에 사는 이웃들이 화 내고 짜증을 내는 것은 충분히 이해할 수 있는 일이다.

내 수첩에는 페테르센 부부에게 말하지 않은 것들이 몇 가지 적혀 있다. 미리미리 챙겨야 하는 일이긴 하지만 아직은 시기상조라는 생각 때문에 입 밖에 내지 않았던 사항들이다. 석면으로 싸놓은 통풍관 두 개는 제거해야 하고, 환풍기는 새로 얹을 지붕 높이에 맞추어 다시 설치해야 한다. 이전에 설치되어 있던 오수관과 배수관도 제거하거나 다른 곳으로 옮겨야 하고, 벽난로의 아궁이 두 개도 마찬가지로 자리를 바꾸어야 한다. 벽난로에 외부 공기를 들여오기 위해 외벽에 설치한 작은 통풍구도 손봐야 한다. 어쩐 일인지 그 집의 통풍구는 위쪽이 막혀 있었다.

그들이 무슨 생각으로 이것들을 지금까지 방치해두었는지는 몰라도 이 때문에 화재 가능성이 큰 것은 두말할 나위 없다. 화재가 나면 절연재인 석면으로 둘러싸놓은 통풍구를 통해 불꽃과 연기가 지붕까지 올라가게 된다. 이것은 아주 큰 문제다.

페테르센은 충분히 예측 가능한 일반적인 공사 과정과 수준에 대한 이야기를 늘어놓으며, 자재 비용도 가능하면 일찍 알고 싶다고 했다. 목록은 그리 많지 않다. 내 손에 들어올 임금도 전체 공사비와 비교해 그리 많다고 할 수 없다. 그럼에도 총공사비는 실제로 꽤 많이 들어갈 것이다.

건축설계사는 이러한 세세한 사항들을 전혀 고려하지 않은 것 같았다. 왜 그랬을까? 추가로 지불해야 할 비용들을 미리 알려주면 의뢰인이 그리 좋아하지 않으리라고 짐작했을 것이다. 그렇다면 대부분의 경우, 이 일은 직접 하기보다는 타인에게 넘겨버리고 싶은 것이 인지상정이리라. 오랜 세월을 거치는 동안 이것은 관행이 되어버렸다. 나쁜 일을 보지 않으면 나쁜 이야기를 들을 일도 없다는 것이다. 보지도 듣지도 않는 것이 불가능할 경우, 사람들은 최후의 선택을 하기 마련이다. 즉 그것을 입에 담지 않는다. 확연히 드러나는 그 순간이 올 때까지 숨겨두고 미루어두는 것이다.

보통 이런 것들은 물리적인 일이 시작될 때 그 일을 진행하는 건축목공기사의 눈에 띄게 된다. 그리고 의뢰인에게 문제점을 알리는 것 또한 건축목공기사의 몫이 되어버린다. 그 바람에 건축목공기사가 문제점을 잡아내는 사람이라 믿고 있는 사람들도 꽤 많다.

나는 좋은 것도 보고 나쁜 것도 볼 수 있으므로, 진실하게 단도직입적으로 말하고 싶다. 문제점을 일찍 발견해서 미리미리 의뢰인에게 알려주고 싶지만, 지금은 너무 이르다는 생각이 스쳤다. 그런 말을 하면 내가 일을 맡지 못할 가능성도 커지니 말이다. 나는 다음 기회를 보기로 마음먹었다.

일에 지나친 열정을 보이는 것도 좋지 않다. 그런데도 내 머릿속에는 크고 작은 세세한 작업들이 마치 영화의 한 장면처럼 차례차례 스쳐갔고, 이미 결과를 예상할 수 있을 정도가 되었다. 새로운 대들보와 서까래들이 이미 있던 대들보나 서까래들과 균형을 맞추며 자리를 잡는 일, 그 공사가 끝나면 겉으로 보이지 않도록 석고보드로 덮는 일. 눈에 보이지 않는 부분은 앞으로 50년, 100년이 지나기 전에는 다른 사람들의 눈에 띄지 않을 것이다. 그때가 오면 하루 종일 머릿속에 나와 같은 생각을 담고 있는 나 같은 목수가 그 자리에 서 있을지도 모르는 일이다. 이 미래의 동료는 물론 나와 같은 사람이라곤 할 수 없겠지만 꽤 비슷할 것으로 짐작한다. 남자가 되었든 여자가 되었든, 그는 나를 알지도 못하지만 나와 비슷한 생각을 하리라. 벽 속이나 천장 위 등 평소에는 눈에 띄지 않는 부분은 막상 공사를 하기 위해 표면을 떼어내면 그제야 눈에 띄기 마련이다.

나는 눈에 띄지 않는 부분이라 하더라도 항상 정성을 다해 일한다. 오랜 세월이 흐르면 언젠가는 그곳을 뜯어내고 어떤 목적으로든 재공사를 할 기술자들에게는 그 부분이 눈에 들어오기 마련이다. 나는 지금 바로 그러한 시각으로 다락을 둘러보고 있다. 수십 년 또는 수백 년 전에 이 건물을 지었던 기술자들을 생각하며 말이다.

페테르센 부부에게 나를 신뢰하고 일을 맡겨주면 그들 가족을 위해 정성을 다해 작업할 것이라 말해주고 싶었다. 하지만 그 말은 적절한 순서와 형식을 거쳐 그들의 귀에 들어가야 한다. 설계사와 엔지니어, 도시건축과의 책임자 등이 거쳐간 후에야 비로소 내가 들어설 자리가 생기기 때문이다. 그들은, 정의할 수 없는 형식이긴 하지만 내게는 마치 상관 같은 사람들이다.

나는 의뢰인과 대화를 나눌 때 항상 조심스럽게 말을 한다. 조금은 수줍은 듯, 내가 마치 그들의 아랫사람인 것처럼. 이 규칙은 심리적으로나 사회적으로나 꽤 실용적이라 할 수 있다. 건축설계사의 경우, 내가 공사 하나를 마무리하는 시간에 자기가 맡은 설계 건을 20~30개는 해낼 수 있다. 엔지니어는 내가 다락 공사 한 건 하는 기간에 약 100개의 다락 공사 관련 기술공학적 산출을 해낼 수 있다.

그들에 비해 내가 하는 일에는 손과 정성이 훨씬 많이 들어간다. 적어도 나는 그렇게 생각한다. 그것은 일을 하는 데 걸리는 시간 때문만은 아니다. 설계사나 엔지니어는 맡은 일을 할 때 나만큼 열정을 보이지 않는다.

이런 공사를 하나 맡으면 약 반년 소득과 맞먹는 돈을 벌 수 있다. 물론 일하면서 흘리는 땀과 덮어써야 하는 먼지 외에도, 자재나 도구에 부딪혀 멍이 들거나 살이 찢어져 피를 흘리는 일도 생긴다. 겨울에 일을 하면 한기에 몸이 얼어붙기도 한다. 이 일을 수주하게 된다면 그것은 내 삶의 역사의 한 부분이 될 것이다.

나는 사람들이 내가 지닌 전문 지식과 기술로 나를 평가해주기를 바란다. 오랜 세월이 흐른 후 또 다른 기술자가 내 손이 거쳐간 일을 보며 긍정적인 평가를 내릴 수 있기를 바라기도 한다. 수백 년 전에 공사를 했던 기술자들도 당시에는 나와 같은 마음이었으리라. 따지고 보면 우리는 시간을 뛰어넘은 동료들이다. 친구라고 해도 과언이 아닐 것이다. 적어도 나는 그렇게 생각한다.

6

◦

구체적인 실현 작업보다 아이디어가 훨씬 가치 있다고
생각하는 것은 이론을 중시하는 사회의 산물이다.
구체적이고 실질적인 노동은 지저분하고 부정확한 일이며,
개념과 아이디어는 오염되지 않은
순수한 것이라 여긴다.

셸소스의 시리우스 가에서 작업 중인 공사는 문제 없이 잘 진행되고 있다. 가정집의 창을 바꾸어 달고, 테라스를 개조하는 등 그리 큰 공사는 아니다. 계절이 계절인지라, 집 주인이 정원과 테라스를 사용하지 않아서 작업을 하는 데 큰 불편은 없다. 그는 매우 친절하고 호의적인 사람이라, 내가 페테르센의 공사를 맡기 위해 오퍼를 넣으려고 한다니까 며칠 공사를 연장해도 된다고 흔쾌히 응해주기도 했다.

사전 조사는 잘 진행되었다. 공사와 관련된 여러 사항을 거의 빼놓지 않고 확인할 수 있었으며, 설계도면과 실제 아이디어를 연결

하는 데 큰 문제는 없었다. 가끔은 사전 조사를 하는 중에도 무언가 빠진 게 있는 것 같아 재조사를 해야 할 듯한 생각이 들 때가 있다. 이토록 큰 공사를 맡을 때는 사전 조사를 철저히 해야 함은 물론, 일에 대한 자신감도 있어야 한다. 이것은 약 100만 크로네의 비용이 들어가는 대형 공사이며, 건축목공 공사만 하는 데도 대충 600~700여 시간이 걸린다. 혹여 실수를 해서 비용을 낮게 책정하면 결국은 내 손해가 된다. 반면, 비용을 높게 책정하면 일을 맡지 못할 수도 있다.

설계사는 공사와 관련해 항목별로 주요 사항만 간략하게 메모해 놓았다. 세세한 내용은 찾아볼 수 없었다. "벽과 천장에는 시멘트와 석회를 바르고, 페인트는 반드시 겹칠을 할 것이며, 마루는 소나무를 이용하되 알칼리액 처리가 된 원목으로 깔고 오일을 발라 마무리한다. 천장의 채광창은 각각 벨룩스Velux(세계적인 지붕창, 채광창 제조 회사-옮긴이) 78×160센티미터, 55×78센티미터 규격으로 두 개씩 설치한다. 창문 가장자리 처리는 석회로 하며, 욕실은 이케아 자재를 이용한다." 이처럼 설계도면상의 설명은 막연하고 모호하기 그지없어서 글자 그대로 따를 경우 상당한 위험이 따를 것이 분명했다.

내가 따로 적어둔 주요 사항은 설계사의 설명에 들어 있지 않아서 비용 책정에도 포함되지 않았다는 사실을 의뢰인에게 알려야 했다. 물론, 그냥 넘어갈 수도 있는 일이지만 그렇게 하기엔 내 양심이 허락하지 않았다.

어쨌거나 나는 예산 내역을 정확히 산출해야 한다. 하지만 그 내역을 필요 이상으로 세세하게 명시해서도 안 된다. 이 일에 시간이 많이 걸릴 경우, 나는 다른 업자의 공짜 컨설턴트로 전락할 수도 있다. 예전에 적잖이 경험했던 일이다. 사전 조사를 해서 세세한 사항을 기록해놓았지만 내가 아닌 다른 사람이 일을 맡게 되었고, 그는 내 자료를 바탕으로 공사를 했던 것이다.

예를 들어 이런 공사에 네 명의 건축목공기사가 오퍼를 넣는다고 했을 때 실제로 첫 못질을 하기까지는 꽤 많은 시간이 걸린다. 네 명의 업자들은 협력 관계에 있는 각각의 하청업자들을 통해 다시 견적을 받는다. 이때 주요 하청업자란, 콘크리트 기초 공사를 하는 업자, 전기 공사를 하는 업자, 난방 및 단열 공사를 하는 업자, 배수 공사를 하는 업자, 그리고 페인트칠을 하는 업자 등 크게 다섯 종류로 나눌 수 있다. 네 명의 주요 업자와 그 아래 다섯 명의 하청업자를 곱하면 20이라는 숫자를 얻을 수 있다. 이것은 각각의 하청업자들이 사전 조사 및 예상 비용을 측정해 오퍼를 넣는 데 걸리는 시간이 하루라고 가정했을 때 20시간이 걸린다고 해석할 수 있다. 따라서 주 업자들은 16일이 걸리고 하청업자들은 20일이 걸리는 셈이다. 결국 설계사의 설명에 하자가 없을 경우, 오퍼를 넣는 데 걸리는 총시일은 36일이라 할 수 있다.

하루 작업 시간이 8시간이라고 했을 때 36일은 288시간의 작업 시간을 뜻한다. 시간당 임금이 평균 500크로네(약 7만 원-옮긴이)라고 했을 때, 오퍼를 넣는 데 들어가는 비용은 14만 4,000크로네(약 2,000만 원-옮긴이)다. 이것은 부가가치세가 포함되지 않은 금액이다.

하나의 공사를 두고 네 명의 업지가 수주 경쟁을 벌일 때, 그중 한 명이 일을 맡을 확률은 25퍼센트다. 이것이 일반적인 경우다.

즉 우리는 공사 하나를 맡기 위해 14만 4,000크로네, 또는 288시간의 노동을 투여해야 한다. 그렇다. 공사 하나를 맡기 위해 해야 하는 일 치고는 적지 않다.

공사 개요 설명은 매우 중요하다. 일은 기본적으로 그 설명에 의거해 진행되니 말이다. 이것을 작성하는 이는 설계사와 엔지니어며, 나는 이를 바탕으로 비용 책정을 하고 오퍼를 넣는다. 이들이 하는 일은 흔히 나 같은 목수들이 하는 일보다 훨씬 중요하게 여겨진다. 목수들이 설명서에서 제외되거나 부족한 사항을 찾아냈을 때는 정확한 비용을 산출해내기가 어렵다. 이 경우 훗날 의뢰인과 의견 충돌이 생겨 갈등을 겪게 될 가능성도 없지 않다.

가끔은 설계사가 문제 될 만한 부분을 일부러 명시하지 않았다는 생각이 들 때도 있다. 그들은 갈등이나 책임을 피하기 위해 껄끄러운 부분은 다른 사람에게 넘기고 싶었던 것이다. 그렇다면 결국 의뢰인과 부딪쳐야 하는 사람은 목수다. 의뢰인이 설계사에게 지급하는 돈은 공사비에 비해 그리 많지 않지만 설계도면만 보면 꽤 그럴듯해 보인다. 하지만 설계사에게 적절한 비용을 지급하지 않을 경우, 공사 개요 설명에는 허점이 나타나기 마련이다. 결국 공사 결과가 마음에 들지 않을 경우 의뢰인은 재공사를 해야 하고, 이때 생각지도 않았던 비용을 지출하게 된다.

경험상 그들이 목수와 더욱 긴밀한 의사소통을 하기 위해 노력한다면, 목수의 일은 훨씬 쉬워진다. 하지만 이들과의 관계는 세월이 흐를수록 점점 비틀어지고 있는 느낌이다.

설계사나 엔지니어가 좋아하든 싫어하든 간에 이러한 추세가 지속된다면, 결과적으로 감당해야 할 문제 또한 커질 것이다. 물론 그들의 전문성에도 구멍이 생긴다. 하지만 그들은 어떤 식으로든 책임을 피해갈 수 있다. 결국 그 구멍을 메워야 하는 것은 목수의 몫이다. 물론 이것은 정확한 근거를 바탕으로 한 말은 아니다. 하지만 나처럼 실제로 공사를 진행하는 사람이라면 대부분은 비슷한 생각을 할 것이다.

구체적인 실현 작업보다 아이디어가 훨씬 가치 있다고 생각하는 것은 이론을 중시하는 사회의 산물이다. 구체적이고 실질적인 노동은 지저분하고 부정확한 일이며, 개념과 아이디어는 오염되지 않은 순수한 것이라 여긴다. 이론은 항상 흠이 없고 완전무결하며 인간과 물질의 허점을 재고하지 않는다. 적어도 직접 일을 실행하기 전까지는 그렇게 여겨진다. 설계도면에는 인간의 실수와 태만, 불량자재가 만들어낼 수 있는 허점이 배제되어 있다. 한 장의 종이 위에, 미니멀리즘을 표방하듯 청결하고 나무랄 데 없는 몇 개의 선만 그어져 있는 것이 바로 설계도다. 목수가 하는 일은 이와는 반대라 보아도 틀린 말이 아니다.

꽤 큰 공사를 맡을 때마다 이런 생각이 스치는 것은 사실 이상하기도 하다. 오직 내 일만 생각하고 집중하고 싶지만, 나는 때에 따라 심리학자, 사회학자, 문화인류학자 또는 역사학자가 되어야 할 때도 있다. 물론 경제학자나 법학자가 되기도 한다.

두루뭉술한 작업 설명서는 의뢰인에게 사과와 배를 비교하라는 것과 마찬가지다. 왜냐하면 업자들마다 설계사의 작업 설명서를 각각 다른 식으로 해석하기 때문이다. 따라서 나와 경쟁 관계에 있는 다른 건축목공기사들이 사전 조사를 통해서 나처럼 풍부한 정보를 얻지 못한 채 설계사의 설명서만 믿고 낮은 가격의 오퍼를 넣는다면, 나는 이 일을 맡지 못하게 될 가능성이 크다. 일을 꼼꼼하게 한다고 해서 항상 그 대가를 다 받을 수 있는 것은 아니다. 그럴 때면 가끔 공사를 맡아도 추가로 들어가는 비용 때문에 애를 먹고, 결국 의뢰인은 물론 경쟁업자와도 갈등이 생길 수 있다는 사실을 떠올리며 스스로를 위로하기도 한다.

　능력 있는 개인 사업자들은 저비용으로 공사를 시행하는 큰 회사와 자주 비교되기노 한다. 업자들을 비교하는 데 흔히 사용되는 회계 상태, 비용 등은 많은 경우 매우 부적절한 비교 요소라 할 수 있다. 업자들의 기술이나 전문 지식은 이러한 요소들에 가려 드러나지 않는다. 건축업계를 좀 더 깊이 들여다보면 비용 삭감 요소가 각각의 업체에 얼마나 큰 영향을 미치는지 알 수 있다.

　같은 업계에서 일하고 있는 사람들에게서 관련된 이야기를 자주 듣는다. 대부분은 금방 지은 욕실이나 집을 다시 뜯어내고 재공사를 할 수밖에 없었다는 이야기들이다. 막 공사를 마쳤는데 일이 잘되었는지 와서 봐달라고 부탁해 오는 의뢰인도 간혹 있다. 문제는 백이면 백, 그 공사는 경쟁업자의 손을 거쳐 마무리된 것이라는 사실이다. 그럴 때면 재공사를 하거나 수리해야 하는 경우가 대부분이다. 다른 사람이 해놓은 공사에 다시 손을 대는 건 어쨌거나 즐거운 일이라고는 할 수 없다. 공사를 처음부터 다시 해야 할 경우는 더더욱 마음이 불편하다. 목수인 나는 굳이 재공사를 해야 한다면, 욕실이나 테라스가 아닌 건물의 뼈대나 지지 구조를 고치는 일을 선호한다. 이런 일에 일단 손을 대고 나면 그게 내 일이라기보다는 실수를 한 다른 업자를 도와준다는 생각이 더 강하게 든다.

자신이 실수한 일을 고치고 바로잡는 것은 너무나 당연하다. 설령 그 실수가 눈에 띄지 않을 정도로 작더라도 손을 대지 않고 그대로 둔다면 기술자의 명예에 금이 가게 된다. 연로한 선생님 밑에서 견습생으로 일하던 시절, 내가 실수를 하면 선생님은 항상 아무 일도 아닌 것처럼 마음을 푹 놓을 수 있게 다독여주곤 했다. 선생님은 내가 실수할 때보다 오히려 잘해냈을 때 더 엄격하게 대했다. 세월이 흐르고 보니, 그건 내가 일을 잘했을 때 칭찬을 들을 거라 기대하는 만큼, 실수했을 때 책임을 질 수 있도록 나를 서서히 단련시키려는 선생님의 깊은 뜻이었음을 이해할 수 있었다. 실수를 했더라도 다시 고칠 수만 있다면, 문제를 솔직하게 말하는 것 정도는 아무것도 아님을 가르쳐주기 위해서였을 게다. 실수를 했다고 자인하는 것은 수치심을 동반하기 마련이다. 하지만 실수를 찾아냈다면 그것을 고치는 것이 당연하다. 그래야 더 나은 결과를 얻어낼 수 있다.

나는 다른 사람이 일하는 모습을 인내심을 가지고 느긋하게 바라보지 못한다. 가끔은 마음에 들지 않는 일이 눈앞에서 벌어지면 벌컥 화를 내기도 한다. 그럴 때면 시간을 두고 마음을 가라앉힌 후 사과를 하곤 한다. 선생님은 일을 어떻게 해야 하는지 몸소 보여주셨다. 나는 아직도 선생님이 자주 하셨던 말씀을 기억한다. "내가 만든 규칙을 항상 그대로 따르기는 쉽지 않다. 하지만 그렇다고 해서 일이 더 나빠지지는 않는다."

기억하는 말은 또 있다. "살다 보면 십자가 밑으로 무릎을 꿇고 기어가야 할 때도 있다. 하지만 십자가를 스스로 만들었을 때만 그렇게 해라." 따라서 나는 내 태도에 문제가 있을 때 사과를 해야 할 필요성을 느끼면 항상 사과한다. 그리고 실수를 했을 때는 반드시 그것을 고친다. 적어도 실수한 것이 내 눈에 띈다면 말이다.

7

○

하지만 세월이 흐르면서 여기저기서
나를 이용하려는 사람, 나를 속이려는 사람들을
만나본 후에는 생각을 바꾸었다.
나는 건축업계에서
하나의 상품이라는 생각을 하게 된 것이다.

설계사의 도면과 개요 설명에는 부족한 사항이 한두 가지가 아니었다. 도면을 처음 접했을 때나 직접 사전 조사를 나갔을 때는 눈에 띄지 않았던 것들이 이제 하나하나 보이기 시작한다. 건물의 평면도에 따르면 욕실의 넓은 한쪽 벽에는 긴 수납장이 들어서고, 그 맞은편 벽을 따라서는 세면대가 들어설 예정이다. 샤워실과 변기는 좁은 한쪽 벽 방향에 나란히 들어서고, 그 맞은편 벽에는 욕조가 설치될 참이다.

　설계사가 지붕의 서까래를 보강하려고 설치해놓은 가로 세로 버팀목에 대해 조금만 더 미리 생각했더라면 더 나은 욕실이 될 수 있었을 텐데 하는 생각이 스쳤다. 페테르센 씨의 다락은 여느 가정집의 일반적인 다락 형태와 비슷했다. 경사진 천장의 아래쪽에 들어선 버팀복은 천장을 지지하고 보강하는 역할을 하지만, 욕실 면적과 사용 가능한 공간을 충분히 확보하기 위해서는 제거해야 한다.

이런 형태의 증개축 공사를 할 때는 지붕 골조를 더욱 강화해주어야 한다. 다락의 외벽에 단열재를 설치하고 나면 실내의 훈훈한 공기가 지붕 쪽으로 덜 빠져나간다. 따라서 지붕 위에 쌓여 있던 눈이 녹기까지 더 오랜 시간이 걸린다. 지붕의 골조를 강화해야 지붕 위에 오래도록 눈이 쌓여 있어도 문제가 없다. 증개축 공사 시 특히 천장과 지붕을 튼튼히 해야 한다는 건축 규정은 예전보다 훨씬 엄격하다.

이 강화 조항은 설계사가 작성한 평면도에 당연히 포함되어 있어야 한다. 이 조항을 충족하기 위해 설계사는 흔히 가로 세로 버팀목을 그대로 둔다. 그럴 경우 페테르센 가족은 욕조에 몸을 담그고 있을 때마다 위쪽의 세로버팀목에 짜증이 치밀 것이다. 뿐만 아니라 맞은편에 있는 변기에 앉을 때면 마치 홰에 올라앉은 수탉인 양, 툭 튀어나온 가로버팀목 위에 앉아 있는 듯한 느낌이 들 때도 있을 것이다.

보아하니 설계사는 물론 엔지니어마저 이런 문제에 대해서는 생각조차 하지 않은 듯하다. 기본 골조가 지닌 근본 문제점을 해결하기 위해서는 엔지니어가 다시 심사숙고해야 한다.

건축물의 골조는 중력의 원칙처럼 근본적인 것으로, 그리 복잡하지는 않다. 다락의 증개축 공사는 현수교를 건설하는 것처럼 복잡한 일은 아니지만 그렇다고 문제점이 저절로 해결되는 것도 아니다. 문제점을 해결하기 위해서는 경제적으로 타당하고 합리적인 방법을 강구해야 하며, 그 결과도 보기 좋아야 한다. 물론 공사 진행 또한 부난하게 이루어져야 한다.

나는 문제점을 해결할 수 있는 방법을 찾아야 한다. 그리고 의뢰인에게 문제점이 무엇인지 알기 쉽게 설명해주어야 한다. 이 일을 할 때 순서를 정해서 차근차근 진행하다 보면 페테르센 씨 가족에게 좋은 인상을 심어줄 수 있다. 그러면 그들이 내게 일을 맡길 확률도 커지는 것은 당연하다.

나는 문제점을 간단하게 해결할 수 있는 방법을 찾기 위해 고심했다. 솔직히 일을 맡게 될지 여부는 차치하고 그 결과가 좋았으면 하는 바람이 컸다.

나는 스케치를 한 다음 욘 페테르센에게 전화해서 문제점을 설명해주었다. 그의 입장에서는 낮 시간에 이 소식을 들으면 비록 당장은 힘이 빠지겠지만 저녁이 오기 전까지는 마음을 추스르고 설계사와 의논할 여유를 얻을 수 있을 것이다. 이렇게 시간 여유를 준 다음 저녁이 되면 다시 전화를 해볼 생각이었다. 두 번째 통화에서는 문제를 해결할 수 있는 아이디어를 얻었다고 말하고, 해결 방법을 도면에 옮길 시간을 달라고 말할 작정이었다. 비록 내 머릿속에는 이미 해결 방법이 어느 정도 정리되어 있지만 말이다. 내가 이 일을 위해 온 마음으로 노력하고 있다는 것을 그들이 이해해주었으면 하는 바람 때문이다. 페테르센은 내게 일을 맡길 것인가? 나는 설계사와 엔지니어를 직접 만나봐도 좋겠느냐고 물어보았다. 페테르센은 그들에게 미리 전화를 해서 내가 곧 연락할 것이라는 말을 전해주겠다고 했다. 나는 고맙다고 했다.

곧 그의 긴장된 목소리가 들려왔다.

"어…… 그런데…… 이 사전 작업에 비용은 얼마나 들어갈 것 같습니까?"

"비용 걱정은 안 하셔도 됩니다. 이건 제가 서비스 차원에서 공짜로 해드릴 생각입니다. 솔직히 이 공사를 맡고 싶습니다. 그러기 위해서는 제가 좋은 인상을 드려야 할 필요도 있다고 생각했어요."

나는 마음속에 있는 말을 거르지 않고 하는 편이다. 가끔은 남들 앞에서 고개를 빳빳이 치켜들고 굽신거리는 듯한 느낌도 없지 않다. 나는 이미 세월이라는 약을 통해 많은 것을 배웠다. 자기 사업을 하려면 스스로를 상품으로 생각하고 팔아야 한다는 것도 깨달았다. 예전에는 이처럼 전술적인 태도, 바꾸어 말하자면 아부와 아첨에 기대어 돈을 벌려는 생각은 하지 않았다. 그렇게 할 경우 마음이 너무나 불편했기 때문이다. 하지만 세월이 흐르면서 여기저기서 나를 이용하려는 사람, 나를 속이려는 사람들을 만나본 후에는 생각을 바꾸었다. 나는 건축업계에서 하나의 상품이라는 생각을 하게 된 것이다.

페테르센은 설계사에게 전화를 해두었다고 알려왔다. 이제 내가 그에게 전화를 할 차례였다. 설계사 크리스티안 헤를로브센은 동료와 함께 작은 사무실을 세 내어 일하고 있었다. 그와 처음 연락했을 때 나는 아무것도 얻어내지 못했다. 그의 이름을 들어본 것도 이번이 처음이었던지라 인터넷에서 그를 검색해봐야만 했다. 알고 보니그는 이번 공사와 비슷한 규모의 일을 여러 번 해본 경력이 있었다. 그래서 나는 그가 이런 일에 대해 잘 알고 있을 것이라 짐작했다. 그는 내 전화를 받고 문제점을 인지한 후 해결 방법을 찾는 데 관심을 보였다. 나는 그가 주도적으로 대화를 이어가다가 내게 문제를 해결할 수 있는 대안이 있는지 물어올 때까지 기다렸다. 마침내 그가 해결 방법을 묻자 나는 생각하고 있던 것들을 말했다.

설계사는 더 이상 거리감을 보이지 않았다. 하지만 문제점을 발견하고 해결 방법까지 제시한 내게 호의적인 말은 한마디도 해주지 않았다.

그는 내가 제안한 방법을 받아들였다. 이제 나는 엔지니어에게 전화를 할 참이었다. 공짜 컨설팅을 조금 더 해줘야만 했다. 나는 페테르센에게 문자 메시지를 보내서 엔지니어에게 전화를 해도 되냐고 물어봤다. 내가 이 일에 알맞은 전문 지식과 열정을 가지고 있다는 것을 보여주기 위해서였다.

솔직히 이런 일은 안 하는 게 더 즐겁지만, 한다고 해도 그리 나쁘진 않았다. 오히려 조금 재미있다는 생각까지 들었다. 물론 혼자 동분서주하는 것보다 함께 협력해서 일하는 것이 훨씬 좋고, 또 그 일에 대한 확실한 대가가 있다면 더 바랄 것이 없겠지만, 어쨌든 최대 몇 시간만 들이면 되니 크게 불평할 것은 아니었다. 나는 설계사와 엔지니어에게 차례차례 전화를 하면서, 막 계단을 오르기 시작한 개인 사업가들이 어쩔 수 없이 겪어야 하는 의뢰와 오퍼의 순환 고리에서 벗어나지 못하는 나 자신과, 동시에 학생과 선생의 입장에서 이야기를 하는 듯한 나 자신을 볼 수 있었다.

엔지니어 할보르센은 이미 페테르센에게서 전갈을 받긴 했지만 막상 내 전화를 직접 받자 좀 놀라는 눈치였다. 그는 다른 엔지니어들과 마찬가지로 바쁘기 그지없는 듯한 인상을 풍겼다. 나는 다음 날 다시 전화하기로 했다.

금요일 오전, 나는 다시 엔지니어에게 전화를 했다. 공사 현장으로 불러내서 문제점을 직접 보여주고 싶었지만, 그를 사무실 밖으로 불러내기는 불가능해 보였다. 예상했던 대로 그는 지금까지 설계사의 도면만 보고 일했던 것이 틀림없었다. 그는 여지껏 현장에 가보지 않았는데 이제 와서 가볼 필요는 없다고 생각하는 것 같았다. 그에게 설계도면이란 법과도 같은 것이었다.

나는 드러난 문제점을 설명하고 해결 방법을 제시했다. 가로버팀목과 세로버팀목을 제거해야 한다는 것에는 그도 동의했다. 나는 이들을 제거할 경우 생길 문제점을 어떻게 해결할 것인지 차근차근 설명했다.

"지붕틀에 대들보를 추가로 설치하는 방법을 생각해봐야 하지 않을까요? 박공벽에 구멍을 내서 대들보를 설치해야 할 것 같아요. 반대편은 계단통 벽에 기둥을 설치하고 그 위에 대들보를 얹는 방법이 있습니다."

"가능하겠군요."

할보르센은 잠시 생각에 잠기더니 내 의견에 동의한 후 말을 이었다.

"문제는 버팀목을 제거할 경우 지붕을 받치고 있는 서까래에 하중이 더 실린다는 것입니다. 따라서 서까래를 보강할 수 있는 방법을 찾아야 합니다."

"맞습니다. 못과 접착제를 많이 사용하는 한이 있더라도 2×9인치(48×223밀리미터) 굵기 목재를 써서 보강해야 할 것 같습니다. 그리고 지붕에 서까래를 두 배로 설치해야 합니다. 원래 있던 서까래들 사이에 새 서까래들을 설치하는 거죠. 이것 역시 2×9인치 목재를 사용하면 될 것 같습니다."

그는 판자를 여러 겹 접착해 가열·압축한 집성목을 사용하기를 원했다. 나는 2×9인치 목재를 사용해도 문제가 없으니 일단 견적을 내보자고 했다. 더불어 일반적으로 사용하는 강도 등급 c-24보다는 c-30을 사용해야 더욱 튼튼해질 것이라고 말했다. 바닥도 마찬가지였다. 그 등급의 목재는 가격이 합리적이고 작업하기에도 좋았다.

"물론 그렇죠." 그가 말했다.

우리는 이렇게 하나하나 해결점을 찾아가기 시작했다.

"버팀목을 대신할 수 있도록, 새로 설치할 서까래들 밑에는 2×9인치 목재를 대주어야 합니다. 그것을 벽에 고정시켜 지탱해주면 하중을 견뎌내는 데 무리가 없을 것으로 보입니다."

그는 내 말에 동의했지만 건축공학상 받침목도 이중으로 설치해야 한다고 덧붙였다.

"그렇게 한다면 가로버팀목과 세로버팀목을 모두 제거할 수 있는 거죠?"

엔지니어는 그렇다고 대답했고, 우리는 토의 결과에 만족했다. 하지만 나는 할 말이 더 남아 있었다.

"대들보를 용마룻대 쪽으로 조금만 옮긴다면 다락 이층 발코니

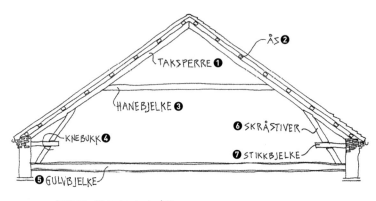

OPPRINNELIG KONSTRUKSJON ❽

0 1 2 3 4 M

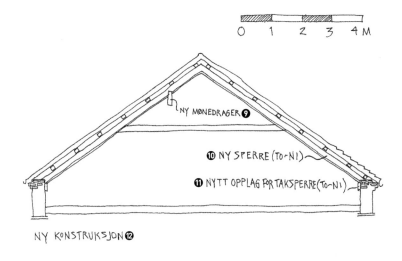

NY KONSTRUKSJON ⑫

❶ 서까래	❷ 중도리	❸ 연결보
❹ 지지대	❺ 마루 장선	❻ 세로버팀목
❼ 가로버팀목	❽ 기존 구조	❾ 새 대들보
❿ 새 서까래(2×9인치)	⑪ 서까래 지지용 추가 구조물(2×9인치)	⑫ 새 구조

방 공간을 더 효율적으로 사용할 수 있을 것 같습니다. 그러면 대들보와 이를 받치는 버팀 기둥도 옮겨갈 것이니 발코니 방으로 오르는 계단에 적절한 공간을 확보할 수 있습니다. 발코니 방 한가운데에 커다란 대들보가 가로질러 있어서 공간이 줄어드는 문제를 해결할 수 있어서 좋습니다. 계단은 어차피 문 때문에 용마룻대 바로 아래쪽에 설치해야 합니다."

"바로 그거예요!" 엔지니어는 갑자기 정신이 든 것 같았다.

우리는 그 해결책에 동의했다. 그는 대들보를 어느 정도 옮겨야 적절한지 계산을 해본 후, 대들보를 이런 식으로 이동시킬 경우 중심점도 옮겨갈 것이며, 이때 어디에 가장 하중이 많이 가는지도 차근차근 시간을 들여 설명해주었다.

"오늘도 새로운 것을 하나 배웠군요."

할보르센은 갑자기 이 일에 관심이 가는 듯, 처음과는 달리 바쁜 척도 하지 않았다. 우리는 이런저런 이야기를 나눈 후 전화를 끊었다.

그는 함께 이야기했던 것들을 공학적으로 계산해 설계 변경서를 작성한 후 그것을 설계사에게 보낼 것이라고 했다. 그러면 설계사는 그것을 설계도면에 반영하게 된다.

금요일 하루를 보람차게 보냈다는 생각이 들었다. 나는 오늘 저녁만큼은 푹 쉬고 싶었다. 견적을 내고 오퍼 가격을 산정하는 일은 내일 해도 될 것이라 생각했다.

8

○

피부는 얇은 작업용 장갑과도 같다.
두 손은 내 삶의 자취를 보여준다.
내가 살면서 무슨 일을 해왔는지,
또 무슨 일을 할 수 있는지를 보여준다.
내 삶의 증명서이자 이력서다.

뜨거운 욕조에 물을 받아 몸을 담근 후 온몸에 비누칠을 하고 솔을 이용해 손톱 밑까지 깨끗하게 닦아냈다. 지난 며칠 동안 셸소스에서 진행했던 공사는 지저분하기 짝이 없었다. 그도 그럴 것이 건축물을 뜯어내는 공사였으니까. 먼지와 때는 땀구멍에까지 박혀 있는 듯 깨끗이 씻어내기가 쉽지 않았다. 하지만 시간을 들여 문지르고 씻다 보면 곧 깨끗해지리라. 문제 될 일은 없었다.

나는 내 손을 좋아한다. 내 두 손은 내 나이는 물론 내가 하는 일과도 잘 어울린다. 큰 상처는 없지만 여기저기 다친 자국이 남아 있다. 하지만 손가락은 열 개 모두 성하다. 그 손은 바로 나, 목수의 손이다. 피부는 거칠고 두껍지만 굳은살은 없다. 생각해보니 굳은살이 박였던 것도 꽤 오래전 일이다. 피부는 얇은 작업용 장갑과도 같다. 두 손은 내 삶의 자취를 보여준다. 내가 살면서 무슨 일을 해왔는지, 또 무슨 일을 할 수 있는지를 보여준다. 내 삶의 증명서이자 이력서다.

일반적으로 배관공과 벽돌공의 손은 거칠고 억세다. 배관공은 주로 펜치를 이용해 일을 하기 때문에 뾰족한 금속에 자주 다친다. 벽돌공은 무거운 것들을 자주 들어 올려야 한다. 시멘트, 모르타르, 타일 접착제 등은 피부에 해가 되면 되지 득이 되지는 않는다. 가끔은 이런 것들 때문에 피부가 벗겨지는 일도 있다. 배관공과 벽돌공의 손에 비하면, 내 손은 곱고 가냘퍼 보이기까지 한다.

'테디스' 바는 집 밖 거실이라 할 수 있다. 나는 오후 이른 시간에 그 바에 가서 자리를 잡고 앉아 맥주 한 잔과 햄버거를 주문했다. 구석 쪽에는 요한, 에스펜, 크리스터가 앉아 있었다. 이곳에서는 따로 약속을 하지 않아도 아는 얼굴을 만날 수 있어서 좋다.

바를 찾는 이유 중 하나는 가끔 그곳에서 만나는 좋은 인연들 때문이다. 테디 바는 내가 찾는 바 중에서 가장 정이 가는 곳이다. 바에 가면 인내심을 가지고 기다려야 한다. 갈 때마다 만나고 싶은 사람들을 만날 수 있는 건 아니니까. 이곳에 모인 사람들은 서로의 사회적 신분이나 배경에 거의 관심이 없다. 대화도 각자의 신분이나 주제와는 상관없이 마음 가는 대로 자유롭게 이루어진다. 그 어떤 주제를 두고도 사회의 고정관념이나 타인의 기대와 무관하게 솔직한 대화를 나눌 수 있다.

오늘 저녁의 바 책임자는 엥글레와 벤테였고, 루네는 부엌 담당이었다. 그들은 그곳을 찾는 손님들만큼이나 좋은 대화 상대다. 루네가 부엌에 서 있으면 나는 항상 칠리버거를 주문하고, 그가 직접 만드는 살사 소스를 두 배로 얹어달라고 부탁한다.

크리스터는 IT 분야의 전문가이고 에스펜은 무대 장비를 조립하고 설치하는 사람이다. 요한은 바에서 꽤 오랫동안 만나왔지만 실제로 그가 무슨 일을 하는지는 모른다. 오슬로의 한 대학에서 일한다는 말은 들은 적이 있지만 그가 경비원인지 강사인지는 확실히 알지 못한다. 나는 그들과 함께 앉아 사는 이야기와 직장 이야기, 근래 읽었던 책 이야기로 시간을 보냈다.

스노레가 바에 모습을 드러냈다. 덴마크에서 온 그는 규모가 큰 건축회사에서 건축목공기사로 일하고 있다. 그와 나는 서로 다른 행성에서 같은 일을 하고 있다 해도 과언이 아니다. 나는 가정집의 다락 증개축 공사를 하고, 그는 시내 중심의 커다란 공사장에서 일을 한다. 내가 개인회사를 운영하고 있다는 것은 둘의 가장 큰 차이점이라 할 수 있다. 우리가 하는 일은 언뜻 매우 다른 것 같지만 따지고 보면 꽤 비슷하다. 우리의 손은 전형적인 목수의 손이고, 옷깃 사이로 스며드는 살을 에는 듯한 한기를 느끼는 것도 공통점이다.

스노레는 작업복을 입고 있었다. 퇴근 후 집에 들렀다가 다시 바를 찾기가 귀찮았던 모양이다. 일주일 내내 콘크리트 벽 사이를 맴도는 차가운 바람에 떨다가 따뜻한 거실에 들어와 뜨거운 물에 샤워를 하고 소파에 앉으면 움직이기 싫을 것이다. 하지만 그는 따뜻한 거실에서 편히 쉬는 것보다 친구들과 맥주 한잔하며 대화를 나누는 게 더 중요하다고 생각했나 보다. 그렇다, 샤워와 소파는 언제든 그를 기다리고 있을 테니까. 스노레와 나는 주말경에 기온이 올라가면 일하는 게 좀 편해질 것이라는 점에 동의했다. 솔직히 영하 8~10도는 견딜 수 있지만 영하 20도 정도가 되면 한계를 느끼기 마련이다. 바람이 불면 더 그렇다.

낯선 손님이 술을 주문하려고 바에 다가왔다. 그는 작업복 차림의 스노레를 보며 한마디 던졌다.

"일을 하다 바로 왔나 보군요? 작업복 차림인 걸 보니……."

그는 매우 유쾌해 보였고 당장이라도 팔꿈치로 덴마크인 목수의 옆구리를 툭툭 치며 농담을 걸 듯 보였다. 아니나 다를까, 그는 점심시간에 일터에서 흑맥주를 마시는 덴마크인에 대한 농담을 늘어놓기 시작했다.

"그러니 점심시간이 끝나면 센티미터와 미터가 헷갈리는 건 당연하지 않겠어요?"

처음 보는 덴마크인에게 일터에서 술 마시는 덴마크 목수에 대한 농담을 늘어놓다니. 스노레는 뒤쪽으로 고개를 돌려 그 남자와 함께 있는 동료들을 슬쩍 넘겨보더니 어깨 너머로 엄지손가락을 들어 가리켰다.

"당신들도 일터에서 바로 온 모양이군요?"

낯선 사나이는 그렇다고 말했다.

"작업복?"

스노레는 양복을 입은 그 사람의 대답을 기다리지도 않고 말을 이었다.

"누가 누군지 모를 정도로 똑같군요. 회사에서 지정해준 사무복이 있나 보죠?"

이번엔 대답을 기다리는 듯 잠시 말을 멈추었다. 낯선 사나이는 당황한 표정을 지었다. 스노레는 그런 그를 아랑곳하지 않고 모른 척 우리와 다시 대화를 나누기 시작했다. 낯선 사나이는 주문한 맥주를 들고 자기 자리로 돌아갔다.

"내가 좀 무례한 것 같았나?"

스노레가 우리에게 물었다.

물론 낯선 사나이는 정확한 이유는 모르지만 그렇게 느꼈을 수도 있을 게다. 덴마크 목수의 술버릇을 가지고 농담을 한다는 것은 낯선 사람이 할 일이 아니라 친구들인 우리가 해야 할 일이 아니었던가. 특히나 그 낯선 사람이 유니폼 같은 자기 양복은 전혀 생각지도 않고 던지는 밑 앞에서는 조금 무례해도 될 것 같다는 생각이 들었다.

우리는 함께 앉아 이런저런 이야기를 나누었다. 거의 대부분은 건축과 관련된 이야기였다. 과거에는 건축업계에 종사하는 사람들이 근무 시간에 술을 자주 마셨다. 내가 견습생으로 일하던 1980년대에는 하루 일을 마치고 뒷정리를 하다 보면 여기저기 빈 술병이 널브러져 있는 것을 볼 수 있었다. 우리는 근무 시간에 술을 마시는 덴마크인과는 상관없이 건축업계의 일반적 변화에 대한 이야기를 나누었다.

다행히도 지금은 근무 시간에 술을 마시는 사람들은 잘 볼 수 없다. 가설대 위에서 술에 취한 채 일하는 인부들, 위험하기 그지없는 장비를 들고 비틀거리며 일하는 인부들을 볼 일은 극히 드물다. 나는 그들이 다 어디로 가버렸는지 궁금해졌다. 지금도 건축업계에서 일을 하고 있는지, 아니면 어둠 속으로 사라져버렸는지 알 수 없는 노릇이었다. 어쩌면 그들은 정상적으로 일을 할 수 없는 장애인이 되었을 수도 있고, 세상을 떠났을 수도 있다. 우리 사회는 시간이 흐를수록, 더 절제하고 진지한 모습으로 변해간다. 낮술을 하며 일하던 인부들은 모두 일터를 떠났을지도 모른다. 아니, 그들은 술버릇을 고치고 근무 시간에는 금주를 하고 있을지도 모른다. 많은 설명이 가능할 것이다. 하지만 정상적인 일을 할 수 없다고 판명받고 연금생활을 하는 인부들이 통계상 점점 늘어나고 있는 것은 부정할 수 없는 사실이다. 그런 면에서 보자면, 현재의 우리 사회는 과거에 비해 관대함과 인내심이 부족한 사회라고도 할 수 있다. 왜냐하면 이들이 발붙일 곳은 거의 없으니 말이다.

나는 개인적으로 술에 취한 인부가 전기톱을 들고 일하는 모습은 상상조차 할 수 없다. 특히 내가 책임을 지고 있는 공사 현장에서 그런 사람을 본다는 것은 있을 수 없는 일이다. 하지만 소위 더 나은 사회를 만들기 위해 이들을 사회에서 완전히 격리한다는 것은, 내 작업장에서 이들을 몰아내는 것과는 다른 문제다. 근무 시간에 술을 마신다는 것은 단 하나의 예에 지나지 않는다. 우리 사회는 과거에 충분히 용인되었던 일들조차 하나하나 문제가 되어 금지되고 있다. 효율성이라는 이름으로 개인 차원의 문제에 인내심과 관용을 발휘하지 못하는 것은 물론이며, 개인들은 규칙과 권위의 늪에서 헤어나지 못하고 있다. 그러므로 자신의 능력을 70퍼센트 정도밖에 발휘하지 못하는 사람들은 직업 전선에서 환영을 받지 못한다. 정상적으로 일을 하려면 100퍼센트가 되어야 한다는 말이다. 이 수치는 개인마다 다르기 마련이지만, 사실 사회적 관점에서는 그리 중요하게 다루어지지 않는다.

차치하고, 나는 길을 가다 행여 공사장 지붕에서 빈 술병이 머리 위로 떨어질까 봐 걱정하지 않아도 되는 현실에 감사한다. 이런 일은 1980년대 건축 공사장에서는 흔히 겪을 수 있는 일이었다.

스노레는 200~300명이 함께 일하는 공사장에서 접할 수 있는 일을 이야기해주었다. 여러 국적의 인부들이 모여서 일을 하는 곳이다 보니 영어, 노르웨이어는 물론 세계 곳곳의 언어와 바디랭귀지까지 섞어야 의사소통이 가능하다고 했다.

그는 일터의 가건물에 붙어 있던 메모지 한 장을 가져왔다며 우리에게 보여주었다. 가건물 밑에는 배수관이 있었고, 배수관은 기온이 내려가면 꽁꽁 얼어붙을 수 있으므로 공사 책임자는 샤워기마다 메모지를 붙여놓았단다. "샤워실 물을 잠그지 마시오"라는 내용의 메모는 노르웨이어로 제일 윗줄에 적혀 있었고, 그다음 줄에는 아홉 개의 다른 언어로 차례차례 적혀 있었다. 가장 밑줄에는 독일인 인부가 독일어 메시지가 없다며 추가로 적어놓은 것도 보였다. 또 어떤 이는 아이슬란드어로 적힌 문장이 조금 틀렸다며 수정을 해놓기도 했다. 아이슬란드인들은 자국 언어에 자긍심을 가지고 있다는 말이 틀리지 않다는 것을 확인할 수 있었다.

스노레는 국제적 분위기와 열린 공간을 경험하는 직장은 석유산

LA VANNET RENNE I DUSJEN[1]

Let the water run in the shower[2]

Anna veden valua suihkussa[3]

Leiskite vandeniui bėgti į dušą[4]

Puść wodę pod prysznicem[5]

Пустите воду в душе[6]

讓我們在淋浴水運行[7]

Látið vatnið Renna
ÙR Krananum í sturtunni[8]

Deje correr el agua en la ducha[9]

Und wo steht das auf Deutsch?[10]

---

[1] 샤워실 물을 잠그지 마시오(노르웨이어) [2] (영어) [3] (핀란드어)
[4] (리투아니아어) [5] (폴란드어) [6] (세르비아어)
[7] (중국어) [8] (아이슬란드어) [9] (스페인어)
[10] '왜 독일어는 여기 보이지 않습니까?'(독일어)

업계와 IT 업계뿐만이 아니라고 말했다. 따지고 보면 공사장은 한겨울의 찬바람이 사방팔방에서 불어오는 일터이니 문자 그대로 열린 공간인 셈이다. 그는 다국적 언어를 사용하는 직장에서는 다른 어느 곳보다 서로에게 관대함과 인내심을 보이는 것이 쉽다고 주장했다. 나는 그의 말에 일리가 있다고 생각했다. 공사 중인 건물은 바벨탑에 견줄 수 있으며, 다양한 언어는 실제로 이점이 있을 것이다. 사실 이 세상의 많은 일들은 언어와 연관이 있다고 해도 과언이 아니다.

우리가 쓰는 전문어는 대부분 외국어에 뿌리를 두는데, 점차 우리 삶에 스며들어 일반화되었다. 이러한 단어들은 우리의 언어생활을 풍부하게 만들어주었다. 하지만 현재 외국에서 물밀듯 들어오고 있는 외국인 노동자들도 이와 같은 결과를 가져다 줄 수 있을까? 현재 쓰고 있는 독일어나 영어에서 유래된 전문 단어 대신 폴란드어나 리투아니아어에서 유래된 전문 단어를 쓰는 날이 머지않아 도래할까?

일상 속에서는 어려운 일일지도 모른다. 특히 규모가 큰 공사장에서는 전문어의 사용 수준이 의외로 그리 높지 않다. 서로 다른 국적의 인부들은 언어를 통해 서로를 이해하는 일이 쉽지 않다. 건축업계에는 특히 소규모 자영업자들이 많다. 이들의 임금 수준과 작업 환경은 수십 년 전 노르웨이의 상황을 보듯 매우 열악하다. 현대의 작업 환경은 언어와 문화, 전문성과 사회성이라는 이름으로 조각나버렸다 해도 지나치지 않다.

내가 속한 작은 규모의 건축 공사장도 상황은 다르지 않다. 단지 규모가 작다는 점을 제외하고선 말이다. 소규모 자영업자들도 언어로 인한 불편함을 자주 감수해야 한다. 외국에서 이민을 온 업자들이나 인부들은 노르웨이어를 충분히 이해하지 못하기에 생각지도 않은 결과를 초래할 때가 많다. 그들은 일을 할 때 각자의 경험과 짐작을 통해 문제점을 해결하려 든다. 그들의 경험 또한 100퍼센트 신뢰할 수 있는 것은 아니기 때문에 이상한 결과를 접할 때가 한두 번이 아니다.

많은 외국인 노동자들은 개인회사를 설립하는 것을 꿈으로 여긴다. 그것은 단도직입적으로 스스로에게 일자리를 주는 것과 같은 의미다. 그들의 시간당 임금은 노르웨이 인부들과 비교가 안 될 정도로 낮지만, 자국에 있을 때와는 비교할 수 없을 정도로 높다. 수입과 지출이 거의 제로에 가까우면 회사를 운영할 역동성을 얻기가 그리 쉽지 않다. 이 경우 의뢰인이 만족할 만한 결과를 얻기도 어려운 것이 사실이다.

오늘날 이 모든 경우가 문제점으로 부각되는 것은 놀랄 일이 아니다. 하지만 현재의 상황이 50년 후까지 지속되리라 단언하기는 쉽지 않다. 외국인 노동자, 아니 일반적인 외국인 유입 상태와 관련한 논의에서 언어 문제는 다양한 측면이 있기 마련이다.

건축업계의 전통은 아주 오래전으로 거슬러 올라간다. 노르웨이는 유럽 외곽에 있는 작은 나라에 불과했기에 항상 유럽 강대국의 기술과 전문성을 배우는 입장이었다. 광업, 해운업, 조선업, 금속가공업, 섬유업, 건축업 등 여러 분야에서 그러했다. 노르웨이의 건축업자들은 외국에 나가 전문 기술을 배웠고, 외국의 전문가들도 국내로 들어왔다. 우리는 다른 나라를 통해 많은 것을 배워왔다. 이는 과거에서 현재까지 매우 일반적인 일이다.

전문성에서 언어는 매우 중요한 요소다. 우리는 각자의 전문성을 언어로 나타낼 수 있어야 한다. 예를 들어 토르스호브의 다락 증축 공사에서 내가 제거해야 할 세로버팀목은 노르웨이어로 '스크로스티버'라고 하며, 이는 때로 '스트레버strever'라고 불리기도 한다. 스트레버는 '고군분투하다'라는 뜻의 독일어 슈트레벤streben에서 유래한 것으로, 외국에서 유입된 기술자들을 통해 퍼졌다. 이 기술자들은 공사장에서 매일 고군분투했던 이들이기도 하다. 서로 간의 경쟁은 일상이 되었고, 이들에게 일상이란 전쟁과도 같았기 때문이리라. 도심의 바벨탑 속에서 무자비한 경쟁을 통해 살아남아야 하는 전쟁과도 같은 삶. 이것은 전문 언어의 아이러니라고도 할 수 있다.

9

○

베트남 인부들은 공사장에
전기밥솥과 야채, 소스 등을 가져와
점심에 따뜻한 음식을 내놓는다.
나는 그들의 음식 냄새를 맡을 때마다
숲에서 야영을 하는 듯한 느낌이 든다.

욘 페테르센은 오퍼를 넣으려고 준비 중인 한 업자가 시간을 더 달라고 했다며 오퍼 마감일을 3주 후 금요일로 연장하겠다고 전화로 알려왔다. 나는 지붕 개축 공사와 관련해 새로운 설계도면과 공학 설명서를 이미 손에 넣은 상태였다. 이젠 새 설계도면의 승인을 받아야 하지만 그건 크게 문제될 것이 없었다. 마감이 연기되었으니 급하게 서두를 필요가 없어서 좋았다.

화요일에는 하청업자들과 함께 사전 조사에 나섰다. 벽돌공과 페인트업자, 전기기사와 배관공. 배관공과 전기기사는 오전 11시에 만나기로 했고 다른 이들은 12시에 만나기로 약속했다.

배관공인 핀은 이제 공사 현장에 직접 나가지 않고 주로 사무실에 앉아 관리 감독하는 일을 맡고 있다. 그는 작업을 기획하고 견적을 내고 인부들을 관리하는 일을 주로 한다. 공사장에 사전 조사를 하러 오는 하청업자들은 때에 따라 달라지지만, 이 바닥은 그리 넓지 않아서 일을 함께 하는 사람들은 모두 내가 잘 아는 이들이다. 건축업계에서는 초기에 공사 현장을 직접 뛰어다니며 일을 하다가 어느 정도 세월이 흐르면 사무실로 옮겨 주로 행정 일을 보는 것이 일반적이다. 어떤 이들은 처음부터 이를 목표로 일하기도 한다. 이 경우, 기능장 자격은 물론 학위도 받아야 한다. 현장에서 경험을 쌓은 후 다시 공부를 하는 이들도 있다. 업계에서는 이런 사람들을 위해 기술전문학교나 대학과 연계해 정기적으로 교육을 실시하기도 한다. 핀은 기술학교 기능장밖에 없지만 현장 경험이 풍부한 데다 고객들을 상대하는 일에 능숙하며 견적을 내는 데도 뛰어난 소질을 발휘하는 사람이다.

어떤 이들은 육체노동을 계속하지 못할 때도 있다. 고된 작업으로 어깨나 등을 다쳐 같은 업계에서 다른 일을 하거나 아예 직업을 바꾸기도 한다. 건축업계에서 수십 년 같은 일을 한다는 것은 그리 쉽지 않다. 신체 상해, 특히 반복 작업으로 인한 만성 장애 때문에 잠시 휴식을 한 후 아예 업계를 떠나버리거나 수술 등의 후유증으로 일을 못하는 경우도 많다. 이러한 장애는 평생 짊어지고 살아야 하는 것이기도 하다.

직업병은 건축업계뿐 아니라 다른 곳에서도 찾아볼 수 있다. 때로는 사무직 노동자들도 일에서 받는 스트레스와 심리 장애 등을 호소한다. 육체노동에서 오는 작업 결과는 당장 눈으로 볼 수 있기에 단순하다고 생각하는 사람들도 더러 있다. 하지만 많은 이들이 알고 있듯이, 육체노동은 스트레스와 불편한 사회관계에서 발생하는 심리적인 병을 고치는 약이라고 한마디로 정의할 수는 없다.

건축업계에서 사무직 비율은 그리 높지 않다. 있다 하더라도 일정 기간이 지나면 자의든 타의든 업계를 떠나야 하는 경우가 많다. 공사 프로젝트를 담당할 책임자를 고용할 경우, 대부분의 회사에서는 경력이 풍부한 건축목공기사가 아니라 갓 졸업한 신출내기 엔지니어를 찾는다. 현장 경험보다 학문 배경을 우선시하기 때문이다. 현장 작업을 준비하고 조직할 때도 마찬가지다.

어떤 관점으로 본다 해도 이런 일이 계속되다 보면 건축업계 내의 전문성은 떨어지기 마련이다. 자신만의 경력과 노하우가 최절정기에 이르러 마침내 전문성을 효율적으로 살릴 수 있을 때가 되면 업계를 떠나곤 한다.

엡바는 전기기사다. 건축업계에서 여성 전기기사는 매우 보기 드물다. 홍일점이라고도 할 수 있는 그녀는 일할 때 완벽하게 하며,

견적을 내고 오퍼를 넣을 때도 매우 깔끔하게 한다.

우리는 사전 조사차 공사가 진행될 장소를 함께 둘러보았다. 나는 하청업자들에게 특별히 고려해야 할 사항이 있는지 물었고, 그들도 또 다른 질문들을 하며 대화를 이어갔다. 그들에게 이미 설계 도면과 공학 설명서를 전해준 후였다. 그들은 대충 견적이 나오면 전화를 하기로 약속했다.

페인트공은 현장을 둘러보며 메모를 했다. 모서리의 수, 제곱미터, 처마 및 지붕과 벽의 이음새를 보며 길이와 면적을 계산하는 그에게, 나는 일반 페인트로 견적을 하나 내고, 내구성이 좋은 비싼 페인트 견적도 추가로 내달라고 부탁했다. 페인트의 품질은 다양하기 그지없다. 오퍼를 넣을 때 이렇듯 선택 사항을 추가하는 것은 우리가 자칫 간과할 수 있는 조그마한 것들까지 모두 고려했다는 것을 보여주기 때문에 큰 장점이 된다. 서로 다른 페인트 가격을 바탕으로 견적에 옵션을 넣는 일은 시간이 많이 걸리지도, 어려운 일도 아니다. 우리는 페인트칠을 할 때 바닥과 가장자리를 가릴 보호용 덮개는 어떤 것을 사용할지 의논했다. 나는 가능한 한 페인트칠과 석회 작업이 끝난 후 마지막에 마루를 깔 생각이었다. 그래야 보호용 덮개를 최소한으로 사용할 수 있고, 마루가 손상되는 것도 피할 수 있다.

베트남 문화는 페인트 작업에 생기를 불어넣는 역할을 하는 것 같다. 건축 공사장에서 페인트칠을 하는 인부들을 보면 대개 베트남에서 온 사람들이다. 물론 이것은 오로지 내 개인적인 관찰을 통한 통계 수치에 불과할 뿐이다. 탐은 일손이 재빠르고 주워들은 노르웨이어를 사용해 매우 빠른 속도로 말을 한다. 그래서 그가 하는 말을 제내로 이해하기는 쉽지 않다. 하지만 그는 일을 매우 섬세하게 효율적으로 하고, 그래서 임금 수준도 나쁘지 않다. 나는 그의 전문적 배경에 대해서는 아는 바가 없지만, 그는 자신이 하는 일에 대해서만큼은 매우 엄격하고 매번 좋은 결과를 나타내기에 신뢰할 수 있다.

페인트칠을 하는 인부들이 공사장에 들어서면 항상 좋은 냄새가 난다. 베트남 인부들은 공사장에 전기밥솥과 야채, 소스 등을 가져와 점심에 따뜻한 음식을 내놓는다. 나는 그들의 음식 냄새를 맡을 때마다 숲에서 야영을 하는 듯한 느낌이 든다. 노르웨이 공사장에서 따뜻한 음식 냄새가 나는 것은 흔한 일이 아니다.

페터는 오래전부터 나의 옛 선생님과 함께 일해왔던 배관공이다. 나는 견습생 시절부터 지금까지 그와 인연을 이어왔다. 그는 유머 감각이 풍부하고 실력 있는 사람이다. 페터와 함께 일할 때면 기분이 좋아진다. 사전 조사를 하거나 기분 좋은 격려가 필요한 날이면 페터와 함께 일을 하는 것이 좋다. 우리는 매우 오랜 시간을 함께 일해왔기 때문에 이제는 눈빛만 봐도 상대가 무슨 생각을 하고 있는지 알 수 있을 정도다. 그 때문인지 우리는 함께 있을 때 일 이야기보다는 낚시 이야기를 더 많이 한다. 우리는 숭어 낚시를 좋아하고 플라이낚시도 좋아한다. 하지만 그가 북유럽 강꼬치고기 낚시에 대한 이야기를 할 때면 나는 전혀 이해를 할 수 없다.

페터는 통풍과 환기 공사와 관련해 견적을 낼 예정이었다. 견적 내용에는 지붕의 굴뚝과 환풍 장치에 대한 예상 가격이 포함된다. 나는 거기다 기존의 굴뚝 및 환풍기를 수리하는 데 들어갈 비용도 포함해달라고 부탁했다. 이 사항은 설계도면이나 공학 설명서에는 포함되어 있지 않은 추가 사항이다. 하지만 나중에 따로 언급하기보다는 사전 조사를 실시한 직후에 바로 언급하는 것이 낫다고 생각했다. 나는 항상 페터에게 기존의 환풍 및 배관 설비를 둘러보고 수리 가능성을 언급해달라고 요구한다. 그는 창 밖으로 고개를 내밀어 굴뚝과 지붕 상태가 괜찮은지 확인했다. 대부분 눈으로 뒤덮여 있어 자세히 살펴보기가 쉽지 않았지만 그는 OK 사인을 주었다. 우리는 얼음낚시에 대한 이야기를 주고받은 후 헤어졌다.

벽돌공이 도착했다. 그는 계단과 맞붙은 벽과 파이프를 수리하고 욕실 바닥에는 주형을 만들어 채워넣고 그 위에 타일을 깔아야 한다고 말했다. 벽돌공인 요한네스 역시 나의 오랜 친구다. 우리는 일로 만나 인연을 이어왔고 개인적인 만남은 거의 가지지 않았지만, 그럼에도 나는 그가 내 친구라 생각한다.

나는 그들과 함께 작업을 하며 지금껏 입에 풀칠을 해왔고, 그들 역시 나를 통해 돈을 벌었다 해도 과언이 아니다.

우리는 일이 없을 때면 함께 걱정했고, 돈을 지불할 일이 있으면 머리를 맞대고 협력해왔다. 피곤하고 지쳐 있을 때면 서로를 격려 해가며 일을 하기도 했다. 반면, 우리는 서로에 대해 엄격한 잣대를 들이대지 않는다. 우리가 오랜 시간 함께 일해올 수 있었던 것은 바로 그 때문이리라.

내가 하는 일에 대한 자긍심은 이들과 함께 작업할 때 더욱 커진 다. 콕 짚어 설명할 수는 없지만 나는 다른 어떤 사람들보다 이들을 더 잘 안다. 그들은 나와 함께 추위에 떨었고, 나와 함께 먼지 속에 서 일했으며, 내가 하는 일에 대해 잘 알고 있다. 우리는 다른 이들 이 이해하기엔 쉽지 않은 방법으로 서로를 이해하고 존중하며 함 께 일을 한다. 이 협력 관계는 같은 목수로서 경험할 수 있는 가장 값진 것이기도 하다.

IO

◇

사람들은 인테리어 공사가 기초 공사보다
더 어려울 것이라고 말하지만 실제로는 그렇지 않다.
특히 다락 공사는 이와는 정반대다.
물론 구체적으로 어떤 작업을 하느냐, 또는 얼마나
숙련된 기술을 가지고 하느냐에 따라 얼마든지 달라질 수 있는 문제다.

설계도면과 설명서는 너무 일반적이고 허점이 많았기에, 나는 내가
진행할 기본 작업 사항을 세부적으로 나누어 따로 들여다봐야만
했다. 이렇게 하면 각각의 견적 사항을 낱낱이 확인할 수 있어 좋
다. 견적을 내는 데 사용하는 소프트웨어가 있지만 한 번도 사용해
본 적이 없다. 프로그램을 사용하면 도움이 될 테지만 말이다. 사실
이 작업은 결코 단순하지 않다. 개인적인 판단과 평가가 들어가기
때문이다. 견적 프로그램에서는 즉흥성과 임기응변 요소를 찾아볼
수 없다. 내가 소프트웨어를 사용하지 않고 일일이 손으로 작업하
는 구태의연한 방법을 사용하는 것은 바로 그 때문이다. 시간이 걸

리긴 하지만 나의 개인적인 경험을 바탕으로 일을 할 수 있어 좋다.

　나는 자재의 분량과 바닥 면적을 계산하고, 보호용 덮개 비닐, 방습지, 단열재, 목재와 금속성 자재 및 못 등의 수요를 예상해서 적어넣었다. 창문과 문의 수를 계산하고, 접착제와 이음새 연결용 실리콘 등의 예상 사용량을 산출해내야 한다. 한마디로 기존 골조를 뜯어내고 마지막 못 하나를 박을 때까지 작업 상황을 모두 고려해서 사용될 자재와 부품을 계산해야 되는 것이다.

　인터넷에서 타우글란 목재상의 홈페이지를 찾았다. 로그인을 하면 할인율을 적용받을 수 있어서 좋았다. 나는 접착제 관련 부품들은 모텍Motek에서 구입한다. 이 두 회사는 주로 전문 건축업자를 대상으로 판매하고 있다. 그래서인지 이들 회사의 자재 선정은 항상 기대를 저버리지 않고, 판매원들 또한 전문 지식으로 무장하고 있다. 전문업자로서 이런 회사들과 거래를 하면, 다른 목재상에서 건축 관련 지식이 없는 일반인들이 판매원들에게 이것저것 물어보고 자재를 고르느라 생기는 긴 줄을 피할 수 있어 좋다. 목수로서는 일반인들이 무언가를 스스로 해보려 시도하는 모습을 보면 기분이 좋다. 하지만 전문 목재상을 이용하면, 일반인들과 같은 처지에서 함께 줄을 서서 기다려야 하는 상황을 피할 수 있다는 장점이 있다.

　구입 내역을 보니 총 27만 크로네의 비용이 들어갈 예정이었다.

여기에 더해, 나는 공사장에서 발생하는 쓰레기들을 치우는 데 들어가는 비용도 추가해야 한다. 공사장에서는 목재와 석고, 점토와 석면 등 여러 종류의 쓰레기들이 나오기 마련이다. 이런 쓰레기들을 치우는 데도 돈이 들어간다. 특히 석면을 폐기하는 일은 회계사의 도움을 받아 전문가에게 의뢰해야 한다. 그리 어려운 일은 아니지만 정확해야 하며, 기록도 남겨야 한다. 나는 예전에 석면을 직접 뜯어내고 폐기한 적이 있다. 당시 사회나 업계에는 인부의 건강과 위생은 크게 고려하지 않는 분위기가 팽배했다. 하지만 지금은 시대가 변했다.

석면은 매우 위험한 광물이다. 일반 가정집에서 단열재로도 사용한다. 석면 사용과 관련한 법규는 매우 엄격하다. 석면은 암을 유발하는 물질이다. 문득 지난 세월 동안 이 석면 때문에 병을 얻었던 인부들이 얼마나 많은지 궁금해졌다. 석면 제조업자들은 석면이 인체에 해롭다는 사실을 오랫동안 인정하지 않았다. 하지만 최근에 이 사실이 과학적으로 증명이 되고 나니 그들은 아무 말도 하지 못했다. 자주 볼 수 있는 일이다. 담배 제조업체들도 마찬가지 아닌가. 치과에서 사용하는 수은 역시 법정에서 인체에 해롭다는 최종 결정이 나기까지는 제조업체들이 이 사실을 인정하기를 거부해왔다.

공사장은 먼지와 쓰레기, 단열재와 목재 등 다양한 자재와 부품들로 가득하다. 사용될 예정이거나 이미 사용된 화학 제품도 수없이 찾아볼 수 있다. 접착제와 페인트를 제거하는 물질들, 시멘트 제품을 이루는 염기성 물질들도 위험하기 짝이 없다. 스웨덴에서 온 인부들은 아직도 노르웨이에서 보호 장비 없이 유성페인트를 사용하는 것을 보고 깜짝 놀란다. 스웨덴과 EU에서는 유성페인트와 관련해 노르웨이보다 훨씬 더 엄격한 법적 잣대를 적용한다. 나는 유성페인트가 일반 페인트보다 훨씬 좋다고 주장하는 사람들에게, 유성페인트를 제조할 때 사용하는 화이트 스피릿(석유를 증류해 만든 휘발성 액체로, 페인트 희석제로 쓰인다 - 옮긴이)이 증발하면서 만들어내는 독성 가스가 인체에 얼마나 해로운지 이해시키려 노력한다.

석면은 먼지가 몸에 해롭다는 것을 증명하는 명백한 예 중 하나다. 우리는 화학물질과 먼지가 함께 만들어내는 위험성에 대해 그리 잘 알지 못한다. 암과 폐렴은 우리가 미처 인지하기 전에 슬그머니 우리의 몸을 장악한다. 이것은 가설대에서 떨어지는 사고나 톱에 상처를 입는 것과는 달리 직접 눈으로 볼 수 있는 것이 아니다.

예전에 헤게르만스 가에서 공사를 할 때는 약 20종류의 서로 다른 자재를 사용했다. 오늘날에는 공사를 한 번 할 때마다 약 5만 가지 종류의 자재를 사용하는 것이 일반적이다. 그래서 인부들은 자신들이 어떤 물질에 노출되는지 정확히 알기 쉽지 않다.

나는 각각의 세부 공사에 어느 정도의 시간이 필요한지 계산해야만 했다. 수납장을 옮기는 일, 마루를 까는 일, 계단을 배치하는 일, 창이 설치될 벽에 구멍을 뚫는 일, 지붕을 내리는 일, 자재를 다락으로 옮기는 일 등. 이 모든 작업을 빠뜨리지 않고 고려해야만 했다. 시간은 우리를 기다려주지 않는다. 건축목공 공사의 약 70퍼센트는 이런 일을 하는 데 들어가는 시간이라 할 수 있다.

나는 자재를 실내로 들어 올리고, 쓰레기를 밖으로 내가는 데 나만의 노하우가 있다. 계단을 이용하는 경우는 거의 없다. 공사 현장이 다락일 경우 가설대를 이용하는 것이 좋다. 공사를 진행하다 보면 가끔 사용되는 자재가 얼마나 많은지 종종 놀랄 때가 있다. 보통 공사 중에 자재를 실내로 옮겨 가는 일은 크게 세 번 정도로 나누어한다. 한 번에 다 옮겨놓으면 일을 할 수 있는 충분한 공간을 확보하기가 어렵기 때문이다. 나는 퍼즐을 풀 듯 조직적이고 논리적인 시스템으로 일하는 것을 좋아한다.

예상 비용을 산출할 때는 아무리 세세히 계산했다 하더라도 만약을 대비해 여분의 비용을 추가로 덧붙이는 것이 좋다. 가끔은 잊고 명시하지 않은 일이 나타나기 마련이니까. 하지만 이렇게 하는 가장 큰 이유는, 나중에 실제로 작업을 진행할 때 쫓기지 않고 넉넉한 마음으로 일을 하고 싶어서다. 반면, 나의 이런 낙천적인 태도는 항상 작업 시간을 적게 배정해서 나중에 문제가 될 때도 있다. 어쨌든 나는 후에 갖가지 이유로 문제가 발생하는 것을 막기 위해 여분의 비용과 시간을 추가로 작성하고, 이를 나만의 참고 자료로 활용한다. 대개는 총비용의 10퍼센트 정도를 따로 떼어놓고, 비용 산출 작업이 끝난 후 확신이 서면 이 퍼센트 수치를 줄이곤 한다.

하청업자들에게 지출되는 비용도 초과 위험을 고려해 넉넉하게 책정한다. 그들에게서 견적을 받으면 내가 책정한 비용과 대조해보고 내가 실제 사용할 수 있는 액수를 빼두곤 한다. 나는 이 모든 작업을 이전에 했던 공사에서 터득한 경험을 바탕으로 진행한다. 이번 공사 건은 대충 115만 크로네 정도의 비용이 들어갈 것 같다.

견적 산출 작업은 매우 중요하다. 나는 전에 진행했던 공사 비용을 항상 참고한다. 예상 비용을 산출할 때 가장 기본이 되는 것은 1제곱미터당 사용되는 자재 가격을 총면적에 곱하는 일이다. 각 제곱미터에 들어가는 비용은 일의 형태에 따라 다르다. 이때 경험에 바탕한 산출 작업도 완전히 배제할 수는 없다. 최근 몇 년 동안 자재 값이 굉장히 많이 인상되었다. 매년 3배 정도 오른 것 같다. 이 요소를 고려하지 않았던 수많은 건축회사들은 경제적 어려움에 직면하거나 부도를 내기도 했다. 공사 내용이 어렵고 복잡할 경우에는 제곱미터당 곱하는 가격도 조금 높게 책정한다. 이것은 욕실 공사가 포함될 때 필수불가결한 일이기도 하다.

가끔은 욕실 공사에 들어가는 비용을 아예 따로 떼어놓고 무작정

25만 크로네 정도를 미리 책정해두기도 한다. 그리고 다른 비용을 평균치로 환산해 여기서 남거나 웃도는 돈을 욕실 공사용으로 사용한다.

견적 산출을 대충 마치니 세 개의 숫자를 얻어낼 수 있었다. 총비용과 이전의 공사 비용을 참고해 얻어낸 액수는 얼추 비슷했다. 이 경우, 대체로 거의 정확하게 산출을 했다는 의미이므로 조금 안심이 된다.

오퍼를 넣을 때 예상 비용이 실제 들어가는 비용과 차이가 많이 날 경우, 내 손에 떨어지는 이익은 줄어들 수밖에 없다. 자재 구입에 들어가는 비용, 하청업자에게 나가는 임금을 제외한 액수는 내게 순이익으로 돌아온다고 봐도 좋다. 나는 이 돈으로 입에 풀칠을 해야 한다. 그러므로 예상 비용을 잘못 산출했을 경우 그 타격은 매우 크다. 10퍼센트의 여유를 만들어놓긴 하지만 총비용을 생각한다면 그리 넉넉하다고는 할 수 없다. 이번 공사에서 내게 돌아올 순이익은 약 11만 5,000크로네 정도가 될 것으로 예상한다.

견적 산출을 잘못 해서 큰 낭패를 경험했던 적도 없지 않다. 결과적으로 내게 돌아온 이익은 1만 9,000크로네뿐이었다. 여기서 세금도 내야 했다. 그래서 그해는 다른 어떤 해보다 더 열심히 일할 수밖에 없었다. 그나마 위로라면 그해 수입이 너무 적어서 다음해에는 세금을 내지 않아도 되었다는 것이다. 하지만 나는 적자를 메우

느라 공사를 맡을 때마다 시간당 오히려 100크로네 정도 내가 지불해야 하는 처지가 되었다. 그때의 경험은 큰 교훈이 되었다.

나의 옛 선생님은 매번 오퍼를 넣고 공사 수주를 받을 때마다 긴장이 된다고 했다. 공사를 맡게 되었을 때는 혹시 오퍼 가격이 턱없이 낮아서 된 건 아닐까 하는 생각도 들었다고 했다.

나는 기초 공사와 인테리어 공사까지 합쳐서 견적을 냈다. 기초 공사란 건물의 골조, 시멘트 작업, 창문 설치 등 크고 거친 작업을 의미하고, 인테리어 공사는 이음새 마무리 작업, 기본 인테리어 설치 등 작고 섬세한 작업을 말한다. 나는 흔히 말하는 목수다. 두 가지 일을 모두 하지만 인테리어보다는 기초 공사를 주로 한다. 사람들은 인테리어 공사가 기초 공사보다 더 어려울 것이라고 말하지만 실제로는 그렇지 않다. 특히 다락 공사는 이와는 정반대다. 물론 구체적으로 어떤 작업을 하느냐, 또는 얼마나 숙련된 기술을 가지고 하느냐에 따라 얼마든지 달라질 수 있는 문제다. 이 두 가지 일을 할 때 그 거리감을 좁히기 위한 전문적인 사고력은 필수불가결한 요소인 동시에 그리 간단하지 않은 과제이기도 하다. 즉 기초 공사를 할 때도 사고는 섬세하게 해야 한다는 말이다. 예를 들어 1월에 마친 거칠고 굵직한 작업은 5월에 섬세하고 정교하며 아름다운 결과를 내기 위해 다시 한 번 숙고하며 돌아봐야 한다는 것이다.

노르웨이에서는 건축목공기사라 하면 기초 공사는 물론 인테리어 공사까지 해낼 수 있어야 한다. 우리의 전문 지식과 기술에 대한 정의는 다른 문화권에서보다 훨씬 넓다. 다른 나라에서는 각 전문 분야가 더 세부적으로 나누어져 있고, 개인의 전문 영역도 협소하다.

건축목공 공사에서 기초 공사는 눈에 잘 띄지도 않고 흔히 지저분하고 구차한 일이라 여긴다. 하지만 바로 그 작업을 잘하느냐 못하느냐에 따라 건축목공기사의 능력이 결정되기도 한다. 즉 기초 공사를 얼마나 잘해내느냐에 따라 담당 기사가 능력 있는 목수인지, 아니면 소위 입만 살아 있는 전문가인지 구분할 수 있다는 말이다. 건물을 뜯어내고 제대로 뒤처리를 할 수 있는 건축목공기사는 대개 그다음 과정 일도 문제없이 잘해낼 수 있다.

요리사, 목수, 농부, 어부 등 실용적인 일을 하는 사람들은 이 기본 요소에 충실하다. 이런 일을 하는 사람들은 자신이 맡은 일을 하면서 동시에 현학적인 엘리트가 될 수는 없다. 적어도 그들이 하고 있는 일에 기준을 두고 말하자면 그렇다는 것이다. 대부분의 건축목공기사들은 견습생 시절에 기초 공사부터 인테리어 공사까지 모두 섭렵한다. 그들은 거칠고 굵직한 일을 하며 그것을 지저분하고 구차한 일이라 여기는지, 또는 매우 중요하고 기본적인 일이라 여기는지 심리 진단을 거치기도 한다.

이것은 우리 사회를 반영하는 초상화라고 할 수 있다. 생산 과정에서 중요하고 기본적인 요소들은 우리의 일상에서 차츰 사라져가고 있다. 그것들에 대한 우리의 지식은 점점 옅어져가고, 우리는 자신도 모르는 사이에 일상에서 당연한 기본직인 것들을 배제해버린다. 지저분한 것들과 먼지, 실용적이고 실질적인 것들과 점차 거리를 두게 되는 것이다.

목수들이 수행하는 작업을 단순화해놓은 결과물은, 즉각적이고 온전한 효율성을 당장에 떠올리는 합리적인 사고보다 훨씬 복잡하다. 상품 카탈로그는 소독을 한 듯 청결하기 짝이 없는 우리의 삶을 보여준다. 거기에는 생산 과정과 생산자가 배제되어 있다. 나는 여기서 생산자를 인부라고 생각한다. 청결한 것은 좋다. 단순한 것도 좋다. 돈을 아끼는 것도 좋고, 통제와 관리가 잘된 건물도 물론 좋다.

생산에 대한 이러한 사고방식은, 일을 한다는 것은 몸이 지저분해지고 피곤해지는 것이니 좋지 않다는 결론을 도출해내기 마련이다. 결과적으로 이런 형태의 일을 하는 것은 가능한 한 피해야 이상적인 삶을 살고 있다고 말하는 시대가 온 것이다. 생산 작업을 통제된 환경, 즉 공장으로 옮겨가는 것은 이러한 이상이 가져온 결과라고 할 수 있다. 더 나아가서는 이러한 현실을 아예 배제하는 것, 즉 임금이 싼 제3세계로 생산 공정을 옮겨가는 일이 도래하는데, 생각할 수조차 없는 슬픈 일이다. 우리로서는 청결과 효율성을 생각한다면 일을 제대로 할 수 없으니 말이다.

목수들은 상품 카탈로그에서나 볼 수 있는, 소독한 듯 청결한 상태를 유지할 수 없다. 생산 라인을 중국으로 옮겨가면, 우리는 그 물건의 생산 과정을 눈으로 직접 볼 수 없다. 보이지 않으면 마음도 멀어진다고 했던가. 생산 라인을 다른 곳으로 옮겼다 하더라도 작업 과정이 상품 카탈로그에서처럼 청결하게 변하지는 않는다. 단지 우리에게서 너무 멀리 떨어져 있기에 눈으로 볼 수 없을 뿐.

이 나라에서는 새로운 건물을 짓는 일에만 관심을 가진다. 아름답고 화려한 3D 도면 속에는 나무들과 사람들이 제각기 자리를 잡고 유혹하듯 눈길을 끈다. 새 건물을 짓는다 하더라도 목수의 손이 필요한 것은 당연하다. 새 건물을 짓는 일은 기존 건물의 증개축 공사보다 좀 더 쉽고 청결한 작업이기는 하다.

하지만 기존 건물들도 우리 사회의 일부이며, 미래에도 사라지지는 않을 것이다. 우리는 이러한 건물들을 더욱 효율적으로 증개축해서 현대화하는 방법을 생각해야 한다. 하지만 이 건물들을 한기와 먼지, 땀이 배제된 현실 속으로 끌어들일 수는 없다. 건축업이 지저분하고 더러운 일이라는 생각이 만연한 현실에서 도대체 누가 이런 일을 하겠다고 나서겠는가.

패시브 하우스Passiv house (자연 에너지를 활용해서 최소한의 냉난방으로 적절한 실내 온도를 유지할 수 있도록 설계된 주택 – 옮긴이)를 둘러싼 갖가지

의견들도 이와 관련이 없지 않다. 패시브 하우스를 정의하는 말은 수많은 건축 개념이나 기술적인 규정과 마찬가지로 모래 위에 그어놓은 한 줄의 선에 지나지 않는다. 대부분의 사람들은 패시브 하우스 건축 작업을 매우 복잡하고 어려운 일이라 생각한다. 하지만 현실적으로는 오래된 건물의 증개축 공사보다 훨씬 쉽다. 단순한 증개축 공사를 해도 주변 환경과 몸이 지저분해지는 것은 피할 수 없다. 바로 그 때문에 사람들은 현대적 기술을 이용해 패시브 하우스를 짓는 일이 기존 건물에 새 생명을 불어넣는 작업보다 훨씬 근사하고 훌륭하다고 생각하는 것이다.

그러나 경쟁이 심한 건축업계에서 에너지 효율성을 고려해 최대한의 결과를 얻어내려면 증개축 공사로 관심을 돌려야 한다. 사회적 관점에서, 기존 건물을 증개축함으로써 더 큰 냉난방 효과를 얻는 것이 새 건물을 짓는 것보다 의미가 더 큼은 누구나 잘 알 것이다.

정치인들은 패시브 하우스 같은 것들에 대해 확신을 가지고 말한다. 그들은 그것이 대형 건축물을 증개축하거나 수리하고 보존하는 것보다 더 쉽다고 여긴다. 여러 복잡한 문제들을 길게 설명하는 것보다 단순하고 확실한 예를 드는 것이 정치인들의 입장에서는 설득력이 더 크기 때문이다.

증개축과 관련한 여러 복잡한 문제들을 해결하려면 실제로 이 일을 하는 목수들은 자신들이 알고 있는 것보다 훨씬 많은 것을 알아야 한다. 적어도 문제를 효과적으로 잘 해결하려면 그렇다.

의견을 교환할 때 단어 신택은 신중해야 하며, 의뢰인은 실행하려는 프로젝트에 확신을 가져야 한다. 건축에서 디자인이라 말할 수 있는 의뢰인의 개인 성향도 고려해야 한다. 생산 과정, 즉 공사 중에 이 개인 성향이 사라지면 궁극적으로 감수해야 하는 일이 생기기 마련이다. 어떤 물건이 지구 반대편에서 제작될 경우 품질이나 선택 가능성도 줄어들게 된다. 생산 과정에서 개인 성향을 배제한 후, 완성된 제품에서 이러한 성향을 되찾기란 불가능하다.

이 일을 가능하게 하기 위해서는 목수는 물론 목수가 하는 일에 여유가 있어야 한다. 이러한 여유가 생기면 목수들은 미와 기능성을 갖춘 최종 결과물을 만들어낼 수 있다. 물론 간혹 보기 흉하고 기능성도 찾아볼 수 없는 결과물이 나올 수도 있다. 그렇다 해도 적어도 무언가에 대해 토론하고 대화를 나눌 수 있으니 나쁘지는 않다.

다양성은 건축업계의 한 양상이다. 다양성이 존재하므로 디자이너들이 각자의 재능을 발휘할 수 있다. 능력 있는 디자이너들은 많은데 실제로 제품을 만들어낼 사람이 없다면, 팔 수 있는 물건도 없다. 어쩌면 머지않아 디자인과 아이디어를 수출하거나, 또는 디자이너들을 수출하는 일이 생길지도 모른다.

II

○

우리가 하는 일과 우리의 태도는 견고하고 분명해야 한다.
마치 깔끔하고 수수한 뒷맛의 와인처럼.
물론 개인에 따라 특별한 향을 가미할 수도 있지만,
그 특별함이란 기분 좋고 긍정적인 것이라야 한다.

나는 최근의 오퍼 경쟁에서 세 번이나 연거푸 떨어져 공사 수주를 하지 못했다. 말하자면 꽤 오랫동안 그럴듯한 일을 맡지 못해서 절망적인 상태였다. 셸소스에서 진행하고 있는 작은 규모의 공사로는 생계를 유지하기가 힘들다. 좀 더 큰 규모의 공사를 계속 해야 끼니 걱정 없이 살 수 있다.

의뢰인을 만날 때는 필사적인 심정을 드러내지 않도록 조심해야 한다. 페테르센과 마주했을 때, 나는 일종의 거리감과 열정을 적절히 표출했다. 일을 맡고 싶다는 욕심이 지나치게 드러날 경우, 오히려 일을 얻기 어려울 때가 많다.

동유럽 출신 목수들은 꼭 일을 맡아야 한다는 절박함을 표출하는 것을 당연시한다. 물론 그들의 임금 수준은 국내 목수들의 임금과는 비교할 수 없을 정도로 낮다. 우리는 국적과 자존심을 생각해 비굴한 모습을 보일 여지가 없다. 의뢰인 앞에서는 찬찬하고 세련되게 표현해야 한다. 반면, 혀를 내두를 정도로 화려하고 아름다운 꽃다발을 연상시킬 정도의 고급스러움은 피해야 한다. 우리가 하는 일과 우리의 태도는 견고하고 분명해야 한다. 마치 깔끔하고 수수한 뒷맛의 와인처럼. 물론 개인에 따라 특별한 향을 가미할 수도 있지만, 그 특별함이란 기분 좋고 긍정적인 것이라야 한다.

폴란드 출신 목수들은 일반적으로 내가 제시할 수 있는 수준보다 훨씬 낮은 임금으로 경쟁에 뛰어든다. 하지만 자연히 비용이 얼마 들어가지 않을 것이라는 조건 때문에 그들을 선택한 의뢰인들은 종종 그 결과에 만족하지 못해 불편해할 때가 있다.

내가 참여했던 세 번의 입찰 경쟁 중 첫 번째는 제시한 가격 때문이었다. 충분히 이해하고 받아들일 수 있는 일이었다. 나는 그 일을 맡은 건축회사 책임자와 잘 아는 사이여서 입찰 경쟁이 끝난 후 그들이 제시한 가격이 어느 수준이었는지 들을 수 있었다.

입찰에서 실력 있는 업체들이 서로 경쟁할 때는 가격 차이가 그다지 크게 나지 않는다. 이 경우에는 경쟁에서 밀려났다 하더라도 별로 기분 나쁘지 않다. 오히려 그들과 가격 차이가 많이 나지 않았다는 것은 내가 비용 산출을 거의 정확하게 했음을 의미하기에 고무적이기까지 하다. 다음번을 기약하는 희망도 커진다.

두 번째 경쟁에서는 의뢰인이 어떤 결정을 내렸는지 전혀 알지 못했다. 시일이 꽤 흘렀는데도 아무 소식이 없어서 의뢰인에게 전화를 해보았다. 그제야 나는 다른 사람이 일을 맡게 되었다는 것을 알았다. 종종 이런 일이 생길 때도 있는데 그럴 때면 기분이 그다지 좋지 않은 게 사실이다.

세 번째는 지금과 마찬가지로 다락 증축 공사와 관련한 경쟁이었다. 물론 일을 맡지 못했지만 후에 지인을 통해 어떤 일이 있었는지 들을 수 있었다. 내게 그 이야기를 해준 지인은 의뢰인의 태도가 너무나 비열해서 말해주지 않을 수 없다고 했다. 그는 나와도 친구였고 일을 의뢰한 사람과도 친구였다.

공사를 의뢰했던 사람은 수주를 맡을 업체를 미리 점찍어놓은 상태였다. 그가 다수의 업체를 입찰 경쟁에 참여하게 했던 것은 가격을 가늠해보기 위해서였다. 의뢰인과 일을 맡기로 했던 업체는 서로 잘 아는 사이로, 사전에 이를 계획했다. 따라서 경쟁에 참여했던 나를 비롯한 다른 목수들은 일종의 참고 자료에 불과했던 것이고, 처음부터 일을 맡을 가능성은 없었다. 내가 넣었던 입찰 가격은 가장 낮았기에 결과는 더욱 쓰라리게 다가왔다. 시간을 허비했음은 물론이다.

나는 요한네스, 페터 등 하청업체 책임자들의 연락을 기다리고 있는 중이다. 페터는 항상 느긋하게 일을 하기 때문에 전화를 해서 마감이 다가왔다고 슬쩍 언질을 주었다. 페터와 함께 일할 때는 전혀 어려움을 느끼지 않는다. 설사 그가 비용 책정에 조금 실수를 한다 해도 얼마든지 조정이 가능하다.

페테르센은 입찰이 시작되었다는 소식에 매우 기뻐했으며, 아무리 늦어도 6월 중에는 결과를 볼 수 있었으면 좋겠다고 말했다.

나는 셸소스에서 진행하다 잠시 손을 놓았던 공사를 계속했다. 두 개의 창문을 설치하고 테라스에 마지막 손질을 했다. 쌓인 눈을 치우고 영하 15도의 기온에도 아랑곳하지 않고 테라스 가구를 조립했다.

토르스호브의 다락 공사는 시간이 갈수록 점점 중요하게 다가왔다. 이미 의뢰가 들어온 자잘한 공사들을 하나하나 마쳐갈 때가 되니 더욱 그러했다. 나는 알고 있는 다른 목수들에게 내가 할 수 있는 일이 없는지 물어보고 싶은 마음이 굴뚝 같았다. 옛 선생님께 전화를 할 마음도 없지 않았고, 목수협회 회원들에게 문자 메시지를 보내 일이 필요한 목수가 있다고 광고를 하고 싶은 마음도 있었다.

하지만 막상 내가 그 일을 맡을 수 있을지 확신을 못 하는 상태에서 동료들에게 일을 구걸하는 것은 좋지 않다. 혹여 헤게르만스 가의 공사를 맡게 된다면 동료들이 구해준 일을 못하게 될 테니 말이다. 페테르센의 다락 공사를 맡게 되면 나는 그 일에만 전념해야 한다. 다른 자잘한 공사를 할 여유가 없다. 목수로서 신망을 얻기 위해서는 맡은 공사를 마감일 내에 마쳐야 한다. 물론 페테르센과 그 가족들에게 신의를 지키는 것도 중요하다.

이것은 일을 할 때 끊임없이 부각되는 문제점이다. 왜냐하면 나 같은 개인 업체들은 들어오는 일거리를 거절할 수 없기 때문이다. 공사 의뢰를 거절하면 소문이 나빠진다. 일을 맡을 때 능력과 원칙 사이의 균형을 유지하는 것은 매우 중요하다. 그러지 않으면 눈코 뜰 새 없이 바빠져 허둥거릴 때가 생기기 마련이다. 동시에 일이 없을 때도 고려해야 한다.

12

○

갈등이 생겼을 때 의뢰인들은 까다롭고
완강한 태도를 고수하여 결국 승소하기도 한다.
전문 지식이 오히려 목수에게 해가 될 수 있다.
왜냐하면 전문 지식을 완벽하게 숙지해야 하는 사람은
의뢰인이 아니라 목수이기 때문이다.

의뢰인들은 종종 거의 완성된 계약서를 가지고 찾아온다. 원칙적으로 불평할 일은 아니다. 하지만 세부 조항과 관련해서는 문제가 발생할 수 있다. 나는 계약서에 꼭 첨부해야 할 세부 사항을 따로 만들어둔다.

오퍼 기간이 어느 정도인지, 언제 공사를 시작하며 언제 공사를 끝낼 것인지는 내 의견이 반영되어야 하는 사항이다. 이 사항들은 언제든 논의를 통해 변경할 수 있다는 조항을 첨부하는 것이 일반적이다. 오퍼는 시중 가격 변동에 따라 계약서 작성 이후에 달라질 수 있다는 점도 명시하는 것이 좋다. 자재 보관 및 쓰레기와 폐기물에 대한 조항도 마찬가지다.

설계도면이 항상 준비되어 있어야 한다는 사항은 어떻게 보면 너무나 당연한 일이지만 실제로는 그렇지 않기에, 나는 이 사항도 계약서에 항상 첨부하곤 한다. 가끔은 공사 진행 중 자세한 도면을 손에 넣기가 쉽지 않을 때가 있다. 도면을 요구하면 설계사는 한숨을 쉬며 나더러 알아서 하라면서 일을 떠넘길 때가 종종 있다. 마치 내가 도면이 없이도 완벽하게 공사를 끝낼 수 있을 정도로 능력 있는 목수라고 칭찬이라도 하듯 말이다.

단순히 공사 중의 문제점을 해결하기 위해 도면을 요구하는 것은 아니다. 내게 필요한 것은 문제점을 해결하기 위한 방법을 제시한 도면이며, 이것은 그 부분에 관한 책임을 설계사가 질 수 있도록 일의 분담을 명료하게 하기 위해서다.

계약서에 꼭 첨부하는 조항 중에는 공사가 일정보다 늦어질 경우 내가 부담해야 하는 일종의 벌금에 대한 내용도 있다. 이 조항이 들어가면, 의뢰인은 내가 일을 진지하게, 책임 있게 진행할 것이라고 생각한다. 물론 나는 이런 조항을 별도로 명시하지 않아도 책임 있게 일한다. 내가 스스로 벌금 조항을 추가하는 이유는, 일을 마감 기일에 맞추지 못했을 경우 내가 받아들여야 하는 해결책보다 벌금을 내는 것이 오히려 비용이 적게 들어가기 때문이다.

이에 대해 확실하게 명시된 조항이 없을 경우, 의뢰인이 불만을 제기하면 갈등으로 번지기 마련이고 결국 법정까지 가기도 한다. 문제가 법정으로 확대되면 부담해야 하는 비용은 더욱 커진다. 잘못된 공사에 대한 손해 배상금은 지연된 공사로 인한 벌금보다 액수가 훨씬 크다.

갈등이 생길 경우를 대비해 의뢰인에게 요구할 수 있는 사항은, 송장에 명시된 공사 대금을 둘로 나누어 의뢰인으로 하여금 그 반을 지불하게 하는 것이다. 법정에서 갈등을 해결할 경우, 대부분은 의뢰인과 공사업체가 재판 결과를 받아들이지만, 그렇다고 해서 쌍방이 그 결과에 모두 만족한다는 뜻은 아니다. 법이란 원래 그런 것이 아니던가.

갈등은 공사 지연과 문제 해결 방법의 선택 및 결과 등 여러 가지 측면에서 대두될 수 있다. 갈등이 발생하면 당사자들은 몇 주 또는 몇 달 동안 밤잠을 설치며 고민한다. 심리적 압박감과 걱정은 차치하더라도 변호사 비용을 생각한다면 더더욱 그럴 것이다.

법적으로 보았을 때 의뢰인과 목수 중 전문가 입장에 있는 사람은 당연히 목수다. 즉 의뢰인보다는 목수가 관련 사항에 대해 더 많은 것을 알고 있어야 한다는 말이다. 하지만 개인회사를 운영하며 세세한 법적 조항까지 다 숙지하기는 쉽지 않다. 나의 법 지식은 대형 건축회사에서 고용한 법률 자문위원들의 지식과는 차원이 다르다. 보통은 의뢰인들보다 내가 관련 법 조항에 대해 조금 더 많이 아는 편이다. 하지만 가끔은 갖가지 법률 지식과 규칙에 대해 나보다 훨씬 많이 아는 의뢰인을 만날 때도 있다.

나는 법이란 최소한의 인간적 예의와 상식을 포함해야 하며, 어떤 경우에도 관련된 사람들의 상황을 고통 속으로 밀어 넣지 않아야 한다고 생각한다. 소수이긴 하지만 어떤 의뢰인들은 조그만 대립이나 갈등이라도 발생하면 목수와 의견을 조율하려는 노력은 하지 않고 무조건 법에 의존하려 한다. 의뢰인이 법률인에게 의지하는 확률은 오슬로 서쪽 지방으로 갈수록 더 크다. 언제든 변호사에게 전화 한 통만 하면 문제를 해결할 수 있다고 생각하는 의뢰인은 피하고 싶은 것이 솔직한 심정이다. 많은 경우 법 조항은 분명하지 않다. 건축 관련 법 조항에서 다음과 같은 사항이 바로 그렇다.

제5조 제1항

1 서비스 공급업자는 전문 지식과 숙달된 경험을 바탕으로 서비스를 공급해야 하며

2 소비자의 정당한 관심과 요구에 마땅한 배려를 해야 한다. 사전에 예기치 못한 상황이 발생하면 공급자는 소비자와 의견을 조율하는 것이 원칙이다.

전문 지식과 숙달된 경험이란 무슨 의미일까? 응분의 배려는 해

석의 범위가 넓다. 배려의 정확한 의미는 무엇이며, 마땅한의 범위는 어디까지인가? 사전에 예기치 못한 상황이라는 것은 너무 상대적이다. 쌍방의 의견을 조율한다는 것도 마찬가지다.

내가 아는 변호사는 노르웨이의 법조계에서 오랫동안 회자되어 오는 말 하나를 가르쳐주었다. "법 앞에서 만인이 평등하지만 평등을 법적으로 입증하기는 쉽지 않다." 즉 법을 이용해 무언가를 얻어내고자 할 때는 그것이 설사 정당한 것이라 하더라도 비용이 든다는 말로도 해석할 수 있다. 예를 들어 10만 크로네 때문에 갈등이 발생했다고 했을 때, 이를 해결하기 위해 어느 정도의 비용을 들여야 하는가 생각해보지 않을 수 없다. 이 경우 보통 총금액의 반 정도 되는 액수를 쌍방이 동시에 물어야 한다. 따라서 대부분의 목수들은 법정으로 가는 것을 매우 꺼리며 소송을 아예 포기하기도 한다. 심리적 압박감도 너무 크고, 변호사 비용으로 5만 크로네나 지불하는 것은 있을 수 없는 일이라고 생각하기 때문이다.

어쨌든 일반적으로 양쪽 중 전문가라고 할 수 있는 목수들이 당연히 더 많은 지식을 가지고 있어야 한다고 여긴다. 상식적으로 볼 때 가장 좋은 해결 방법이 무엇인지 결론을 내리기는 쉽지 않다. 또한 의뢰인이나 소비자가 문제를 해결하는 데 어떤 선택을 해야 하고 그 선택에 뒤따르는 조건은 무엇인지 알기도 쉽지 않다.

일반인, 즉 이 경우 의뢰인들은 전문 지식이 전무하며, 건축과 관련된 여러 사항들에 대해 충분히 인지할 시간도 부족하다. 공사를 의뢰할 때 그들의 태도란 마치 가게에서 가전제품이나 옷 같은 공산품을 사는 것과 다르지 않다.

많은 경우, 갈등이 생겼을 때 의뢰인들은 까다롭고 완강한 태도를 고수하여 결국 승소하기도 한다. 전문 지식이 오히려 목수에게 해가 될 수 있다. 왜냐하면 전문 지식을 완벽하게 숙지해야 하는 사람은 의뢰인이 아니라 목수이기 때문이다. 제3자의 눈으로 보았을 때 목수는 모든 경우의 대답을 알고 있어야 하지만, 의뢰인은 순진한 어린아이처럼 아무것도 몰라도 해가 되지 않는다.

의뢰인이 법을 자신에게 유리한 쪽으로 이용하려 들면 목수로서는 난감하기 짝이 없다. 의뢰인이 까다롭고 완강한 태도를 고수하거나 변호사와 친분이 있다면 승소할 가능성이 크다.

가장 큰 문제는 친구나 친척을 위해 일해주었다가 갈등이 생기는 경우다. 나 또한 오랫동안 친구처럼 잘 알고 지내던 고객이 일을 의뢰해 와서 구두계약으로 공사를 진행한 적이 있다. 결국 그와 우정에 금이 갔을 뿐 아니라 엄청난 경제적 손실도 감수해야 했다.

13

○

건축업계에서 관료 시스템을
도입한 데는 여러 이유가 있다.
서류를 바탕으로 한 품질관리 시스템은
사회 전반에 걸쳐 적용되고 있다.
건축업계도 예외는 아니다.

증개축 공사는 신축 공사와 과정이 많이 다르다. 입찰 경쟁에서 최종 수주를 하게 되면 나는 하청업자들에게 시간당 임금을 지불한다. 물론 자재 비용은 별도다. 탐은 페인트칠을 할 때 시간당 임금을 받지 않고 총비용을 정해서 받는다. 그 또한 나쁘지 않다.

프로젝트를 진행할 때, 모든 일은 이성적이고 논리적인 절차와 차례에 따라 이루어진다는 원칙이 바탕이 되어야 한다. 물론 즉흥적인 아이디어가 들어설 수 있는 여지도 남겨두어야 한다. 이 경우, 문제를 해결할 때 큰 도움이 될 수 있다.

협동 작업은 때때로 예기치 않은 결과와 비용을 초래한다. 협동 작업을 원활하게 진행하려면 전체 작업 상황을 파악하고 통제할 수 있는 눈이 필요하다. 물론 능력 있는 인부들 간의 의사소통과 협력은 필수다. 공사를 진행할 때 여러 분야 하청업자들을 일에 투입하고 관리 감독하는 것은 목수의 몫이다. 따라서 목수는 자신의 일 외에 공사와 관련된 다른 분야에도 식견이 있어야 한다.

의뢰인과 총비용에 합의가 되면, 나는 돈을 각 분야에 융통성 있게 사용할 수 있다. 물론 하청업자들과 협력 작업이 원활하게 진행되고 그들이 나를 신뢰한다는 조건이 바탕이 되어야 한다. 일이 잘못되었을 때 나는 위험과 손해를 감수해야 한다. 반면 일이 잘되었을 때 덤으로 돌아오는 이익은 내 몫이 된다.

전통적으로 공사장의 인부들은 관리 감독자와 부딪칠 일이 거의 없다. 이 수평 구조에서는 감독자가 많이 필요하지 않다. 하지만 반드시 인부들 간에 원활한 의사소통과 협력이 이루어져야 한다. 이러한 형태의 작업 방식은 현대로 넘어오면서 현실보다는 이상에 가까운 것으로 여겨지기 시작했다. 형식이 점점 더 중요하게 간주되고, 개개인의 직접 책임 관계는 약화되기 시작한 것이다. 이것은 관료 시스템이 강화된 현대사회의 산물이라고 할 수 있다. 이러한 관료 시스템은 수평적 협력 관계로 이루어지는 작업 환경을 통제적 작업 환경으로 바꾸어버렸다. 그런데 여기서 통제라는 것은 실제 통제가 아니라, 서류와 문서를 통한 간접 통제다.

인부들은 서류에다 주지 사항을 확인했다는 표시를 하고, 명시된 작업 사항을 모두 완수했다는 표시를 한다. 인부들이 만들어내고 지어 올린 것들은 다른 사람들이 와서 보고 서류에 확인을 한 후에야 효력을 지닌다. 공사장에서 실제 감독자들의 모습은 잘 찾아볼 수 없다. 따라서 질문에 답을 해줄 수도 없고 선택을 하거나 결정을 내릴 수도 없다. 이러한 환경은 각자의 책임 한계가 명확한 시스템이 만들어낸 것이지만, 현실에서는 도움이 되지 않는다. 오늘날 작업 환경을 단순화해서 말했지만 현실과 그리 동떨어졌다고는 생각하지 않는다.

인부들 간의 관계 역시 목수와 설계사, 엔지니어와 공사 의뢰인 사이 관계와 다르지 않다. 건축문화에서 이것은 꽤 급격한 변화라고 할 수 있다.

건축업계에서 관료 시스템을 도입한 데는 여러 이유가 있다. 서류를 바탕으로 한 품질관리 시스템은 사회 전반에 걸쳐 적용되고 있다. 건축업계도 예외는 아니다. 대형 회사들의 영향력도 크다. 그들의 행정 관리 부서에는 작업이 끝나면 체크를 하려고 기다리는 직원들이 항시 대기하고 있다. 그들로서는 이러한 관료 시스템을 거부할 이유가 없다. 이러한 체제에 어울리지 않는 소규모 업체들은 점점 설 곳을 잃는다. 따라서 경쟁에서 이득을 보게 되는 쪽은 항상 규모가 큰 쪽이다.

　나는 하청업자들에게서 견적을 받아 총비용을 산출해냈다. 페터는 배관 작업 견적에 대한 오차 범위를 구두로 전달했다. 총비용을 내보니 예상했던 금액과 비슷한 112만 크로네였다.

　덤으로 해야 할 작업 비용까지 산출했지만 총비용에는 넣지 않았다. 그다지 복잡한 설명이 필요 없는 작업이기도 하고 원래의 설계도면에는 없던 일이니까.

　마지막으로 다시 한 번 확인한 후 오퍼를 넣었다. 견적서에는 내가 중요하다고 생각했던 사항들, 계약서에 포함시켰으면 하는 사항들, 오퍼와 관련된 조건 등을 따로 적어 넣었다.

　이메일로 견적서를 전달하고 나서 이제 이 일에 대해서는 잠시 잊기로 마음먹었다. 시간이 되면 수주 여부는 자연히 알게 될 테니 말이다. 공사를 맡게 된다면 앞으로 반년 동안은 일거리를 찾기 위해 동분서주하지 않아도 된다. 페테르센 부부가 다락 증개축 공사를 누구에게 맡길지는 보름 후면 알 수 있다.

I4

○

나는 좋은 일이 생겼을 때든
실망스러운 일이 생겼을 때든 격한 반응을 보인다.
이런 점은 고쳐야 하지만 쉽지 않다.
시간과 공을 들여 입찰 준비를 하고 마침내 공사 수주를 했을 때의
그 기쁨은 현실로나 감정으로나 비할 데가 없다.

셸소스의 공사는 마무리되었다. 의뢰인은 만족했고, 나는 청구서를
보냈다. 최근에 작은 공사 하나를 주겠다고 약속했던 의뢰인이 떠
올랐다. 시간이 오래 지나 연락 기다리기를 포기하고 있었는데 갑
자기 그에게서 전화가 왔다. 공사를 맡아줄 시간이 되냐고 물어왔
다. 나는 노르스트란에서 나흘 동안 진행될 이 공사를 맡겠다고 선
뜻 답했다. 어떤 일은 다른 일보다 훨씬 더 가치 있게 느껴질 때가
있다.

부엌의 조리대와 찬장을 바꾸는 힘들지 않은 소규모 공사였고,
집주인도 매우 호의적이어서 기분 좋게 일할 수 있었다. 그들은 내

가 바로 일을 시작해줘서 고맙다고 말했다. 일이 필요했던 내게는 그보다 더 좋을 수 없었다. 이런 일을 하게 되면 입소문을 통해 일거리가 따라 들어오기 마련이다. 의뢰인이 직접 연결해줄 때도 있고, 알음알음 의뢰를 해오는 경우도 있다. 하지만 때로는 수년 동안 아무런 반응이 없을 때도 있다. 그렇다 해도 내가 한 일은 항상 명함처럼 나를 따라다닌다. 일을 깔끔하게 잘해내면 그 자체로 좋은 이력이 된다.

나는 이미 지인들과 시내 선술집, 친척들, 그리고 하청업자들을 통해 일을 맡을 수 있다는 광고지를 돌렸다. 하지만 건축업계의 동료들이나 건축협회 회원들에게 일거리를 부탁하는 일은 차마 할 수 없었다.

일이 없는 틈을 타서 남쪽 지방으로 가 일주일 정도 휴가를 보낼 생각이었다. 거기에는 내가 어렸을 때부터 살았던 부모님 소유의 집이 아직 남아 있다. 그곳에 가면 먹고 자는 일이 대부분이며 가끔 바닷가에서 낚시를 한다. 지친 몸을 쉬게 하기엔 일주일의 휴가가 짧게만 느껴졌다. 휴식은 약 같은 것이지만, 나는 휴가를 가서도 일 생각만 했다. 일 생각을 멈추고 오롯이 휴가를 즐기기까지는 무려 나흘이나 걸렸다.

매일 저녁 잠자리에 들면 쓸데없는 생각들이 머리를 채워 잠을 이루기가 쉽지 않았다. 한밤중에도 잠을 깨서 머리 아픈 생각을 할 때가 많았다. 돈, 청구서, 기술적인 세부 사항, 사람들과 그들의 요구 조건, 이 모든 것은 중심을 잃고 공회전하듯 내 머릿속을 돌고 돌았다.

생각에 생각을 더하다 보면, 바보같이 이런 생각들을 떨쳐버리려고 더 열심히 일한다. 가끔은 일이 잘못될 때도 있지만 그 경우에는 적어도 시도는 해보았다는 자위를 할 수 있어 나쁘지 않다. 일이 없을 때면 머릿속에서 맴도는 생각들이 더욱 많아진다. 그건 어쩌면 내가 집중할 수 있는 일이 없기 때문인지도 모른다. 내 생각들의 밑바닥에는 항상 의구심과 회의감이 자리하고 있다. 그래서 이런 생각들에서 벗어날 수 있을 때는 기분이 날 것 같다.

페테르센에게서 이메일이 왔다. 이메일이 도착했다는 알림음을 들으니 맥박이 빨라지고 심장이 더욱 심하게 뛰기 시작했다. 커피를 끓이고 밖에 나가 차가운 계단 위에 앉아 담배를 한 대 피운 후 천천히 이메일을 확인했다. 나는 어떤 경우에도 빨리 돌아가는 일, 공포심을 유발하는 일을 좋아하지 않는다. 그래서 평생 극한 스포츠와는 담을 쌓고 살아야 할 것 같다. 물론 극한 스포츠를 해야 할 이유도 없다. 내가 하는 일 속에서도 얼마든지 전율을 느낄 수 있으니까.

그렇다. 일은 내가 맡게 되었다. "의논할 사항이 있으니 한번 만

나실까요?" "그럼요, 얼마든지." 나는 너무나 기뻤고, 안도했다. 일을 잘해낼 자신이 있었다. 지금까지 해왔던 그 어떤 일보다 더.

나는 좋은 일이 생겼을 때든 실망스러운 일이 생겼을 때든 격한 반응을 보인다. 이런 점은 고쳐야 하지만 쉽지 않다. 시간과 공을 들여 입찰 준비를 하고 마침내 공사 수주를 했을 때의 그 기쁨은 현실로나 감정으로나 비할 데가 없다. 앞으로 얼마 동안은 돈 걱정을 하지 않아도 될 것이라는 안도감과 아침에 눈을 뜨면 일하러 나갈 곳이 있어 좋다는 만족감을 거부할 사람이 누가 있겠는가. 일을 한다는 것은 다가올 여름 휴가를 여유롭고 넉넉하게 보낼 수 있는 기반을 마련하는 것임과 동시에, 기분 좋은 피곤함에 젖어 밤잠을 깊이 잘 수 있음을 의미한다. 이제 다섯 달 동안은 앞만 보며 살 준비가 되어 있다.

요즘 어떻게 지내냐는 지인들의 인사말에도 머뭇거리지 않고 바로 대답할 수 있어 좋다. 불평불만을 늘어놓지 않아도 되어서 좋다. 그들이 인사처럼 물어오는 말에는 어떤 부정적인 의도가 들어 있지 않지만, 내게는 수많은 생각과 느낌을 가져다준다. 특히 일이 없을 때는 더욱. 걱정거리는 하루가 멀다 하고 더 커지는 느낌이다. 이제는 그들의 인사말에 기쁜 마음으로 대답을 해줄 수 있어 좋다. 자긍심을 가져도 될 만큼 좋은 일을 맡았다는 생각이 든다. 이제 바쁘게 지낼 수 있어 좋다.

15

✿

이 토론은 우리의 관계를 재정립하는 데 일조했다.
심각한 분위기가 만들어지기 시작했던 것이다.
하지만 나는 이를 계기로 내가 의뢰인의 희망 사항만을 따르는
단순한 일개 목수가 아니라는 점을
분명히 할 수 있어 좋았다.

페테르센 씨 집 부엌에 앉아 그들 부부와 대화를 나누었다. 1월 초 어느 화요일이었고, 가족은 모두 집에 있었다. 카리와 욘은 식탁을 사이에 두고 내 앞에 마주 앉았고, 두 아이는 낯선 손님이 찾아오면 대개 그렇듯, 수줍어하면서도 흥분으로 상기된 모습이었다. 나는 옌스와 프레드릭에게 예의를 갖춰 인사를 건넸다. 형인 프레드릭이 다섯 살, 옌스가 세 살이었다. 옌스는 매우 부끄러워했지만 프레드릭을 흉내 내며 손을 내밀고 악수를 했다. 시간이 흐르면 이들 형제와 더 가까워질 수 있을 것 같았다.

　페테르센 부부는 나를 비롯해 인부들이 부엌을 식사 장소로 사

용해도 좋다고 했다. 부엌의 물을 사용하는 것, 욕실을 사용하는 것도 허용해주었다. 이런 식으로 타인의 사생활 속에 발을 들여놓으면 항상 기분이 이상해진다. 나는 따로 내 수건을 가져와 욕실에 걸어두곤 한다. 하지만 어떤 집주인들은 자기네 수건을 사용해도 좋다고 한다. 어쨌든 우리가 그들의 사생활에 먼지와 지저분함을 들여놓는 것은 부정할 수 없는 사실이다.

나는 의뢰인의 욕실을 사용하는 일을 가능한 한 자제하는 편이다. 하얀 타일 벽을 타고 회색땟물이 흘러내리는 것은 결코 보기 좋은 일이 아니다. 그래서 꼭 욕실을 사용해야 할 경우에는 세면대를 항상 깨끗이 씻어놓는다. 그런데도 기분 탓인지 세면대는 이전처럼 깨끗하게 보이지 않는다.

그들은 공사 기한이 연장될 경우 일일 기준으로 벌금을 물겠다고 자진해서 요청해 오는 내게 꽤 감탄한 듯, 그럴 필요는 없다고 만류했다. 결국 우리는 일주일간의 기한을 덤으로 추가하기로 하고 그 기간에는 벌금을 물지 않아도 되는 것으로 합의했다. 아파서 부득이하게 일을 연기해야 할 경우에는 보름의 여유를 얻는 것으로 결정했다.

이런 식으로 합의를 하면 공사를 진행할 때 좀 더 면밀한 계획을 세울 수 있고, 마감일과 관련해 발생할 수 있는 갈등도 줄일 수 있어서 좋다. 어쨌든 공사 마감일은 그들이 다락으로 가구를 옮기고 일상을 시작하도록 계획된 날보다 훨씬 전으로 잡혔다.

모든 일이 당연하고 자연스럽게 진행되면 가장 좋겠지만, 가끔은 미리 합의되지 않은 세세한 사항에 대해 의논해야 할 때가 있다. 이러한 사항에 대해 합의하고 서명을 하기 전에는 계약이 이루어질 수 없는 것이 사실이다.

의뢰인들이 미처 생각하지 못했던 사항은 바로 다락의 골조를 바꾸는 일이었다. 일련의 설명 과정을 거친 후, 그들은 새로운 서까래를 보강하는 것에 동의했다. 견적 산출을 할 때 이미 이 일에 대한 비용을 포함시켰고, 페테르센은 이를 받아들였다. 석면을 사용하지 않는다는 점에 대해서도 그는 동의했다.

나는 미리 작성해두었던 목록들을 하나하나 짚어갔다. 그들 또한 이런 협상을 예상했던 듯, 예상치 못한 추가 비용이 발생할 경우를 대비해 따로 여분의 예산을 잡아두었다. 나는 그들의 준비성에 감탄하며 적잖게 안도했다.

나는 두 집이 나란히 붙어 있는 연립주택이므로 그들 소유 다락의 환풍 시설을 수리하는 것은 이웃집의 책임이 될지 모른다는 말도 했다. 그 작업은 화재 방지를 위해 꼭 해야 하는 일이었다. 나는 이 일의 비용을 누가 지불하느냐 하는 문제를 두고 페테르센 부부를 정확히 이해시키려 무진장 애를 썼다. 그들 부부는 이 문제에 대해 이웃의 동의를 구해야 했다. 나로서는 전혀 상관없는 그들의 이

옷을 끌어들이는 것이 불편했지만 모른 척할 수 있는 일은 아니었다. 지금 그냥 넘어간다면 나는 이 동네에서 불편한 손님으로 남을 가능성이 컸다. 이웃 간의 갈등을 유발한 주인공으로 지목받고 싶지 않았다. 카리와 욘은 내가 불편한 상황에 말려들 경우 공사 진행에 차질이 올 수 있다는 점을 충분히 인지하고 있었다.

그들이 결정을 내려야 하는 것은 또 있었다. 집 안 구석구석에 보이는 구식 전기 시설을 모두 현대식으로 교체하는 일이었다. 예를 들어 그 집의 전선은 모두 철제 파이프 속에 설치되어 있어서 위험했다. 여기에 드는 비용은 약 1만 5,000크로네였다. 전에도 오래된 건물에 이런 식으로 설비된 전선들을 본 적이 있었다. 이런 시설물들은 시간이 오래 지나면 철제 파이프가 부식되거나 전선이 발열해 타들어가는 경우가 종종 있었다. 시설을 교체해야 한다는 전기 기사의 권유를 매번 따르는 것은 이런 이유에서다. 어쨌든 전기 시설을 현대식으로 교체하는 것은 꼭 해야 할 일이고, 추가 비용이 많이 들지도 않는다. 우리는 이에 대한 결정은 다음으로 미루기로 합의했다. 급한 일은 아니었으니까.

이제는 페테르센 부부 차례였다. 그들은 마무리 공사 내역 중에서 페인트 작업을 포함해 직접 할 수 있는 일들은 스스로 하겠다고 했다. 그러면 그들은 적지 않은 돈을 절약할 수 있고 추가 지출을 막을 수도 있을 것이다. 나는 그래도 좋다고 했다. 경제 면에서 그들이 개입할 수 있는 부분에 관여하는 건 긍정적이라고 덧붙였다. 다만 그렇게 할 경우 조금 시간 여유를 두고 미리 내게 말해주기만 하면 된다고 했다. 그들이 마무리 작업을 손수 한다고 해도 내게 들어올 돈이 많이 줄어들지는 않는다. 내게 중요한 것은 내가 하는 일, 즉 건축목공 공사에 관한 부분을 완수하는 것이다.

페테르센 부부는 계단을 직접 고르고 구입하겠다고 말했다. 가정집에서는 계단과 부엌 인테리어를 무엇보다 중요하게 여기는 것 같다.

누구든 자기가 살고 있는 집에 자신만의 개인 취향을 심어놓고 싶어한다. 집을 방문하는 친구들과 지인들에게 이건 어느 회사 제품, 저건 어느 회사 제품인지 말해주고 싶어하며, 심지어 그 회사 위치까지 정확하게 언급하기도 한다. 이건 술달, 저건 헤스트네스, 또는 이건 베로나, 저건 뮌헨에서 공수해 온 것이라고 말이다. 계단은 집의 심장이라고 해도 과언이 아니다. 온 가족이 함께 모이는 거실, 무언가 중요한 일이 벌어지는 곳으로 향하는 통로이기도 하며, 아이들이 신나서 뛰어 오르내리는 곳, 놀이를 하는 곳이기도 하다.

나는 계단을 직접 구입한다 해도 큰 비용을 절감하지는 못할 것이라고 말했다. 오히려 전문가의 손을 빌리지 않고 계단을 직접 구입하거나 설치할 경우 기술적 어려움이나 여러 가지 복잡한 문제에 부딪힐 수 있다고 조언해주었다. 하지만 그들이 계단을 직접 구입한다 해도 내게 큰 문제가 되지는 않았다. 계단을 맡은 하청업자에게 이메일을 보내서 의뢰인의 결정을 전하기만 하면 되니 말이다.

페테르센 부부가 지금 들고 나오는 사항들은 그들 나름대로 오랜 시간을 들여 심사숙고했던 문제들일 것이다. 의뢰인과 업자의 만남은 협상이고 협상에는 전술이 필요하다. 협상 탁자에서는 까다롭고 복잡한 문제일수록 뒤에 나타나는 경우가 대부분이다.

시간이 흐르니 이제는 정말 중요한 사항들이 하나 둘 협상 탁자 위로 올라오기 시작했다. 카리의 아버지는 막스보Maxbo (노르웨이의 건축자재 및 공구 판매 회사로 전국에 체인을 가지고 있다 – 옮긴이) 직원이어서, 그를 통해 자재를 구입하면 싸게 살 수 있다고 했다. 나는 그 말을 듣는 순간 일이 쉽게 풀리지 않을 것 같다고 생각했다.

나는 자재만큼은 내가 잘 알고 잘 다룰 수 있는 것으로 사용해야 좋은 결과를 낼 수 있다고 말했다. 내가 주로 이용하는 업체는 타우글란 목재상으로, 그 업체를 통하면 어떤 자재가 배달될지 잘 알 수 있으며, 혹여 나중에 문제가 생기더라도 해결하는 데 큰 힘을 들이지 않아도 된다고 덧붙였다. 내가 오퍼를 넣을 때 총비용을 저렴하게 책정할 수 있었던 까닭도 바로 그 업체와 오랫동안 거래를 해왔기 때문이라는 말도 했다.

욘은 카리의 아버지를 통하면 엄청난 돈을 절약할 수 있다며 순순히 물러서지 않았다. 문득 욘의 의도가 궁금해졌다. 자재와 비용에 관련해 갑자기 카리의 편을 들고 나오는 건 도대체 무슨 까닭일까. 그들을 도와주겠다고 제안한 것은 카리가 아니라 카리의 아버지 아니었던가. 나는 그녀의 아버지에 대해서도 궁금해졌다. 같은 건축업계에서 일하면서 그가 이런 식으로 나서면, 일을 맡은 개인 업체에 해가 되면 되지 득이 되는 않음을 모르지 않을 터였다.

나는 이 정도 규모의 공사에서 추가로 들어갈 수 있는 자재 비용은 3만 크로네 안팎이라고 말했다. 나의 한 달 생활비와 맞먹는 이 액수는, 자재 주문 및 배달 그리고 발생 가능한 클레임과 관련된 전반적인 일을 하는 데 들어가는 비용이기도 하다. 어색해진 분위기는 욘이 내 입장을 이해한다고 말을 하면서 다소 누그러지는 듯했다. 하지만 그는 막스보에서 자재를 구입하지 않는 대신 총비용에서 약간 할인해달라고 제안했다.

공사 진행에서 자재 공급 업체와 원활한 협력은 내게 매우 중요한 사항이다. 나는 타우글란 목재상의 배달원과 잘 알며, 자재를 공급받을 때 다락으로 자재를 손쉽게 들어 올리기 위해 어떤 차를 주문해야 하는지도 잘 알고 있다. 이미 오랫동안 거래를 해왔던 업체라서 그곳 사정을 속속들이 알기에 편리하다. 가끔 개인적으로 그곳에 가서 필요한 자재나 도구를 직접 가져와야 하는 경우도 생긴다. 이때 공급업자에 대한 믿음은 물론, 이것저것 물건을 찾기 위해 시간을 허비하지 않아도 되는 것은 큰 장점이라 할 수 있다.

타우글란 목재상은 주로 나와 비슷한 소규모 업체를 대상으로 거래를 한다. 그러므로 그들과 거래를 할 때 별다른 설명을 하지 않아도 된다. 빈면에 마스보 같은 대규모 체인점과 거래를 할 때는 타우글란 목재상에서 자재를 구입할 때처럼 신뢰감과 만족감을 얻기 힘들다. 하지만 페테르센 부부를 설득하기 위해 이렇듯 개인적인 느낌을 앞세우는 것은 적절치 않다는 생각이 들었다.

나는 그들의 제안을 따를 수 없다고, 가능한 한 예의 바르게 말했다. 그들에게는 받아들이기 힘든 말이었을 것이다. 돈도 간과할 수 없는 중요한 요소지만, 이 경우에는 가족의 한 사람이라 할 수 있는 카리의 아버지가 관련되어 있으므로 거부당한다는 것이 꽤 자존심 상하는 일이기 때문이다. 물론 카리의 아버지도 딸을 위해 무언가 도움을 주고 싶었을 것이다.

그럼에도 나는 물러설 수 없었다. 일자리를 잃지 않는 한 물러설 생각은 없었다. 나는 끝까지 내 의사를 관철시키리라 마음먹었다. 다행히 그들은 고집을 꺾었다. 대신 욘은 장인의 제안을 받아들이지 않을 경우, 그들에게 발생하는 경제적 손실도 있기에 이를 해결해줬으면 좋겠다고 말했다. 마치 그들에게 손실을 입히는 사람이

나라도 되는 듯 말이다. 그는 협상장에 나온 사람처럼 흥정을 하기 시작했다. 그가 원하는 것은 1만 크로네였다. 나는 옆에 앉아 안절부절못하는 카리의 표정을 보고 그것이 욘의 즉흥 제안이라는 것을 깨달았다.

1만 크로네라면 총비용의 1퍼센트도 되지 않는 액수다. 비록 많은 돈이 아니라 해도 나는 그의 제안을 받아들일 수 없었다. 이건 단순한 돈 문제가 아니라 내 자존심 및 원칙과 관계된 일이기 때문이었다. 물론 그들에게 내가 1만 크로네를 손해 본다고 대놓고 말할 수는 없는 노릇이었다. 그것은 전적으로 내 개인 문제이기 때문이다. 나는 우리가 이미 총비용에 대해 합의를 한 상태니 이를 따라야 한다고 말했다. 그들은 내키지 않는 듯했지만 다행히 내 말을 받아들였다.

이 토론은 우리의 관계를 재정립하는 데 일조했다. 진지한 분위기가 만들어지기 시작했던 것이다. 나로서는 이를 계기로 내가 의뢰인의 희망 사항만을 따르는 단순한 일개 목수가 아니라는 점을 분명히 할 수 있어 좋았다. 나는 우리가 각자의 자리를 찾았다고 생각했다.

계약서는 수정 없이 서명하기로 합의했다. 세부 사항은 공사 중에 드러나는 대로 하나하나 협의해나가기로 했다. 예를 들어 그들이 직접 손을 대고 싶은 부분은 그때 가서 관련 비용을 제하기로 했다. 확신할 수 없는 부분에 대해서는 계약서에 추가 조항으로 만들어 첨부하기로 했다.

9시가 되어서야 우리는 계약서에 서명하고 악수를 하고 일을 매듭지었다. 모두 피곤한 기색이 역력했다. 어찌 되었든 계약서에 합의했고 이제 일을 시작하면 된다. 건축 개시 허가서와 지역 건축공사의 승인서는 며칠 안에 받을 예정이었다. 건축 골조 변경 허가서도 마찬가지였다. 시간을 절약하기 위해 살짝 편법을 썼다. 계약서에 서명을 하기도 전에 도시건축계획공사에 허가 승인 신청서를 미리 접수시켰던 것이다. 따라서 약 보름 후면 나는 기존의 다락을 뜯어낼 수 있을 것이다.

집으로 돌아오는 길에 단에게 전화를 걸어 마침내 계약이 성립되었다고 알려주었다. 단 역시 나처럼 개인회사를 운영하는 목수다. 우리는 필요하면 서로 도와가며 일할 때가 많다.

우리는 토론할 때 고집을 쉽게 꺾지 않는다는 점에서 비슷하다. 그는 내가 세세한 것들을 따지고 들어가면 피곤해한다. 그렇다. 나는 어떤 문제가 생기면 해결 방법을 이해할 수 있을 때까지 물고 늘어지는 버릇이 있다. 반면에 그는 미리 해결 방법을 정해놓지 않고 문제가 생기면 일을 하면서 차차 풀어나가곤 한다. 나는 내가 하는 일을 확신하지 못하면 일을 효율적으로 해낼 수가 없다. 나의 끈질

긴 고집은 그의 융통성과 추진력과 함께할 때 더 큰 효과를 가져온다. 우리가 함께 일할 때면 문제를 하나하나 차례대로 살펴보고 철저하게 해결해갈 수 있다는 장점이 있다. 단은 공사가 시작되고 나서 자신이 할 일이 생긴다면 언제든 합류하겠다고 말했다.

16

○

비슷한 건물이 두 채 있다고 가정해보자.
한 건물은 공사 과정에 대한 문서가 전혀 구비되어 있지 않고,
다른 건물은 모든 문서가 꼼꼼히 잘 정리되어 있다.
고객이라면 당연히 관련 자료가
잘 준비되어 있는 건물을 고르지 않겠는가?

공사 개시일까지는 2주 정도의 여유가 있었다. 그 전에 공사를 문제없이 시작하기 위해 온갖 잡다한 일을 다 마쳐야 한다.

목수에게 서류 작업을 포함한 사무는 마치 시간을 빨아들이는 블랙홀과도 같다. 문제는 이 커다란 구멍에 무언가를 채워 넣으면 넣을수록 그 빨아들이는 힘은 더욱 커진다는 것이다. 나는 연간 회계표 및 각종 서류를 정리하고 내년 전반기를 대비해 간단하게나마 예산을 세웠다.

창고를 정리하고 도구와 연장, 전선과 콘센트, 램프를 살펴본 후 닦고 기름칠을 하고 수리가 필요한 것은 대충 손을 보았다. 네일건

과 해머드릴을 정비소에 맡기고 고도 측정 레이저기의 오차를 제거했다.

이렇듯 준비를 하고 나니 앞으로 일을 더 효율적으로 할 수 있을 것 같은 자신감이 생겼다.

인터넷에서 페테르센 가족의 다락 공사를 위한 자료들을 챙겼다. 상품 광고지와 기술적인 설명서, 그리고 공사를 마쳤을 때 필요한 서류를 함께 다운로드했다.

나는 주로 이미지를 문서화하는 단순한 시스템을 사용한다. 이미지 문서는 차례대로 번호를 기입해서 다른 공사 관련 문서들 사이에 끼워둔다. 이것은 내게 매우 중요한 일이다. 이미지 밑에는 그것을 설명하는 간단한 내용을 기입해둔다. 이런 식으로 문서를 정리하면 내가 진행했던 공사의 전체 개요를 한눈에 볼 수 있다. 공사가 끝나면 이렇게 정리해두었던 문서 사본을 의뢰인에게도 전달한다. 텍스트와 이미지가 적절하게 섞여 있는 문서를 보면 이해하기가 훨씬 쉽다. 의뢰인 역시 마찬가지다.

비슷한 건물이 두 채 있다고 가정해보자. 한 건물은 공사 과정에 대한 문서가 전혀 구비되어 있지 않고, 다른 건물은 모든 문서가 꼼꼼히 잘 정리되어 있다. 고객이라면 당연히 관련 자료가 잘 준비되어 있는 건물을 고르지 않겠는가? 이 일과 관련해 이미 만들어진 표본 양식도 있다. 하지만 나는 내 방식대로 일하는 것이 좋다. 나는 헤게르만스 가에서 진행할 공사와 관련해 필요한 모든 문서를 정리해두었다. 미리 조사하면서 찍어두었던 사진들도 첨부했으며, 기본적인 공사 지침도 마련해두었다.

나는 에케베르그스크렌텐으로 가서 배관공 요한네스가 공사했넌 욕실에 문을 달았다. 그 자리에서 요한네스에게 토르스호브의 공사를 맡았다는 사실을 알리며 미리 준비를 해놓으라고 말했다. 나는 그가 가능한 한 빨리 일을 시작하기를 바랐다. 벽과 배관 작업을 미리 해놓으면 바닥과 벽 등에 보호용 덮개를 문제없이 설치하고 나머지 공사를 할 수 있기 때문이다. 요한네스는 내 사정을 이해하고 거의 매번 자신이 맡은 일을 일찍 처리해주곤 했다. 따라서 그와 함께 일을 하면 보호용 덮개를 이중으로 설치하지 않아도 되니 시간과 자재를 절약할 수 있어 좋다.

욘은 전화회사인 겟Get과 연락이 잘 되지 않는 모양이었다. 그래서 나는 전선과 케이블을 다락 안에 여기저기 흩어놓을 수밖에 없었다. 천장과 수납 공간에 설치된 케이블은 모두 옮겨야만 했다. 관련 회사에 연락해서 케이블과 전선 등을 옮기는 일은 한마디로 짜증 난다고 할 수 있다. 정보기술과 관련된 일을 하는 사람들은 따지고 보면 소통과는 아무 상관이 없다. 나는 욘에게 전화회사 일정 잡기가 하늘의 별 따기니 미리미리 연락하고 접촉을 해보라고 했지만 그는 내 말을 믿지 않았다. 하지만 지금은 그렇게 하겠다고 했다.

전기기사인 엡바는 자신의 일정표에 다락 공사 작업을 추가했다. 그녀는 일을 시작하기 전에 며칠 여유를 두고 연락을 해달라고 부탁했다. 그러면 내가 원하는 날짜에 직원을 보내서 전기 공사를 해주겠다고 했다. 어떤 전선들은 공사 초기에 미리 설치해두어야 한다.

바닥과 천장 하부에 설치된 전기 시설 중 일부는 공사 전에 제거해야만 한다. 계단이 들어설 공간을 확보하기 위해 어떤 것들은 자리를 옮겨야 하고, 새로 배선해야 한다.

공사에 필요한 자재들은 다락으로 옮긴 후 일에 지장을 주지 않는 곳에 잘 보관해두어야 한다. 어떤 것들은 다락에서 개축을 하지 않는 곳에 쌓아두어도 된다. 그곳은 어차피 수납 공간으로 사용될 테고 공간도 충분하니 말이다. 내 연장과 도구를 보관할 수 있는 전용 수납장을 하나 사용할 수 있었다. 실용성을 생각해서 첫 배달분에서 가능한 한 많은 자재를 확보하려고 마음먹었다. 물론 일할 공간이 비좁아질 것을 염두에 두었다. 설계도면 위에 각각의 자재를 쌓아둘 위치를 표시해두었다. 그렇게 하면 자재를 실내로 들여올 때 효율적으로 운반해 올 수 있기 때문이다.

타우글란 목재상에서는 주문서를 확인한 뒤 배달 및 운반 예정

일을 알려주었다. 나는 트럭의 크레인을 이용해 쓰레기와 폐기물을 아래로 내릴 생각이었다. 기존의 다락을 뜯어냈을 때 발생하는 쓰레기와 폐기물을 최대한 빨리 밖으로 내보내는 것은 매우 중요하다. 목재 폐기물은 대형 쓰레기 수거통에 바로 집어넣으면 된다. 석회와 벽돌 등의 폐기물도 마찬가지다. 폐기물은 재료에 따라 분리한 다음 쓰레기 수거통에 비로 넣으면 되기에 문제될 일이 없다. 분량이 적은 폐기물은 내 차에 몰아넣고 직접 폐기장으로 가서 처분할 생각이었다.

단은 최근 하고 있는 일을 마치는 즉시 내 공사에 본격 합류할 것이라고 했다. 우리는 그의 아이들이 잠자리에 든 후 늦은 시간에 만나기로 약속했다. 다락 공사의 설계도면과 공학 설명서를 보고 함께 의견을 나누기 위해서였다. 그렇게 하면 그가 공사에 합류할 때 시간을 허비하는 일 없이 바로 일을 시작할 수 있을 것이다. 이는 시간이 지날수록 숙성을 거듭하는 치즈와도 같다. 공사 설계도를 일단 한번 훑어보고 나서 덮어두면, 이에 대해 적극적으로 생각하지 않아도, 시간이 흐를수록 일에 대한 이해도가 무의식적으로 깊어진다.

우리는 설계도를 보며 기억해야 할 중점 사항을 따로 적어두었다. 특히 중요한 사항이나 자칫 간과할 수 있는 것들이다. 이러한 목록은 이미 하나 만들어놓았다. 여기에 새로운 목록을 하나 더 만들어 기존의 목록과 비교해보았다. 이미 작성된 목록에 집중하다 보면 사고가 굳을 수 있고, 어느 정도 시간이 흐른 후 새로운 목록을 만들면 이전에는 잊고 있었거나 간과했던 사항들이 부각될 수 있다. 이렇게 작성된 목록은 공사 기간 내내 우리를 따라다닐 것이다. 우리는 새로운 사항이 나타날 때마다 목록에 첨가하기로 했다. 그것은 가장 중요한 점검 목록이라 해도 과언이 아니었다.

I7

o

다락 안에 있던 물건들이 공사 시작과 함께
다락 주변에 흩어지면 집주인들은 갑자기 바빠진다.
내게 의미가 없는 것처럼,
그들에게도 무의미하게 여겨졌던 물건들이
갑자기 의미를 지니기라도 하는 걸까.

자재를 다락으로 운반하기 약 일주일 전, 나는 매우 열심히 사전 작업을 했다. 주택조합에서는 창고 및 골조 일부를 뜯어내도 좋다고 이미 허가를 해주었다. 도시건축계획공사에서 허가한 공사 개시일보다 일주일 일찍 공사를 시작하는 셈이었다. 물론 나는 미리 일을 개시함으로써 문제가 생기면 모든 것을 원 상태로 되돌려놓는다는 데 동의해야 했다. 바닥을 뜯어내는 일도 같은 조건 아래 진행해야 했다. 실제 허가가 나오기 전에 공사를 시작할 수 있도록 허가해준 것은 내가 이러한 사항에 동의했기 때문이다. 어쨌든 나는 이제 아침에 눈을 뜨면 일하러 갈 곳이 있어 좋다. 또한 예정보다 일찍 일을 시작했기 때문에 약 일주일 정도 여유를 더 얻을 수 있어 좋다.

이러한 공사를 시행하기 위해서는 중앙정부 허가증 또는 지방정부 허가증을 소지해야 한다. 허가증을 소지한 목수만 차에 허가증을 부착할 수 있다. 나는 중앙정부 허가증이 없어서 공사를 맡을 때마다 매번 지방정부 허가증을 신청해야 한다. 지방정부 허가증을 받는 것은 그리 어렵지 않다. 기능장이면서 경력도 충분하기 때문이다.

이번 입찰 경쟁에서는 중앙정부 허가증을 소지한 목수나 업체만 참여할 수 있었다. 나는 허가증을 신청만 하면 되고 그건 전혀 어렵지 않은 일이라고 의뢰인과 관련 기관에 자신 있게 말했다. 그렇게 해서 경쟁에 참여할 수 있었던 것이다. 나는 중앙정부 허가증을 신청했고 이제는 허가가 나기만 기다리면 된다. 공사 실시 인가는 이미 떨어졌으니 크게 문제될 일은 없었다. 따라서 당장 공사를 시작하는 데 따른 위험 요소는 거의 없다고 해도 과언이 아니었다.

욘은 여전히 전화 및 케이블 회사와 연락이 닿지 않았다. 다락 여기저기 흩어져 있는 전선과 케이블 때문에 걸음을 옮기기가 힘들 정도였다. 나는 이것들을 조심스레 한데 모아 새 수납 공간이 들어설 곳에 잠정 보관해두었다. 그리고 면적을 계산하고 표시를 하고 톱질을 했다.

욘은 가족 중 일부가 새로운 수납 공간에 대해 불만스러워한다고 말했다. 새 수납 공간은 바뀐 건축법에서 규정한 표준에 따라 지어져서 최소한의 공간만 사용할 수 있기 때문이다.

나는 욘의 다락에 들어갈 수납 공간을 너무 작게 만들지는 않으리라 마음먹었다. 천장까지 최소 높이인 190센티미터를 정확히 따를 예정이었다. 형태도 집주인이 물건을 꺼내고 넣기에 편하도록 최대한 배려할 생각이었다. 물론 수납 공간 안과 그 주변에 자리할 기둥과 파이프, 가로버팀목도 고려해야 한다.

설계사의 도면은 그리 정확하지 않아서 실제로 변경의 여지가 많았다. 설계사도 그것을 염두에 두었다고 말했다. 나는 바닥에 수납 공간이 들어설 곳을 선으로 표시해두었다. 기존의 수납 공간에서 뜯어낸 자재들은 새 수납 공간의 가설물을 만드는 데 사용할 것이다.

수납 공간 안의 물건들은 밖으로 내가야 했다. 또한 다락에는 온갖 잡다한 물건들이 여기저기 흩어져 있었다. 얼마든지 사용 가능한 가구들, 이름을 알 수 없는 낯선 물건들, 집주인의 기억이 서린 낡고 오래된 물건들은 물론 부엌 도구까지 있었다. 다락 공사를 할 때 어떤 집주인은 그 틈을 이용해 다락에 보관해두었던 물건을 정리하고 청소를 하기도 한다. 반면, 어떤 사람들은 다락에 있던 물건들을 한꺼번에 다른 장소로 옮기기도 한다.

다락 공사를 하면 그 집 사람들의 삶은 물론 취향까지 들여다볼 수 있다. 그 물건들을 통해 소유인의 나이와 그들의 현재 또는 과거 직업도 짐작할 수 있다. 하루를 흥미롭게 만드는 요소는 여기저기서 찾아볼 수 있다. 언젠가 노약한 집주인을 도와 다락 정리하는 일을 도와준 적이 있었다. 공사를 더 빨리 시작하기 위해서였다.

다락 안에 있던 물건들이 공사 시작과 함께 다락 주변에 흩어지면 집주인들은 갑자기 바빠진다. 내게 의미가 없는 것처럼, 그들에게도 무의미하게 여겨졌던 물건들이 갑자기 의미를 지니기라도 하는 걸까. 그동안 다락에 있던 물건은 망치질 한 번이면 부숴버릴 수 있는 보잘것없는 자물쇠 하나에 의지해 수년간 보관되어 있었지만, 일단 다락 밖으로 나오면 의미를 지니기라도 한 듯, 집주인은 시도 때도 없이 다락을 오르내리며 물건들에서 눈을 떼지 못한다.

어떤 이들은 다락에 처박아두었던 옛날 사진들을 발견하고서 회상에 젖거나, 물건들에 얽힌 기억을 말해주기도 한다. 수납 공간이 완성되면 그 물건들은 다시 어둠 속으로 들어간다. 이렇듯 각각의 다락을 방문하는 일은 참으로 흥미롭다.

수납 공간이 완성되고 물건들로 다시 채워지면, 나는 그 물건들에 비닐을 덮어씌워 공사 중 발생하는 먼지로부터 보호한다.

내가 이제 개조하려는 다락 공간은 텅 비어 있다. 그런데도 나는 아직 자재를 그곳으로 옮겨갈 수 없다. 우선 판자를 뜯어내고 벽에 박힌 못들을 하나하나 제거해야 하며, 램프와 전구, 적어도 100년은 더 된 듯한 전깃줄들을 걷어내야 하기 때문이다. 일단 구식 빨래 건조대와 벽걸이를 제거했다. 바닥 자재는 모두 뜯어내고 점토질을 제거한 후, 폐기물 전용 봉투에 넣어야 한다. 새로운 공사를 시작할 때의 느낌은 매우 강렬하다. 먼지를 많이 덮어쓰는 일이기도 하다.

외부에서 천장을 뚫고 들어온 못은 위험하기 짝이 없다. 집중해서 일을 할 때면 자주 이것을 잊는 바람에 튀어나온 못에 이마를 다치는 일이 있다. 지난번에 했던 다락 공사에서는 튀어나온 못을 아예 미리 모두 제거한 후 공사를 개시했다. 머리에 상처가 나는 것보다는 훨씬 낫지 않은가. 이런 상처가 나면 어디 가서 싸움이라도 하고 온 줄 안다. 짧은 머리와 피 묻은 상처는 그리 아름답게 보이지 않는 것이 사실이다.

사람들은 상처가 나면 응급실에 가서 치료를 받으라고 등을 떠민다. 하지만 나는 상처에 하수관 안의 지저분한 물질이나 흙이 들어가지 않는 이상 병원에 가지 않는다. 그 시간에 오히려 일을 조금 더 하는 것이 낫다는 생각 때문이다. 다행히 많은 목수들이 종종 겪는 손발의 마비 증세는 아직 경험하지 못했고, 패혈증도 나와는 거리가 멀다.

만약 이런 것들 때문에 노심초사한다면 나는 매일매일 가슴 졸이며 살아야 할 것이다. 어쩌면 다른 사람들이 상처와 피에 자주 노출되지 않아서 필요 이상으로 걱정을 하는지도 모른다. 나 역시 상처와 피를 좋아하지는 않는다. 하지만 내가 하는 일은 이런 것들조차 자연스럽게 받아들이도록 만든다.

헬멧을 사용할 수도 있겠지만, 그럴 경우 내 머리는 평소보다 훨씬 커진다. 그렇다면 어디엔가 머리를 부딪치는 일도 더 많아질 것이 아닌가. 특히 경사진 천장 아래서 일을 할 때면 말이다. 일을 하면서 입는 상처는 모두 심각하지 않은 외상에 불과하다. 그러니 상처를 입어도 크게 신경 쓰지 않는다. 일할 때는 주로 두툼한 챙모자를 쓴다. 그러면 대부분의 자잘한 외상은 피할 수 있다.

반면 크고 심각한 상처는 다르다. 가끔 생명에 위협을 가할 만큼 위험한 사고에 맞닥뜨릴 때도 있다. 나중에 이런 기억들을 더듬어 보면 등에서 식은땀이 흐른다. 예를 들어 전기톱에 손가락이나 팔이 절단되기 직전까지 이른 적도 있다. 그럴 때면 얼른 장비를 내려놓고 숨을 고른 후 다시 일을 시작한다. 하지만 양손이 사시나무 떨듯 떨리는 심한 후유증 때문에 일을 다시 하기 쉽지 않다. 나는 왜 이런 일이 발생했을까 곰곰이 되짚어보며 마음을 가다듬곤 한다.

피곤해서 그런 걸까? 손으로는 일을 하고 있지만 머리로는 다른 생각을 하고 있었던 건 아닐까? 주변 정리가 잘 되어 있지 않고 너무 지저분해서 그랬던 걸까? 가끔은 마음을 가다듬으며 공사장을 박차고 나와서 근처 카페에 앉아 커피를 마시며 책을 읽기도 한다. 그렇다, 가끔은 일에서 손을 놓고 휴식하는 것도 매우 중요하다.

나의 두 손은 자재와 연장에 직접 접촉하는 수단이다. 바닥 자재를 뜯어낼 때는 장갑을 끼지만, 일반적인 건축 일을 할 때는 끼지 않는다. 그래서 손에는 자잘한 상처가 떠날 날이 없다. 최근에 시중에서 파는 작업용 장갑들은 전보다 훨씬 품질이 좋다. 요즘 젊은 사람들은 우리와는 달리 장갑을 끼고 일하는 데 꽤 익숙해 보인다.

나는 항상 손톱을 짧게 자른다. 미세한 나뭇조각이 손톱 밑에 박히거나 손톱이 부러지는 것을 방지하기 위해서다. 나뭇조각이 박히면, 감염되어 조금 부풀어 오를 때까지 기다렸다가, 뜨거운 물에 살균제를 풀고 손을 담근 후에 바늘이나 핀셋으로 손에 박힌 나뭇조각을 끄집어내면 된다. 몇 년 전에는 가운뎃손가락에 나뭇조각이 박혔는데 제대로 치료를 하지 않았더니 그 부분이 부풀어 올라 혹처럼 변해버렸다. 다행히 아프지 않아 일하는 데는 전혀 지장이 없었다. 아마 시간이 지나면 저절로 없어질 것이다.

뜯어낸 바닥은 적당한 크기로 잘라 쓰레기 수거통에 실어야 한다. 나는 건물을 해체할 때 전기톱을 사용한다. 뜯어낸 바닥재는 일을 시작할 인부들에게 방해가 되지 않도록 적당한 공간에 차곡차곡 쌓아둔다.

이런 오래된 건물 다락에는 마루 장선 위에 바탕마루가 이중으로 설치되어 있다. 바탕마루 위에 점토를 발라 덮어두는데, 이것을 천장점토라 부르기도 한다. 이 점토는 당시 건물을 지을 때 층간을 구별하는 동시에 단열재 역할을 했다.

이 점토를 일부 제거하고 그 자리에 계단을 설치할 계획이다. 물론 배관 파이프와 환풍기도 함께 설치할 생각이다. 남아 있는 점토는 앞으로도 계속 단열재 역할을 할 것이다. 어쩌면 건물이 존재하는 날까지 그 역할을 하게 될지도 모른다. 이런 작업을 하고 난 다음이면 집에 가서 샤워를 할 때 코 안에서 거무튀튀한 이물질이 나온다. 뜨거운 물의 온기와 습기는 콧속의 먼지를 녹여 내보낸다. 콧속에서 엄청난 양의 이물질이 나올 때도 종종 있다. 일할 때 방진 마스크를 착용하면 어느 정도 이물질 양을 줄일 수는 있지만, 완전히 벗어날 수는 없다.

처음 이 건물을 지을 때는 점토를 운반하기 위해 층간에 가설 계단을 설치해 날랐을 것이다. 이제 나는 다른 공사를 위해 대량의 점토를 운반한다. 이 건물이 지어졌던 130여 년 전과 반대 방향으로 점토를 나른다. 현대 장비가 없었던 그들이 얼마나 수고했을지는 짐작할 수조차 없을 정도다. 특히 오슬로에서 건축 붐이 일어 하루가 멀다 하고 새로운 주택이 생겨나던 때, 그들이 직접 운반해야 했던 엄청난 양의 점토를 생각하니 머리가 아찔할 정도다.

부엌에 내려가서 점심을 먹었다. 앞으로 몇 주 동안 이렇게 할 것이다. 낯선 집 부엌에서 무언가를 먹는다는 것은 너무나 생소하고 어색하다. 먼지로 뒤덮인 지저분한 모양새일 때는 미안하기까지 하다. 하지만 내게도 점심 먹을 장소가 필요하고, 그들이 부엌을 내어준 것은 계약서에 명기되어 있는 사항이다. 시간이 흐르고 공사가 진척되면 먼지 양도 줄어들 것이다. 페테르센 부부는 인부들에게 언제든 필요할 때 부엌을 사용하라고 말했다. 그러니 나도 어느 정도 시간이 흐르면 익숙해질 것이다. 내가 사용할 수건을 가져와 욕실에 걸어두었다. 페테르센 가족에게 낯선 이가 사생활을 침해한다는 느낌을 주고 싶지 않기 때문이다.

내일은 공사 개시 사흘 전이며, 주문한 자재들이 모두 도착하는 날이다. 어제 이미 집 앞 길에 대형 쓰레기 수거통과 크레인 트럭이 주차할 수 있도록 차단막을 설치해놓았다. 차단막을 걸어놓을 기둥으로는 뜯어낸 목재 중에서 그나마 좀 깨끗한 것들을 사용했으며, 차단막은 빨갛고 노란 비닐을 이어 활용했다. 주차해 있던 차들이 집 앞 길에서 나가면 이 차단막을 확장시킬 생각이다. 이런 일은 미리미리 해놓는 것이 좋다. 공간이 부족하면 그때 가서 확보해도 문제될 일은 없다. 대형 쓰레기 수거통 두 개와 크레인 트럭 한 대는 엄청난 공간을 차지한다. 나는 거리에 나가 골목길에 장기 주차를 한 자동차가 있는지 확인해보았다. 그중 하나는 자주 사용하지 않는 차처럼 보였다. 그 차의 차창에 메모지를 붙여놓았다. 일주일 전에 한 일이었는데, 어제 보니 그 차는 다른 곳에 주차되어 있었다. 가끔은 차를 옮겨달라는 메시지를 전달하기 위해 차주의 연락처를 찾아 전화를 해야 할 때도 있다. 하지만 이 동네에서는 그런 일을 할 필요가 없었다.

공사에 필요한 자재들을 집 안으로 옮기기 위해 나는 지붕에 큰 구멍을 냈다. 나중에 유리창이 들어갈 자리다. 그 구멍은 마지막 자재가 들어올 때까지 사용할 생각이었다. 구멍을 막는 데는 투명하고 두꺼운 비닐을 사용했다. 햇살을 막을 생각은 없었기 때문이다.

이런 구멍을 만들고 빈틈을 완벽하게 차단하려면 오랜 경험이 필요하다. 물론 필요할 때마다 구멍을 열고 닫는 일이 쉬워야 한다. 생각해보라. 금요일 밤 10시쯤, 구멍으로 비나 바람이 새어 들어온다는 전화를 집주인에게서 받는다면 그건 악몽이나 다름없다. 더욱이 내가 사는 곳이 공사가 진행되는 장소와 완전히 반대쪽 끝이라면 더 큰 일 아니겠는가. 그런 일이 생긴다면 밤잠을 설칠 테고, 다음 날 제대로 일할 수 없을 것이다. 그래서 나는 구멍 덮는 일을 한 치의 허술함 없이 단단히 한다.

구멍의 아래쪽은 튼튼하게 보강해서 자재를 들여올 때 그 가장자리에 걸쳐놓고 잠시 숨을 돌릴 수 있도록 했다. 구멍 아래쪽 바닥에는 튼튼한 받침대를 만들어서, 안으로 들여온 자재들을 잠시 쌓아놓을 수 있도록 했다.

기다란 목재, 무거운 석고보드 등 온갖 잡다한 자재들이 그 구멍을 통해 들어온다. 그렇게 해서 들여온 자재들을 다락 안의 적당한 곳에 비치해둔다. 나는 이미 머릿속으로 모든 것을 계획해두었다. 나른 이들도 내 계획이 좋다고 생각할지는 미지수지만, 그건 내일이면 알 수 있다.

18

◇

가끔 손발이 더없이 잘 맞을 때
우리는 농담을 하며 분위기를 부드럽게 만들기도 한다.
사람들은 긴장했을 때나 지치고 지루할 때 쉽게 웃는 경향이 있다.
이렇게 분위기를 부드럽게 만든 후,
각자의 몫을 다시 점검하고 일하는 것이 좋다.

1월 말. 욘 페테르센과 처음 통화를 한 지 3개월이 지났다. 우리는 공사 개시 허가서를 어제 받았다. 그 허가서가 없었더라면 자재를 안으로 들여오는 일을 연기해야 했을 테고, 이렇듯 엄청난 양의 자재를 주문하고 구입하는 일도 하지 못했을 것이다.

자재를 안으로 옮기는 일을 돕기 위해 단과 올레, 보르가 오전 8시에 도착했다. 단은 경험 많고 노련한 인부로 때와 장소를 가리지 않고 어떤 일이든 잘해낸다. 그는 모든 일을 침착하고 확신에 찬 태도로 진행한다. 이런 그의 태도는 특히 무거운 자재들을 지붕의 좁다란 구멍을 통해 옮기는 복잡한 일에는 적격이라 할 수 있다.

올레와 보르는 건축물을 전문적으로 제거하는 회사에서 일을 한 경험이 있기 때문에 역시 큰 도움을 받을 수 있다. 하지만 이들은 전날 과음하지 않았을 경우에만 일을 확실하게 해낼 수 있는 유형이다. 나는 이들을 무척 좋아한다. 이들은 나무랄 데 없는 사람들이며 유머 감각도 있고 매우 부지런하다. 보르는 한 손에 문신을 새겼고, 다른 한 손에는 붕대를 감고 있다. 그것만 봐도 ㄱ가 어떤 사람인지 짐작할 수 있을 것이다. 다행히 이들은 말짱한 정신으로 공사장에 도착했기에 나는 안심할 수 있었다. 나는 모인 동료 인부들에게 모두 정신을 바짝 차리라고 주의를 주었다. 그렇지 않으면 위험한 사고가 날 수도 있다.

세월이 흐르면 흐를수록 나는 위험한 상황이 발생할지 모른다는 생각에 여간 조심하지 않는다. 어쩌면 그것은 나이를 먹어간다는 증거일지도 모른다. 그게 아니라면, 이 분야에서 오랫동안 일을 해왔기에 위험 가능성이 도사리고 있는 장소나 상황을 더욱 쉽게 알아차릴 수 있는 노련함이 쌓였기 때문이리라. 아니, 두 가지 요소 모두 영향을 미쳤는지 모른다.

내가 혼자 톱을 들고 일할 때와 자재 옮기는 일처럼 여러 명이 함께 일할 때 감지하는 사고의 위험성은 크게 다르다. 홀로 일할 때는 사고가 생겨도 나 혼자 감당하지만, 여러 사람이 일할 때는 그렇지 않다. 또 다른 차이점은 여러 사람이 일할 때면 예상치 못했던 일이 더 자주 일어난다는 것이다. 보통 여러 사람이 무거운 것을 함께 들거나 높은 곳에서 일하다 보니 사고가 나면 당연히 그 여파도 더 크다.

몇 년 전 쉰드레 오센이라는 곳에서 자재를 안으로 옮기는 일을 하다가 지붕에서 떨어질 뻔한 적이 있다. 당시 지붕에서 바닥까지는 무려 13미터나 되었다. 지붕의 경사도는 10도 정도로 꽤 평평한 편이었다. 하지만 표면에 아연 도금을 한 함석 철판 지붕이었고 겨울이라서 더욱 미끌미끌했다.

지붕 주변에 가설대를 설치해놓았으므로 기본적으로는 안전하다고 할 수 있었다. 하지만 크레인 트럭을 운전하던 기사가 자재를 들어 올리면서 잠깐 한눈을 파는 바람에 큰 사고가 일어날 뻔했다. 나는 지붕 옆 가설대 위에 발판용으로 지그재그로 설치해둔 판자를 디디고 서서, 단열재를 싸둔 그물망을 크레인이 들어 올리는 것을 확인하고 있었다. 단열재가 지붕 위에 거의 다 올라왔을 무렵, 단열재를 싸고 있던 그물망이 가설대에 걸려버렸다. 물론 크레인 기사는 그것을 보지 못했다. 크레인에 걸린 가설대는 함께 공중으로 올라가기 시작했다. 고소공포증과 함께 추락의 위험을 느꼈던 나는 얼른 가설대에서 몸을 던져 단열재를 싼 그물망에 매달리려고 했다. 13미터 아래의 땅바닥에 떨어지는 것보다는 낫다고 생각했기 때문이다. 다행히 크레인 기사가 마지막 순간에 상황을 알아차려 크레인을 멈추었다. 그는 천천히 나를 내려주었고, 나는 다락에 앉아 사시나무 떨듯 떨었다. 심호흡을 하고 마음을 안정시킨 후 겨우 몸을 일으켜 밖으로 나가 커피 한 잔을 마시며 크레인 기사와 대화를 나누었다. 이후 크레인 기사는 일하며 한눈 파는 일은 하지 않았다.

나는 다시 지붕 위로 올라가 자재 운반하는 일을 계속했다. 이번에는 안전띠를 매고 그 끝을 굴뚝과 기둥에 연결해 더욱 안전을 기했다. 처음부터 그렇게 했어야 할 일이었다는 생각이 들었다. 일을 시작할 때만 하더라도 그 정도로 주의하지 않아도 된다는 생각이 지배적이었다. 하지만 내 생각은 잘못된 것으로 드러났다. 그때의 경험을 떠올리면 아직도 등골이 서늘하다.

이러한 일을 겪은 후, 나는 위험한 일을 할 때는 더욱 신중하게 임한다. 나 자신의 평가와 판단을 믿고, 동료들에게 이를 알리기를 주저하지 않는다.

노르웨이 보건안전관리국에서는 위험하다고 판단되는 일은 노동자가 거부할 권리가 있다고 말한다. 물론 그렇게 해야 한다. 특히 높은 곳에서 무거운 것을 옮기는 일이라면 더욱 그러하다. 하지만 위험하다는 것은 상대적인 개념일 뿐이다. 사고는 언제든 일어날 수 있으며, 사고의 위험을 최대한 줄이는 동시에 이를 피하기 위해 가능한 모든 조치를 다해야 한다. 전에 나를 가르쳤던 선생님은 아무리 계획을 철저히 세우고 조심해도 사고는 일어날 수 있다고 말했다. 하지만 좀 더 조심하고 조심하면 도움이 됨은 말할 나위도 없다.

확고한 태도로 일하면 예상치 않은 일은 피할 수 있다고 생각한다. 모든 일이 다 그렇지 않은가. 조심성이 없거나 숙련되지 않은 인부들, 또는 외부인이 공사장에 들어올 때 나는 말할 수 없이 불안해진다. 자연히 나는 그들에게 이것저것 참견하게 되고, 그들은 나를 귀찮은 존재라고 생각한다. 하지만 언제 사고가 생길지 나도 정확히 예견할 수 없다. 따라서 이것저것 참견할 수밖에 없다. 대부분의 사람들은 자기가 하는 일은 아무 문제 없다고 확신하며, 사고 위험을 충분히 통제할 수 있다고 생각한다. 하지만 그들은 무엇이 위험한지 잘 알지 못하는 경우가 많다.

오늘은 아무도 지붕에서 떨어지지 않아야 한다. 그것이 바로 오늘의 플랜 A다. 어느 누구도 위험한 상황에 맞닥뜨리지 않아야 한다. 이것 또한 오늘의 플랜 A다. 우리는 일을 시작하기 전 골목길에 모여 커피를 마시면서 이미 이런 이야기를 나누었다. 가장 중요한 것은 서로가 서로를 위하고 보살펴주는 것이다.

폐기물을 거두어 갈 대형 쓰레기 수거통이 도착했다. 그것을 싣고 온 이는 타우글란 목재상의 운전기사인 스벤이었다. 그는 쓰레기 수거통과 함께 공사 자재를 싣고 정확히 오전 8시 30분에 도착했다. 우리는 주문 목록과 도착한 물건들을 하나하나 맞추어보며 확인했다.

지붕 채광창만 제외하면 필요한 자재들은 모두 도착했다. 벽 유리창은 모두 다섯 개였으며, 창틀까지 포함해서 포장되어 있었다. 다락까지 이것들을 모두 운반해서 가려면 최대 스무 번은 오르락내리락해야만 한다. 유리는 너무 무거워서 양쪽에 두 명씩 들어야 한다. 인력은 충분하니 큰 문제가 되지 않는다고 생각했지만, 막상 유리를 운반할 때가 되니 한숨이 절로 나왔다. 유리만큼은 크레인을 사용해서 운반할 수가 없으니 직접 계단을 통해 옮겨야 한다.

자재를 운반할 때는 워키토키로 의사소통을 했다. 스벤과 나는 서로 주고받는 말에 전적으로 의존하기로 했다. 그는 길가에 서서 집 안쪽을 보고 있었고, 나는 다락에 서서 집 마당을 내려다보고 있었다. 그래서 위아래 개념은 문제될 것이 없었지만, 좌우 개념은 자칫 헷갈릴 수가 있었다. 하지만 우리는 시간이 충분하니 조급해하지 말고 천천히, 그리고 확실하게 일을 하자고 했다. 만약 뭔가 의심스러우면 얼른 일을 멈추고 다시 대화를 나누며 결론을 내리기로 했다.

자재는 들어 올려져서 지붕에 미리 내놓은 구멍을 통해 다락으로 운반되기 시작했다. 구멍은 그리 넓지 않았다. 자재를 다락으로 들여오는 동안에는 아무도 구멍 아래 서 있으면 안 되었다. 위험하기 그지없기 때문이다. 우리는 이 일을 천천히, 신중하고 꼼꼼하게 진행했다.

내가 크레인 작업을 직접 지휘 감독하는 건 자주 있는 일이 아니다. 이 일에서만큼은 스벤이 나보다 한 수 위라고 할 수 있다. 스벤의 인내심은 이 일을 할 때 더욱 돋보인다.

마침내 일이 시작되었다. 자재는 안으로 운반되었고, 기존 건축물을 뜯어내고 남은 폐기물은 밖으로 나갔다. 이런 일은 수차례나 반복되었고, 아래위로 움직이는 크레인은 단 한 번도 빈손으로 움직이지 않았다.

컨테이너는 점심시간 이후에 폐기물장으로 옮겨갈 예정이었다. 폐기물과 쓰레기를 담아놓은 수거통이 주택가에 오래 서 있으면 동네 사람들이 몰려와 그곳에 자신들의 쓰레기를 채워 넣기 마련이다. 폐기물 수거통은 분리수거를 전제로 임대한 것이었다. 목재가 들어갈 수거통에 가전제품이나 플라스틱 폐기물이 들어가면 폐기 처분 비용이 배나 비싸진다. 우리는 목재 폐기물을 위한 수거통 하나, 점토와 석재 폐기물을 위한 수거통 하나를 임대해두었다. 폐기 점토를 모아둔 봉투는 해당 수거통 안에 풀어 넣으면 된다. 플라스틱도 마찬가지다. 기존 건축물을 뜯어낼 때는 처음부터 폐기물을 분리해두어야 나중에 시간을 절약할 수 있다. 이렇게 하면 처음부터 주변 정리도 해가며 일을 할 수 있어 능률이 오른다.

스벤은 포장된 자재에 고리를 걸고 크레인에 연결했다. 도움이 필요한 것 같지는 않았다. 보르와 올레와 단은 다락에서 내려간 폐기물들을 크레인에서 분리하고 수거통에 넣는 일을 했다. 그 일을 하고 난 후에는 다락에 들어온 자재들을 적절한 장소로 옮겨 쌓는 일을 했다. 그들은 마당에 있던 연장과 도구, 단열재와 접착제 등 온갖 잡다한 것들을 그물망으로 싸서 크레인에 연결하는 일을 도와주기도 했다.

가장 힘이 많이 드는 일은 다락에 들어온 물건들을 다시 각각 있어야 할 자리로 옮기는 것이었다. 바닥에 쓸 파티클보드(굵은 톱밥과 접착제를 넣고 가열해 만든 가공 목재 - 옮긴이)와, 방화벽에 사용할 석고보드, 무겁기 짝이 없는 다양한 규격의 목재들(2×8인치, 2×9인치, 2×4인치 등)은 굵기와 길이에 따라 각각 포장되어 있었다. 두꺼운 대들보는 연결보들 위에 올려두었다. 엄청나게 무거웠지만 건장한 남자네 명의 힘이라면 충분히 옮길 수 있었다.

바닥 단열재는 수납 공간의 연결보들 위에 올려두었다. 도구와 연장은 수납 공간 안에 보관해두었다. 채광창과 거기에 딸린 부속물은 배달이 되지 않았으므로 기다리는 수밖에 없었다.

작은 다락 안에 다양한 자재들을 쌓아두는 일에는 계획이 필요했다. 각 자재들이 언제 필요한지, 무게는 어느 정도인지, 또 어느 정도의 공간이 필요한지에 따라 서로 다른 장소를 지정해 쌓았다.

자재를 안으로 운반하고 폐기물을 밖으로 내가는 데 하루 종일 걸렸다. 점심을 먹으며 잠시 휴식을 한 뒤, 오전에 하던 일을 계속했다. 매우 힘든 일이었지만, 많은 양의 자재들이 다락 안에 들어와 제자리를 찾아가는 모습을 보니 꽤 흡족했다.

스벤은 마지막 자재를 크레인에 실어 다락으로 보냈다. 2×8인치 목재를 비롯해 무게가 많이 나가는 것들이었다. 이것들은 내가 가장 먼저 사용할 자재였기 때문에 다락 안 한가운데에 두었다.

스벤은 크레인 작업을 마쳤다. 다른 이들은 다락으로 들어온 마지막 자재의 포장을 풀어 각각 있어야 할 곳에 배치했고, 나는 아래로 내려가 스벤에게 감사의 말을 전한 후 작별 인사를 나누었다.

동료들과 함께 일하면서 느끼는 만족감은 그 무엇에도 비할 수 없다. 우리는 힘들고 어려운 일을 함께 해냈다. 무거운 것을 맞잡고 함께 들어 올리며 서로의 움직임과 눈빛을 교환한다는 것은 매우 특별한 경험이다. 나는 상대방의 움직임을 보며, 그가 나의 상태를 확인하고 배려하는지 또는 자기 자신만을 생각하는지 느낄 수 있다. 또한 상대방이 언제 피곤하고 지쳐 있는지도 알 수 있다. 누

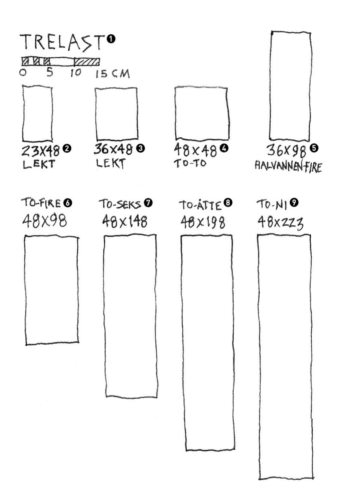

TRELAST ❶

0   5   10   15 CM

23×48 ❷
LEKT

36×48 ❸
LEKT

48×48 ❹
TO-TO

36×98 ❺
HALVANNEN FIRE

TO-FIRE ❻
48×98

TO-SEKS ❼
48×148

TO-ÅTTE ❽
48×198

TO-NI ❾
48×223

---

❶ 목재
❸ 36×48밀리미터 / 1.5×2인치
❺ 36×98밀리미터 / 1.5×4인치
❼ 2×6인치 / 48×148밀리미터
❾ 2×9인치 / 48×223밀리미터

❷ 23×48밀리미터 / 1×2인치
❹ 48×48밀리미터 / 2×2인치
❻ 2×4인치 / 48×98밀리미터
❽ 2×8인치 / 48×198밀리미터

가 지쳐 있다면 그의 발 움직임만 봐도 대번에 알 수 있다. 피곤할 때는 움직임이 정확하지 않다. 말수도 적어진다. 나는 이 세상 모든 사람이 무언가 부거운 것을 함께 들어 올리는 일을 가끔 해봐야 한다고 생각한다. 그렇게 하면 서로를 더 잘 알 수 있는 계기가 될 거라고 믿는다.

몸을 써서 하는 일은 접하는 물건의 무게에 직접 영향을 받는다. 이 경우, 다른 생각을 할 여지가 없다. 무게라는 것은 사람에 따라 상대적으로 느껴지기 마련이다.

여러 사람이 하나의 무거운 물건을 들어 올릴 경우, 예를 들어 네 사람이 커다란 대들보 하나를 들어 올린다면, 서로에게 전적으로 의지하지 않을 수 없다. 어느 한 사람이라도 들고 있던 물건을 놓치면 다른 사람이 상처를 입기 때문이다. 그러므로 물건을 옮기는 내내 크고 작은 목소리를 내서 소통하고 일하는 방식을 조정하거나 상대방의 리듬에 일손을 맞추어야 한다. 의사소통이 이루어지지 않으면 일은 잘못될 가능성이 크다. 일이 잘못되면 협력을 멈춘다. "OK! 잠깐만! 멈춰! 조금만 더 위로! 잠시 휴식!" 이 정도의 말은 쉴 새 없이 해주어야 하지 않을까.

가끔 손발이 더없이 잘 맞을 때 우리는 농담을 하며 분위기를 부드럽게 만들기도 한다. 긴장했을 때나 지치고 지루할 때 웃어주면 좋다. 이렇게 분위기를 부드럽게 만든 후, 각자의 몫을 다시 점검하고 일하는 것이 좋다. "저 윗부분과 여기 아랫부분에서 살짝 돌린 후 문을 통과하자고!" 그렇게 해서 운반해 간 물건이 제자리를 찾으면 그보다 더 흡족할 수가 없다.

만족한 마음으로 하루를 끝낼 수 있어 좋았다. 아래위로 분주하게 오가며 소리를 치고, 이것저것 생각할 일도 많았던 하루였지만 계획했던 일은 무사히 잘 마칠 수 있었다. 나는 지붕 구멍을 빈틈없이 잘 막아놓았다. 이 일은 미리 만반의 준비를 해놓았기에 시간이 오래 걸리지 않았다. 그날 하루의 일거리들을 돈으로 환산해보았다. 크레인을 임대하고 자재를 구입하는 데만 14만 크로네가 들었다. 자재를 다락 안으로 운반하는 일은 수혈에 비교할 수 있다. 앞으로 일을 잘 진행할 수 있을 것 같은 낙관적인 생각이 스쳤다.

우리는 불을 끄고 함께 그곳을 나와, 작업복을 입은 채 곧장 술집으로 향했다.

19

○

그는 건축업계의 외국인 인부들에게는
일을 믿고 맡길 수가 없다고 말했다.
아이러니하게도 내 옆에 앉아 있는 스노레는 덴마크에서 온 외국인이었다.
하지만 누가 봐도 다 아는 명백한 일을 가지고
일부러 강조할 필요는 없다는 생각에 나는 입을 다물었다.

요한과 스노레는 '테디스' 바의 구석진 곳에 이미 자리를 잡고 앉아 있었다. 옆에는 빈자리가 두 개밖에 없었다. 우리는 누가 그 자리에 앉느냐를 두고 한참 실랑이를 벌였다. 결국 올레와 내가 앉았다. 단은 어디선가 의자를 하나 가지고 와서 앉았고 보르는 선 채 있었다. 술집 안에는 사람이 그다지 많지 않았지만 적다고도 할 수 없었다. 시간이 지나면 빈자리는 점점 채워지리라. 어쨌거나 우리는 사람 수에 구애되지 않고 즐거운 시간을 보낼 수 있으니 만족했다.

요한과 스노레는 나와 함께 간 일행과 잘 아는 사이는 아니었다. 하지만 모두들 까다로운 성격은 아니었기에 금방 친해졌다. 우리는 맥주를 마셨고, 돌아가면서 자리에 앉았다. 그날 테디스에서 저녁 일을 하는 사람은 엥글레와 코레였다.

우리는 음악 이야기를 나누었다. 요한과 스노레는 그날 밤 힐런 시티 잼버리Harlan City Jamboree와 비트 토네이도스Beat Tornados 공연을 보러 감믈라로 갈 예정이라 했다.

비트 토네이도스는 꽤 훌륭한 서프 뮤직surf music (1960년대 초에 미국 의 캘리포니아를 중심으로 유행한 대중음악. 경쾌한 울림과 리듬, 캘리포니아 풍 광에 대한 찬양 등이 특징. 비치보이스 같은 록그룹이 대표적이다 - 옮긴이) 밴 드라는 데 우리는 의견을 같이했다. 단과 나는 공연에 함께 가고 싶 었지만 작업복을 입고 있어서 술을 한잔한 다음 집으로 가기로 했 다. 힐런 시티 잼버리가 엉성한 밴드라고 말했더니 곧 열띤 토론이 시작되었다. 올레는 나와 같은 의견이었고, 단은 우리의 생각을 바 꿔보려는 듯 침을 튀겨가며 밴드를 옹호했다.

잠시 밖에 나가 담배를 피우고 들어왔더니 모두 자리를 잡고 앉 아 있는 바람에 나는 탁자 옆에 서 있어야 했다. 언뜻 옆을 돌아보 니 몇 달 전에 스노레에게 시비를 걸었던 회사원이 서 있었다. 그는 우리를 대번에 알아본 듯 내게 다가와 당신도 목수였냐고 말을 걸 었다. 작업복을 입고 있으니 내 직업을 짐작하기란 그리 어렵지 않 았으리라.

그는 일을 마치고 한잔하러 왔다며, 하고 싶은 이야기가 있다고 말을 꺼냈다. 보아하니 그가 우리 쪽으로 다가왔던 것도 그런 의도 때문인 깃 같았다. 그는 건축업계의 외국인 인부들에게는 일을 믿고 맡길 수가 없다고 말했다. 아이러니하게도 내 옆에 앉아 있는 스노레는 덴마크에서 온 외국인이었다. 하지만 누가 봐도 다 아는 명백한 일을 가지고 일부러 강조할 필요는 없다는 생각에 나는 입을 다물었다.

그는 얼마 전 조그만 개축 공사를 했다고 말했다. 외국인 인부들을 고용했더니 지저분하기 짝이 없는 데다 결과도 좋지 않았다고 불만을 나타냈다. 나는 이미 그 비슷한 이야기들을 전에도 많이 들은 터였다.

"그렇군요." 나는 그의 말을 가로막았다. "하지만 하루 일을 마친 이 시간마저 낯선 이의 상담을 들어주는 소비자협회 역할을 하기는 싫습니다만……."

"알아요, 이해해요. 하지만……." 그는 막무가내로 이야기를 계속했다. 외국인 인부들이 얼마나 무지하며 일을 못하는지에 대한 예들을 하나하나 들면서 말이다.

"어디서 온 사람들인가요? 당신은 그 사람들을 어떻게 알고 고용했습니까?"

그는 노르웨이 회사를 통해 고용했다고 말했다. 아니, 적어도 회사 이름은 노르웨이어로 표기되어 있었다고 했다. 그런데 일을 하러 온 인부는 폴란드인 두 명이라고 했다.

"그 회사는 어떻게 알고 연락을 했습니까?"

그는 지인을 통해 인터넷의 '나의 입찰'이라는 사이트를 찾았고, 그곳에서 여러 회사들의 오퍼를 받았다고 털어놓았다. 입찰에 참여한 회사들은 모두 8개였고, 견적이 가장 낮은 회사를 고르지도 않았다고 말했다. 그가 일을 맡겼던 회사는 끝에서 두 번째로 낮은 가격을 책정한 회사였다.

"규모가 크지도 않은 공사인데 8개나 되는 회사를 경쟁시킨다는 게 좀 심하다는 생각은 해보지 않았습니까?"

"아니요, 그 회사들은 모두 자발적으로 입찰에 참여했어요. 일감을 얻기 위해서겠죠."

그의 말에도 일리는 있었다. 기본적으로 입찰에 참여하는 것은 업체의 자유니까. 어느 누구도 그들을 억지로 입찰에 참여시키지는 않는다. 그들도 성인이니 참여 여부를 스스로 결정할 수 있는 권리가 있다는 말이다.

"그들이 견적을 얼마나 낮게 책정했는지 물어봐도 되겠습니까? 견적이 얼마나 나왔나요?"

"3만 2,500크로네였어요. 부가가치세를 포함해서 말이죠."

"그들의 경력이나 배경은 알아봤습니까?"

그는 지인이 추천한 회사를 골랐고, 그 회사 소개서도 받아보았지만 그것이 전부라고 했다. 어차피 그가 맡길 일은 소규모였으니까.

"시간당 임금은 어느 정도였습니까? 그리고 총공사 기간은 얼마나 되었나요?"

"약 일주일 정도 걸렸어요."

"그러니까 정확한 노동 시간은 모른다는 말이군요. 그렇다면 두 사람이 일주일 정도 일을 했으니 노동 시간은 약 100시간 정도 되겠군요."

"그렇겠죠."

나는 피곤한 데다 머리도 멍해서 잠시 실례한다고 말한 후 화장실로 향했다. 그곳에서 그의 말을 바탕으로 재빨리 머릿속으로 계산을 해보았다. 잠시 후 자리로 다시 돌아가니 그는 여전히 그곳에서 있었다. 그는 스노레를 향해 건축업계의 외국인 인부들에 대한 이야기를 하고 있었다.

"흥미롭군요. 이제 내 의견을 들어보겠습니까? 원한다면 말입니다. 행여 기분 상하지나 않을까 걱정됩니다만……."

"문제없습니다. 난 진실한 의견이라면 어떤 말도 받아들일 수 있습니다."

그는 주위의 시선 때문인지 쉽게 물러서지 않으려 했다. 어차피 그가 시작한 일이었고, 무슨 말을 들어도 상관없다 했으니, 나는 좀 더 세게 나가도 된다고 생각했다. 아직 머릿속 계산은 끝나지 않았지만 말문을 열었다. 단순한 계산은 말을 하는 도중에도 머릿속으로 할 수 있으니 말이다. 나는 탁자 위에 펜과 종이를 꺼내놓았다.

"그러니까 당신은 부가가치세를 제외한 금액 2만 6,000크로네(노르웨이의 부가가치세율은 25퍼센트다 - 옮긴이)가 들어가는 공사를 위해 8개 회사에 입찰 경쟁을 시켰습니다. 여기에 자재 구입 비용도 포함되겠죠. 그렇다면 약 2만 1,000크로네가 임금으로 사용된다고 할 수 있습니다. 여기에는 6시간의 사전 조사와 입찰을 위한 서류 작업 비용도 포함됩니다.

8개 회사가 입찰에 참여했다면 이들 회사 중 한 개 업체가 일을 맡을 경우의 수는 8분의 1입니다. 각각의 업체들은 이 비용도 벌어들여야겠죠. 약 48시간이라고 칩시다. 여기까지 이해됩니까?"

그는 고개를 끄덕였다.

"100시간의 노동과 48시간의 사전 조사 비용입니다. 사전 조사에 들어가는 비용은 업체의 대표가 감당한다 하더라도 공사 외적으로 나가는 비용 또한 무시할 수 없습니다. 그가 돈에 욕심이 없는 사람이라 치고, 이런 일을 하는 데 약 55시간을 소비했으며 시간당 200크로네를 받는다고 가정해봅시다. 이 비용은 공사에 필요한 도구와 연장, 서류 작업 및 그 외 자잘한 일을 하는 데 들어가는 것입니다. 그렇다면 이 비용을 최소한으로 잡는다 하더라도 1만 4,000크로네는 염두에 두어야 합니다."

나는 그에게 이 경우에 업체 대표가 돈을 많이 받는 축에 속한다고 생각하느냐고 물어보았다. 그는 그렇지 않다고 대답했다.

"남는 돈은 7,000크로네뿐입니다. 이 돈은 당신이 말했던 그 실력이 형편없는 외국인 인부들이 당신 집까지 가서 페인트칠을 하고 받아가는 돈이지요. 계산을 해보면 이들의 시간당 임금은 70크로네밖에 되지 않습니다. 그들은 한시적으로 고용된 사람들이라서 월급에서 10퍼센트씩 떼어 적립하는 휴가비 제도의 적용도 받지 못합니다."

나는 처음부터 끝까지 조용하고 침착한 말투로 내 생각을 피력했다. 가끔 종이에 계산을 하기 위해 잠시 말을 중단할 때를 제외하고는 쉼없이 말을 해서, 듣는 사람 입장에서는 미리 연습한 것이 아닌가 오해할 여지도 없지 않았다. 하지만 나는 개의치 않았다.

"시간당 70크로네라면 폴란드에서는 꽤 높은 임금이라고 할 수 있겠지요?"

나는 그의 대답을 기다리지도 않고 말을 이었다.

"하지만 노르웨이에서는 너무 낮은 임금입니다. 하지만 임금이 높다 낮다 하는 것은 결국 상대적 개념이 아닙니까?"

그는 짜증 난 표정으로 침묵을 지키더니 마침내 말문을 열었다.

"난 있는 그대로 얘기했을 뿐이에요. 당신을 기분 나쁘게 할 생각은 없었다고요."

"잘 알고 있습니다."

나는 솔직히 기분이 나쁘지 않았다. 하지만 조금 까다롭게 굴었다는 생각은 없지 않았다. 나는 내게 말을 걸어오는 사람에 따라 다른 반응을 보인다. 그런데 내게는 할 말이 더 남아 있었다.

"내가 보기에 당신은 합당한 비용을 지출하지 않으면서 만족스러운 결과를 얻으려 하는 구두쇠 유형인 것 같습니다. 단돈 몇 푼을 절약하기 위해 소셜 덤핑(저임금, 장시간 노동 등을 통해 생산비를 적게 들여 생산한 상품을 해외에 싸게 파는 일 - 옮긴이)도 마다않는 부류라고도 볼 수 있을 것 같군요. 그러면서 폴란드 인부들의 실력이 형편없다고 불평을 늘어놓기 위해 술집을 찾는 사람……

내게 처음부터 그런 이야기를 했던 이유는 외국 인부들을 깎아내리면서 슬쩍 나를 치켜세워주려는 호의 아닌 호의도 작용했다는 걸 이해합니다. 하지만 그렇게 한다고 해서 내가 정말 기뻐할 것이라고 생각합니까?

우리는 비용을 지불한 만큼의 대가를 받기 마련입니다. 외국인 인부들을 고용해서 만족할 수 없었던 것은 전적으로 당신의 책임입니다. 이런 말을 하면 나에 대한 감정이 좋지 않겠지만, 개의치 않습니다. 나와는 상관없는 일이기도 하니까요. 나는 일행과 함께 여기에 이미 자리를 잡고 앉아 있었고, 그런 내게 다가와 먼저 말을 건 사람은 당신이니까 이 일은 당신 스스로 자초한 것이라 해도 할 말이 없을 겁니다."

　우리의 대화는 그렇게 끝이 났다. 대화를 시작했을 때와 비교한다면 우리의 의견 격차는 더욱 벌어져버렸다. 그는 분명 예상치 않았던 상황에 적잖이 놀랐을 것이다. 하지만 나는 그렇지 않았다.

　그는 한 명의 평범한 사람일 뿐이다. 근래에 외국인 인부를 고용하고, 외국인 노동자를 집으로 불러 세차 등 잡다한 집안일을 맡기는 사람들이 많이 늘었다. 우리를 고용하는 사람들은 모두 평범한 사람들이다. 술집에 발걸음을 한 그 남자처럼. 내겐 그들이 누구인지, 어떤 사람인지 중요하지 않다. 나는 내가 해야 할 일을 할 뿐이다. 그게 바로 나인 것이다.

　단은 집으로 향했고, 요한과 스노레는 감믈라로 공연을 보러 갔다. 나는 올레, 보르와 함께 맥주 한 잔을 더 하고 집으로 향했다.

　주말에는 조용히 쉬며 밀린 회계 작업을 했으며, 비외르비카에서 비페탕겐까지 긴 산책을 했다.

20

○

나는 다락에 창들을 내어 환하게 만들고 싶었다.
빛이 많이 들어오면 일하기도 쉽고 신이 난다.
노르웨이의 겨울은 어두침침하기 짝이 없다.
따라서 낮 시간의 햇빛은 황금보다
더 귀하다 해도 과언이 아니다.

월요일 아침, 나는 페테르센 가족이 직장과 유치원으로 향할 바쁜
시간에 그곳에 도착했다. 한 주가 시작되는 날 인사를 나누는 관례
를 만들어놓으면 좋을 것 같아서였다. 주말을 보낸 후에 다시 생동
감 있게 일을 시작하는 내 모습을 보여주는 것도 좋을 것 같았다.

카리와 욘은 다락을 둘러보러 올라갔다가 그곳에 쌓여 있는 자
재의 양에 깜짝 놀랐다고 했다. 나는 일을 시작하기 전부터 다락에
빈 공간을 가능한 한 많이 확보해야 한다고 그들에게 누차 말했다.
쌓아둔 자재를 본 그들은 그제야 내 말을 이해한 것 같았다. 옌스와
프레드릭은 호기심 어린 눈빛으로 나를 바라보았지만 아무 말도 하

지 않았다. 그들은 각자 외투를 걸치고 신발을 신은 후 집을 나섰다.

　나는 다락에 창들을 내어 환하게 만들고 싶었다. 빛이 많이 들어오면 일하기도 쉽고 신이 난다. 노르웨이의 겨울은 어두침침하기 짝이 없다. 따라서 낮 시간의 햇빛은 황금보다 더 귀하다 해도 과언이 아니다. 나는 창들이 들어설 자리를 측정하고 표시를 해두었다. 창문은 아래층 창문과 동일한 선상에 배치해야 한다. 도시건축계획공사에서는 이 사항을 엄격히 요구하고 있다. 1990년대 후반까지만 해도 창문, 지붕창, 이층 테라스 등의 위치는 크게 제한하지 않았다. 따라서 집집마다 이것들의 위치는 건물의 외관과는 관계없이 서까래의 위치에 따라 정해지는 것이 대부분이었다. 해가 갈수록 위치 제한이 더욱 엄격해졌고 설계도면에 따라 설치해야 한다는 규정이 생겨났다. 그래서 이미 만들어놓은 창을 옮기거나 지붕창을 뜯어내고 정해진 위치에 새로 내는 집도 많았다.

　이번 다락 공사는 창문의 위치와 관련해서는 행운이라 해도 과언이 아니었다. 창문을 낼 때 방해가 되는 것은 서까래 한 개뿐이라서 그것만 옮기면 되었다. 어차피 처음부터 지붕 구조를 바꿀 생각이었으니 이것 때문에 일이 더 많아진다고는 할 수 없었다.

　나는 기존 지붕 구조에서 제거해야 할 부분들을 잘라내고, 새롭게 덧붙일 부분들을 손보기 시작했다. 지붕은 한꺼번에 손보면 무너질 수도 있다. 따라서 일단 창문이 들어설 공간을 확보하기 위해

서까래를 받치는 중도리 몇 개만 잘라내기 시작했다. 창문이 들어설 곳 가장자리에는 새로운 서까래를 설치해 보강했다. 비바람이 들이치는 걸 막기 위해 지붕널에는 아직 구멍을 뚫지 않았다. 그 일은 나중에 할 예정이었다.

창문 재료가 타우글란 목재상에서 도착했다. 단은 화요일 저녁에 와서 창문 재료를 안으로 운반하는 일을 도와주기로 했다. 그는 아직도 자신의 일을 끝내지 못했지만, 가끔 내게 일손이 필요할 때면 잠시 들러 도와주곤 한다. 지붕널에 창이 들어설 구멍을 뚫고 창틀을 배치하는 일은 그와 함께 내일 하기로 했다. 지붕창을 설치할 때는 우선 창틀에서 유리를 떼어내고 창틀을 먼저 설치한다. 유리는 그 후에 끼워 넣어야 한다. 창유리는 너무 무거워서 이 일을 혼자 하기란 매우 어렵다.

수요일 오전, 자잘한 도구들을 둘러보러 모텍으로 차를 몰았다. 내가 구입하려고 마음먹었던 무선 드릴을 할인 판매한다는 소식을 접했기 때문이었다. 역시 할인 중인 나사못도 살펴보고 싶었다. 그래서 공사장으로 가기 전에 모텍으로 먼저 향했던 것이다. 드릴은 현재 쓰는 것을 조금 더 사용해도 문제가 없으니 구입은 나중으로 미뤄도 될 것 같았다.

나는 항상 라디오를 켜둔다. 차를 탈 때나 일을 할 때도 마찬가지다. 라디오가 없다면 일할 때 많이 외로울 것 같다. 공사장에서는 내가 마음대로 라디오 채널을 선택할 수 있어 좋다. 나는 광고가 많이 나오는 채널은 듣지 않는다. 그 과장된 목소리가 너무 싫기 때문이다. 또한 선전에 사용되는 언어도 형용사의 오용에 불과할 뿐이다. 함께 일하는 사람들 중에서는 이런 의견에 반론을 펴는 이들도 없지 않다. 물론 나도 그들의 의견 앞에 내 고집을 꺾을 때가 있다. 하지만 그것은 종종 말다툼으로 번지는 것을 막기 위해서다. 하루 종일 라디오의 P4 채널(오락성이 강한 채널 - 옮긴이)을 듣다 보면 귀가 멍멍할 지경이다. 오전에는 주로 교통 정보, 뉴스, 날씨 등 주요 사항을 전하는 P1 채널을 즐겨 듣는다. 오늘은 눈이 내리고 바람이 부는 쌀쌀한 날씨가 될 것이라 했다. 창문을 설치하기 위해 15미터 높이에 서서 일을 한다면 이런 날씨를 직접 느낄 수밖에 없다.

P1 채널에서는 눈길에서 차들이 속력을 내지 못하고 있다고 전했다. 클뢰프타에서 남쪽으로 향하는 E6 도로에서는 사고 때문에 차로 하나가 통행을 할 수 없다고 했다. 교통안전 수칙에 대해 잠시 이야기를 하더니 다시 일기예보가 흘러나왔다.

오전 라디오 방송에서는 날씨를 빼면 할 이야기가 거의 없는 것 같았다. 교통 상황을 제외한 요즘 날씨 관련 방송에서는 대부분 여가 및 휴가와 관련된 날씨에 대해서만 이야기한다. 날씨와 직업을 연관시켜 언급하는 일기예보 방송은 거의 없다. 있다면 새벽 6시에 어민을 대상으로 하는 일기예보뿐이다. 과거에는 홍수나 가뭄 같은 심각한 기후 사항을 제외한 일반 일기예보 방송이라 할지라도 항상 직업과 관련한 사항을 언급했다. 그만큼 세상이 달라졌다는 이야기일까. 바다에서 고기를 잡는 어부들, 농사를 짓는 농부들, 목공 일을 하는 목수들. 이런 사람들은 날씨가 어떻든 간에 밖으로 나가야 한다. 그런데 이제 우리 같은 직업은 일기예보에서 찬밥 신세다. 이제 날씨라는 것은 스키 타기 좋은 날씨, 산책하기 좋은 날씨, 또는 햇살 아래 물장구치기 좋은 날씨 등으로 구분되어 언급될 뿐이다.

아침기도 방송은 광고 방송과 거의 비슷하다. 다른 점이라곤 과장된 목소리로 떠들어대는 P4 채널보다 좀 더 부드럽고 조용한 목소리를 들을 수 있다는 것뿐. 나는 아침기도 방송이 시작되면 다른 채널로 돌려버린다. 부드럽고 조용한 목소리가 과장된 분위기를 만들어낼 수 있다는 것은 꽤 이상하게 느껴지기도 한다.

나는 주로 NRK 국영방송을 듣지만 종종 다른 채널을 들을 때도 있다. 집중해서 일을 할 때면 라디오에서 무슨 말을 하는지 듣지 못하고 있다가 채널을 돌리는 일마저 잊기도 한다. 사미족(노르웨이, 스웨덴, 핀란드 등 북유럽 국가와 러시아 북서부에 사는 민족 – 옮긴이) 전용 채널은 다른 사람들과 함께 일할 때는 거의 듣지 않지만, 나는 그 채널이 종종 편안하게 느껴진다. 전혀 알아듣지 못하는 언어가 배경

음악처럼 느껴지고, 의미를 알 수 없는 내용을 전하는 그 목소리가 순수하고 깨끗하게 다가오기 때문이다.

P2 채널의 '아벨의 탑'이라는 방송이 흘러나올 때, 나는 쇠지레를 사용해 건물 해체 작업을 했다. 그때 방송에서는 커피잔에 들어 있는 커피가 유리잔에 들어 있는 맥주보다 왜 더 쉽게 찰랑거리는가에 대해 토론하고 있었다. 그 이유는 맥주에 포함되어 있는 거품 때문이라고 했던 것 같다. 물리학을 온몸으로 실천하고 있던 차에 라디오에서는 과학 이야기를 했다. 다시 말하자면, 나는 일을 하면서도 뭔가 배우고 있었던 것이다.

오후에는 P13 채널의 '라르센 부인'이라는 방송을 들었다. 사회자인 카리 슬롯스베엔은 해를 거듭해도 탁월한 진행 능력을 잃지 않는다는 점에서 나는 감탄하지 않을 수 없다. 가끔 그녀가 진행하는 방송이 나오면, 나도 모르게 일손을 멈출 때가 있다. 1990년대에 그녀가 진행했던 '이르마Irma 1000'이라는 방송 때부터 그랬다. 그렇다면 그녀에게 손해배상을 청구해도 되지 않을까? 그녀 때문에 일을 못 한 시간이 꽤 되니 말이다.

창문을 설치하는 일은 세세한 사항을 따지지 않아도 되어서 꽤 빨리 진행되었다. 오후가 되자 네 개의 창문을 설치할 수 있었다. 나는 창문 가장자리 작업을 마무리하고, 다음 며칠 동안은 지붕에

덮힌 슬레이트 석판 잘라내는 일을 할 예정이었다. 사다리를 세워 놓고 해야 하는 일이니 위험하다 할 수 있지만, 집 안쪽에 안전장치를 설치하고 거기에 안전띠를 묶어 내 몸을 의지하니 걱정할 일은 없었다. 또한 날씨는 쌀쌀했지만 상당히 메마른 상태여서 행여 물이 새어 들어올까 염려할 일도 없었다.

다음 주에는 겨울 햇살이 다락 안으로 비출 것이다. 봄의 온기를 기다리려면 한참 멀었지만, 이젠 오전 8~9시만 되어도 해가 뜨니 봄이 올 날도 머지않았다.

2I

○

계획했던 일을 완수하고 하루가 끝난 시점에서
내가 한 일을 둘러보는 것은
더할 나위 없는 만족감을 가져다준다.
하나의 작업을 마감한다는 것은
또 다른 작업의 시작을 의미한다.

"안녕하십니까! 좋은 아침입니다." 월요일, 새로운 한 주의 첫날. 나는 페테르센 가족에게 기분 좋게 인사를 건넸다.

그들은 다락에 설치할 욕실 천장을 어떻게 마무리해야 할지 고민했다. 나는 사시나무로 제작된 패널 조각을 가져와 보여주었다. 결정을 하기까지는 시간이 넉넉했다. 마지막 자재가 배달되기 전까지만 결정하면 되는 일이었으니까.

이번 주에는 무거운 자재를 써서 일을 할 예정이므로 몸이 많이 힘들 것 같다. 계단과 가설물 위를 수없이 오르락내리락해야 한다. 이 일은 정말 흥미롭고, 눈코 뜰 새 없이 바쁘게 돌아가고, 또 피곤한 일이기도 하다.

일반적으로 목재의 길이는 5.3미터로 미리 잘려서 배달된다. 그런데 이 집 서까래는 길이가 거의 6미터다. 나는 2×9인치 목재를 좀 더 긴 것으로 몇 개 더 주문했다. 길이가 짧으면 두 개를 이어 붙여야 하는데 여간 번거로운 일이 아니기 때문이다. 이들 목재는 한 개당 무게가 약 30킬로그램이나 된다. 그러므로 이것들을 정확하게 제자리에 배치하기는 쉬운 일이 아니다. 이 일을 혼자 하기 위해 소위 '도우미'를 만들었다.

'도우미'는 일종의 도구다. 설치해야 할 목재를 받쳐주거나 잡아주는 단순한 가설물이다. 이것을 사용하면 마치 여분의 손을 얻은 것 같은 느낌이 든다. '도우미'라는 말은 내가 가장 좋아하는 단어이기도 하다. '도우미'를 만든다는 것은 친구 하나를 만드는 것과도 같다. 이것이 있으면 기다란 서까래도 문제없이 제자리에 설치할 수 있다.

2×9인치 목재 세 개가 연이어 배치될 자리에 레이저 측정기를 이용해 그 길이를 쟀다. 첫 번째 목재를 알맞은 길이로 잘라 제자리에 배치한 후 같은 방법으로 두 번째 목재를 배치했다. 서까래와 중도리는 지그재그 형식으로 배치해야 한다. 이들 두 목재를 제자리에 배치한 후, 세 번째 목재를 이것들의 길이와 똑같게 본 떠 만들어 들어가야 할 자리에 끼워 넣었다. 이때 조금 어긋난 부분이 보이

면 다시 조정한다. 다음 목재를 배치하기 전에 이 일을 해야 정확함을 유지할 수 있다.

여러 개의 목재를 교차 접합시키며 이어 붙이면 건물 구조의 안정성이 더욱 강화된다. 또한 이런 식으로 하면 일을 더 쉽고 빨리 할 수 있다. 무거운 자재를 들어 올려 자리를 맞추어본 후 다시 내려서 이어지는 부분을 잘라내는 번거로운 일을 피할 수 있어 좋다. 사다리 위를 오르락내리락할 필요 없이 바닥에서 길이와 거리를 재어보고 자재를 잘라내거나 손질할 수 있어 편하기도 하다. 2×9인치 목재의 무게는 나무 속이 얼마나 단단한지에 따라 달라진다. 같은 길이의 목재라도 무게는 두 배가량 차이가 날 수 있다. 나는 무게를 대충 가늠해본 후 가장 가벼운 것 두 개를 골라 첫 번째 서까래로 사용한다. 혹시 길이 측정이 정확하지 않거나 이음새 등에 문제가 생기면 다시 내려서 손을 봐야 하기 때문이다.

모든 2×9인치 목재는 못과 접착제로 단단히 고정해야 한다. 적당한 양의 접착제를 자재 표면에 바른 후 나사못으로 단단하게 이은 뒤, 네일건을 사용해 90밀리미터짜리 못을 박는다.

기존의 서까래 역시 같은 목재로 보강할 것이다. 그렇게 해야 엔지니어의 계산에 어긋나지 않는 튼튼한 지붕이 만들어진다.

서까래를 받치는 중도리는 직접 만들었다. 목재상에서는 중도리를 따로 만들어 팔기도 한다. 그들이 파는 중도리는 자기들이 만들어 파는 제품에 맞도록 설계되어 있다. 트러스(지붕, 교량 등을 버티기 위해 건축 부재를 삼각형 모양으로 짜서 떠받치는 구조물 - 옮긴이)는 매우 특별한 구조물로, 서까래 아래 위치해 보강하는 역할을 한다. 트러스는 중도리와 비슷한 개념이지만 건축업계에서는 트러스라는 말을 점점 더 자주 사용하는 추세다.

목요일 오전에는 다른 날보다 늦게 일을 시작했고, 집에서 사무 작업을 했다. 하기 싫은 일을 미루다 보면 나중에 더 힘들어질 것 같아서였다. 작은 개인회사이긴 하지만 서류 작업을 꼼꼼하게 해놓아야 운영이 가능하기 때문이다. 그래서 서류 작업도 공사장에서 하는 일만큼이나 중요하다고 할 수 있다. 하지만 나는 서류 작업을 하기보다는 차라리 한 포대의 콩을 바닥에 흩어놓고 다시 포대에 주워 담는 일을 두 번 연속 하는 것이 더 좋다. 그만큼 서류 작업을 싫어한다는 말이다.

책상 앞에 앉아 서류 작업을 하면 등이 피곤해지지 않아 좋은 점도 있다. 따라서 서류 작업을 하는 날은 쉬는 날이라 보아도 좋다. 육체노동을 하다 몸이 많이 피곤해지면 나는 하루 휴가를 내서 집에 앉아 사무를 본다. 어쨌거나 이런 일은 미리미리 해두는 것이 좋다. 토요일 저녁, 목에 칼이 들어오는 듯한 느낌으로 마감에 쫓겨 허둥지둥 일을 하는 것보다는 낫기 때문이다.

금요일 오전, 다락에 올라가니 전날의 휴식 덕분에 몸에 생기가 넘쳐나는 것을 느낄 수 있었다. 나는 서까래와 골조 강화 작업을 할 예정이었다.

문설주가 배치될 벽에는 2×9인치 목재를 벽에 붙여 넣고 버팀목 발치와 서까래 끝쪽에 볼트로 이어 붙였다. 목재와 이어지는 버팀목 양쪽 끝에는 보강 장치를 설치해 버팀목이 움직이지 않도록 고정해두었다.

오후 8시가 되자 피곤해졌다. 주말이 오기 전까지 서까래를 포함한 지붕널 작업을 완성할 예정이었고, 나는 이 계획을 완수해냈다. 이제는 새로운 대들보를 끼워 넣어 지붕을 떠받치고 보강하는 작업을 할 차례였다.

계획했던 일을 완수하고 하루가 끝난 시점에서 내가 한 일을 둘러보는 것은 더할 나위 없는 만족감을 가져다준다. 하나의 작업을 마감한다는 것은 또 다른 작업의 시작을 의미한다. 자리에 앉아 다락을 둘러보며 나는 만족감을 느끼는 동시에 뭔가 부족한 것, 더 잘할 수 있었던 것은 없는지 살펴보게 된다. 그 시간은 1인 회의라 해도 좋다. 자재 더미 위에 앉아 휴식을 하며 다음 작업을 구상한다. 특히 대들보를 정확한 자리에 배치하기 위해 무엇을 어떻게 하면 좋을까 곰곰이 생각한다.

이젠 집으로 가서 푹 쉴 때가 되었다.

22

○

나는 다락문을 열고 스위치를 올렸다.
그곳에 있는 램프들이 일제히 불을 밝혔다.
어둠이 빛으로 변하는 순간,
아이들은 강렬한 인상을 받은 듯했다.
어른들도 마찬가지인 것 같았다.

조용하고 평화로운 주말. 그리고 월요일 아침이 되면 모두들 기분 좋게 인사를 나눈다. "좋은 아침입니다." 나는 다락에 올라가 커피를 마셨다. 다시 일을 시작할 생각에 기분이 좋아졌다. 커피를 마시며 머릿속으로 작업 구상을 했다. 새로운 한 주는 지난주의 마감과 비슷하게 시작되었다.

연결보들 위에는 6미터가 넘는 길이에 180킬로그램이나 나가는 대들보 자재가 자리하고 있다. 이것을 서까래들 아래, 바닥에서 4미터 높이에 설치해야 한다. 나는 주말 내내 이 일을 계획하며 생각에 잠겼다. 종종 이런 생각에 빠지면 피곤해지기도 하지만, 지난 주말에는 이 일을 할 생각에 마음이 들떠 있었다. 수요일에 올 단과 함께 할 계획이었다. 혼자 일하는 것은 심심하고 지루하기 짝이 없다. 하지만 둘이 함께 힘을 합치면 더 많은 일을 할 수 있고 일도 더 재미있다.

새 대들보는 아직까지 크고 다루기 힘든 하나의 목재에 불과할 뿐이다. 하지만 장차 이것은 지붕 골조에서 매우 중요한 요소가 될 것이다. 훗날 누군가 이 대들보를 제거한다면 지붕은 눈이나 바람을 견뎌내지 못하고 무너져버릴 것이다.

이 대들보는 한쪽 지붕 아래 자리한 여덟 개의 서까래를 떠받치는 역할을 한다. 이 대들보를 용마룻대에서 약 1미터 정도 옆으로 벗어난 곳에 서까래와 직각 방향으로 설치해야 한다. 래미네이팅을 한 이 대들보는 서까래와 지붕을 최대한 보강해준다. 서까래들에 10센티미터짜리 홈을 파서 대들보를 끼워 넣어야 한다.

지붕의 표면과 각도는 전체적으로 일정하지 않다. 따라서 각각의 서까래에 홈을 팔 때도 그 위치와 크기가 달라질 수 있다.

정확히 하기 위해 나는 줄을 하나 만들었다. 그 줄을 용마룻대와 평행한 선에 자리하고 있는 서까래에 대고 홈을 파냈다. 그러면 일정한 간격을 유지할 수 있다. 홈을 팔 때는 레이저 측정기를 이용해 평형을 유지했다. 이 일을 하기 위해 나는 임시로 만들어놓은 가설 사다리를 수차례나 오르락내리락해야 했다.

20년 전만 하더라도 나는 이 일을 정확히 해내지 못했다. 하지만 지금은 순서대로 차근차근 한다면 꽤 쉽게 일을 해낼 수 있다. 각 단계의 일을 정확히 마무리하면 다음 단계의 일은 더 쉬워지기 마련이다.

대들보를 올릴 때는 지렛대의 원리를 이용하면 일을 쉽게 할 수 있다. 거기다 내가 직접 만든 '도우미'도 사용한다. 나는 지렛대의 원리와 도우미를 조합하여 힘들이지 않고 일하고 있다.

대들보의 양쪽 끝에는 각각 2×4인치 목재를 세워 받쳐놓고, 그 사이에는 2×8인치 목재를 지그재그로 배치했다. 그리고 쓰러지지 않도록 연결보들에 단단히 묶었다. 이것은 언뜻 보면 나지막한 사다리처럼 보이기도 한다. 나는 이런 사다리를 두 개 더 만들어 대들보 중앙 지점에서 적당히 떨어진 위치에 배치했다. 이 사다리는 '도우미'를 변형시킨 형태라고도 할 수 있다. 두 사다리 간의 간격은 대들보가 한쪽으로 기울지 않고 수평을 유지할 수 있도록 잘 조정해야 한다.

이제 나는 지렛대의 원리를 이용해 대들보를 위쪽으로 들어 올리기만 하면 된다. 그렇게 하기 위해 한쪽 사다리에 올라가 대들보의 한쪽 끝을, 대들보와 직각으로 설치해둔 2×4인치 목재에 고정했다. 그러고는 다른 쪽 사다리에 올라가 같은 일을 했다. 이렇게

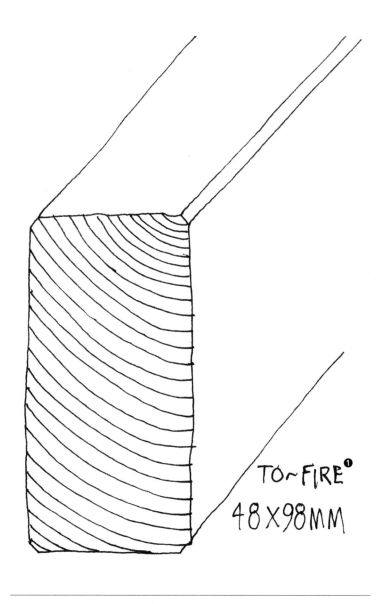

TO~FIRE[1]
48×98MM

---

❶ 2×4인치 / 48×98밀리미터

여러 번 이쪽저쪽을 왔다 갔다 하면서 같은 식으로 일을 하다 보면 힘들이지 않고 대들보를 올릴 수 있다. 대들보의 무게를 최소한으로 줄이고, 동시에 대들보가 흔들리지 않고 안정된 상태로 있을 수 있도록 잡아주기 위해서는 두 사다리 간에 일정한 간격을 유지하는 것이 그 무엇보다 중요하다.

이런 식으로 일하면 힘도 많이 들지 않고 안전하게 대들보를 들어 올릴 수 있다. 동시에 홈의 위치를 조정해야 할 필요가 있으면 사다리를 옆으로 조금만 옮기면 된다.

하지만 난 대들보를 혼자 들어 올려 설치하지 않아도 된다. 내일이면 단이 이 일에 합류할 예정이니 말이다.

이른 저녁, 페테르센 가족은 모두 한자리에 모여 식사를 하고 있었다. 나는 집으로 가기 전에 그들에게 작별 인사를 건넸다. 식사하는 모습을 보니 배가 고파왔지만, 집에 가는 길에 인도 음식을 먹으려 마음먹었던 터라 내 자신이 그다지 불쌍하다는 생각은 들지 않았다.

그들의 표정은 밝았다. 삶의 공간을 넓히는 일이 진행된다는 사실이 흡족하게 다가오는 모양이었다. 나는 공사가 계획에 따라 잘 진행되고 있다고 말했고, 내일 동료인 단이 와서 공사에 합류하면 일은 더 빨리 진행될 것이라고 알려주었다.

욘은 통신회사인 '겟'의 담당자와 연락이 되었다고 말했다. 다음 주 월요일에 와서 일할 예정이라고 했다.

"한번 다락에 올라가서 둘러보지 않으시겠습니까?"

"예, 그럽시다. 한번 보고 싶군요."

나의 제안에 욘은 선뜻 응했다.

"제가 간단하게 설명을 해드리겠습니다. 하지만 다락을 둘러보려면 서두르셔야 합니다. 저는 지금 퇴근 중이니까요."

욘과 카리는 신발을 신고 나를 따라나섰다. 하지만 아이들은 꼼짝도 하지 않았다.

"너희들도 같이 가지 않을래?"

"거긴 먼지도 많고 위험하잖아요." 욘이 말했다.

보아하니 페테르센 부부는 아이들에게 공사 현장에 발을 들이지 말라고 엄격하게 말을 해둔 것 같았다.

"조심하면 문제될 일은 없어요. 너희들, 보고 싶지 않니? 부모님이 허락하신다면 말야."

욘은 카리를 바라보았고, 카리는 아이들을 바라보았다. 아이들은 나를 쳐다보더니 부모에게로 눈길을 돌렸다. 문득 내가 주제넘게 페테르센 가족 일에 끼어들었다는 생각이 스쳤다. 하지만 나는 애써 걱정을 억누르며 환하고 순진한 미소를 지어 보였다.

"좋아, 너희들도 원한다면 같이 올라가보자." 카리가 말했다.

"예!" 옌스와 프레드릭은 뛸 듯이 기뻐하며 의자에서 내려왔다.

"우선 신발부터 신으렴."

"외투도 입어야 해. 엄마랑 아빠처럼. 다락은 상당히 춥거든." 나는 아이들에게 말해주었다.

다락으로 올라가기 전에, 나는 아이들에게 다락에서는 뛰어다니면 안 되며 허락된 공간에서만 조용히 걸어 다녀야 한다고 일러주었다. 그건 두 명의 어른에게도 해당되는 말이었지만 입 밖에 내지는 않았다. 다락은 한 척의 배고 나는 그 배의 선장이라고 할 수 있다. 공사 초기라서 지저분하기 짝이 없는 다락은 폭풍 속에서 전진하는 배와 다름없다.

나는 다락문을 열고 스위치를 올렸다. 그곳에 있는 램프들이 일제히 불을 밝혔다. 어둠이 빛으로 변하는 순간, 아이들은 강렬한 인상을 받은 듯했다. 어른들도 마찬가지인 것 같았다. 그들도 창문이 설치된 후에는 다락에 올라와본 적이 없다고 했다. 공사 현장에서 내 입장을 배려해 일정한 거리를 유지하고 있었던 것이다. 여러 면에서 긍정적이라고 할 수 있었다. 가끔은 타인의 눈길이나 간섭을 받지 않고 내 뜻대로 일하는 것이 필요하기 때문이다.

그들은 창문과 대들보와, 대들보를 들어 올리기 위해 여기저기 비치해둔 가설물들을 바라보았다. 바닥은 완성되지 않은 시점이라 틀과 점토밖에 볼 수 없었다. 시각적으로만 따진다면 그곳은 뼈대만 남은 황폐한 건물과 다를 게 없었다. 지붕 서까래들은 여기저기 그림자를 만들어냈다. 오래된 자재들은 세월을 머금고 거뭇거뭇하게 변해 있었으며, 새로 구입한 자재들은 반짝반짝 빛을 내고 있었다. 어찌 되었든 그곳은 먼지 많고 지저분한 곳이었다. 나는 먼지가 지저분함과는 다르다고 생각한다. 먼지는 먼지일 뿐. 일을 하다 보면 먼지를 덮어쓸 때도 있고, 더럽고 지저분하게 변할 수도 있다. 먼지와 지저분함은 서로 다른 상태다.

먼지 냄새가 코를 찔렀고, 한기가 맴돌았다. 그런 곳을 '집'이라고 여기기에는 무리일 것이다.

"여기에 침실이 만들어질 거야. 너희들이 사용할 침실이지." 나는 아이들을 향해 말했다.

"어디요?" 옌스가 되물었다.

나는 손가락으로 가리켰지만, 세 살짜리 아이의 눈에는 그 빈 공간이 장난감과 침대가 있는 침실로 변한다는 사실을 받아들이기 힘든 모양이었다. 급기야 다섯 살인 프레드릭이 나서서 동생을 도와주었다.

"저기! 저기 말야." 보아하니 형은 이해하는 것 같았다.

"침대는 저기 창문 쪽에 놓을 거야. 우리는 거기서 잘 거야."

지붕창은 그 아이에게 새롭게 다가왔다. 그래서 침대를 지붕창 아래에 두고 싶어했다. 어찌 보면 논리적이기도 했다. 다들 침대에 누워 창밖 하늘을 바라보고 싶어하지 않는가. 카리는 아이가 손가락으로 가리킨 곳을 보며 설명을 해주었다.

"거긴 천장이 비스듬하게 내려와서 꽤 나지막하단다. 그러니까 이층침대는 거기 둘 수 없어. 침대는 저기에 두면 어떨까? 그게 더 낫지 않겠니?"

그들은 그 순간을 즐기고 있었다. 카리와 욘은 들떠 있는 아이들을 바라보며 행복한 미소를 지었다. 이젠 그들도 다락을 삶의 한 공간으로 여기는 것 같았다. 아이들에게 공사장이란 어른들이 무언가를 하는 위험한 공간으로밖에 다가오지 않는다.

옌스와 프레드릭은 내가 사용하는 도구와 연장을 바라보았다. 받침대에 얹혀 있는 커다란 전기톱, 망치, 연장 더미 위에 놓여 있는 곱자. 프레드릭은 옆에 있는 망치 위에 조심스레 손을 얹어보았다. 들어 올리진 않았지만 무언가 아주 위험한 것을 만지듯 조심스럽게 손만 얹었다.

"안 돼! 그건 만지면 안 된단다." 욘이 아이를 말렸다.

"위험하지 않아요. 괜찮습니다." 나는 부드럽게 말했다.

"만져봐도 돼요. 그 정도는 얼마든지."

"알았습니다. 당신이 허락한다면야…… 하지만 너희들 뭘 만질 때 항상 먼저 어른들에게 여쭤봐야 한다, 알았지?"

프레드릭은 만져봐도 되냐고 물어봤고 부모는 허락해주었다.

어른들이 연장 등을 써서 일을 해야 할 때면 아이들은 보통 방해가 되기 마련이다. 그럴 경우 부모 중 한 명은 일을 하고 다른 한 명은 아이들을 보거나 다른 곳으로 데려가곤 한다. 그러면 일을 더 효율적으로 할 수 있다.

예를 들어 "이 책장을 수리하기 위해 못을 박을 텐데, 당신은 아이들을 데리고 공원에 가서 산책을 하는 게 어떻겠소?"라며 말이다.

이런 공사는 자주 위험 요소를 동반한다. 또한 일하는 장소에 아이들이 있다면 그들의 호기심 때문에 일이 지연되는 경우도 많다.

"우와, 엄청 무겁다!" 프레드릭이 양손으로 망치를 들어 올리며 말했다. 아이는 2×9인치 목재에 망치를 내려쳐보았다.

그들에게 보여줄 것은 너무나 많았다. 나는 아이들에게 나중에 기회가 된다면 직접 못질을 할 수 있도록 도와주겠다고 말했다. 욕실이 들어설 자리를 가리키며 그곳으로 발을 옮기자 아이들은 금세 조용해지며 따라왔다.

"바로 여기에 욕조가 들어설 거야. 욕조가 있으면 좋겠지? 목욕하는 걸 좋아하니?"

프레드릭은 목욕하는 걸 좋아하지만, 옌스는 눈에 비눗물이 들어가는 게 싫어서 목욕하기를 꺼린다고 말했다.

"어쨌든 욕조가 있으면 좋지 않겠니?" 나는 옌스에게 말을 걸어 보았다.

아이는 확신을 할 수 없는 듯 주저하며 고개를 끄덕였다.

"그리고 저기 저 벽 쪽엔 좌변기를 설치할 거야."

아이들에게 욕실은 침실과 달라서 제대로 구색을 갖추기 전에는 그 모습을 상상하기가 힘든 모양이었다. 반면에 침실은 사방 벽과 천장, 그리고 자신들의 소유물로 가득한 방이니 머릿속에 그려내기가 훨씬 쉬운 것 같았다. 아이들에게 욕실은 수많은 부속품을 장착한 커다란 기계와도 같을 것이라는 생각이 스쳤다.

그들은 욕실에 대해 이런저런 의견을 나누었고, 다락 견학은 그렇게 끝났다.

"시간이 많이 흘렀군요. 그럼, 저는 이만 집에 가봐야겠습니다."

"너희들은 나중에 다시 데려와서 더 많은 것을 보여줄게. 아저씨가 일을 좀 더 한 후에 말야. 물론 너희들이 원한다면 말이지."

아이들은 고개를 끄덕였다.

나는 '펀잡 스위트 하우스'라는 식당에서 인도 음식으로 저녁을 때웠다. 내일이면 단이 공사에 합류할 테고 일도 훨씬 재미있어지리라는 생각에 마음이 들떴다.

23

○

이것은 내가 가장 좋아하는 원리이기도 하다.
스톤헨지를 지어 올렸던 고대인들이
무엇을 먹고 어떤 언어를
사용했는지는 모르지만,
그들도 지렛대의 원리를 사용했음이 틀림없다.

우리는 커피를 보온병에 담아 왔다. 단도 나와 마찬가지로 낯선 집 부엌에서 커피를 직접 끓여 마시는 것보다 보온병에 담아 와 마시는 것을 더 좋아한다. 물론 집주인들이 흔쾌히 커피를 끓여 내오기도 한다. 공사장에 보온병을 가져가면 마치 야외에 나와 있는 것 같은 기분이 든다. 모닥불 대신 먼지 속에서 커피를 마셔야 한다는 단점이 있긴 하지만.

커피를 마시며 다락 설계도면을 들여다보았다. 대들보는 잠시 후 함께 설치할 예정이었다. 오늘은 두 사람이 함께 일할 테니 힘든 일도 쉽게 할 수 있을 것 같았다. 중요한 것은 두 사람이 한마음으로 일을 잘 시작해야 한다는 점이다.

우리는 지난 몇 주 동안 고된 일을 계속해왔다. 무거운 것을 수차례 들어 올리다 보니 몸에 무리가 온 것을 느낄 수 있었다. 특히 아침에 눈을 뜨면 여기저기 몸이 쑤셨다. 특정하게 통증이 느껴지는 곳은 없지만 누군가에게 제대로 얻어맞은 듯한 느낌도 들었다. 하지만 몸에 온기가 스며들면 견디기가 나아진다.

나는 대들보의 한쪽 끝을 들어 올렸다. 단은 2×9인치 목재를 들고 대들보를 받칠 준비를 하고 있었다. 지렛대의 원리, 길이에 비례하는 힘, 힘과 무게의 교차점, 도르래와 기어, 톱니바퀴와 쇠지레. 이 모든 것이 물리학 원리를 바탕으로 움직이며 각각의 역할을 해낸다. 이것은 내가 가장 좋아하는 원리이기도 하다. 스톤헨지를 지어 올렸던 고대인들이 무엇을 먹고 어떤 언어를 사용했는지는 모르지만, 그들도 지렛대의 원리를 사용했음이 틀림없다.

대들보의 길이는 무려 6.5미터나 되었다. 나는 대들보를 받쳐 올리기 위해 가설물 두 개를 설치했다. 이들 가설물 간의 간격은 약 2미터다. 그러니까 단과 내가 각각 30킬로그램 정도를 들어 올려야 한다는 이야기다. 그 정도의 무게라면 비록 여기저기 몸이 쑤셔 힘들어하는 나 같은 사람이라도 거뜬히 들어 올릴 수 있다. 우리는 지렛대의 원리를 이용해 힘들이지 않고 대들보를 들어 올릴 수 있었다. 이 원리만 이용한다면 필요할 경우 차도 들어 올릴 수 있을 것이다.

대들보가 제자리를 대중 찾아 들어간 후, 쇠지레를 이용해 더욱 정확하게 대들보를 끼워 넣었다. 나는 대들보가 정확하게 제자리를 찾아 들어갈 것이라고 확신했다. 측정할 때도 서까래에 홈을 팔 때도 아주 정확히 하기 위해 최선을 다했기 때문이다. 그런데도 살짝 걱정이 되는 것은 어쩔 수 없었다. 우리는 쇠지레를 움직여 대들보와 가설물들 사이 필요한 곳에 블록을 끼워 넣었다. 그 블록은 대들보가 파놓은 홈에 완벽하게 맞춰지는 역할을 한다.

"완벽한걸! 잘했어! 아니, 우연이었나?" 단이 농담처럼 말했다.

나의 옛 선생님도 우리가 일을 완벽하게 마무리할 때면 단처럼 말하곤 했다. 우리는 대들보를 서까래들에 파놓은 홈 안에 단단하게 끼워 넣었다. 이젠 지붕이 대들보를 들어 올리고 있는 형태가 되었다.

우리는 계단이 들어설 공간 한쪽에 10×10인치 나무 기둥을 설치해 대들보 끝부분을 받쳤다. 이제 대들보는 그것에 무게를 의지하게 된 셈이다. 다른 쪽 끝에는 벽에 구멍을 내어 대들보의 끝부분을 밀어 넣었다. 그리고 대들보 아래쪽에는 강철 판들을 받쳐 넣어 적절한 높이를 유지하도록 했다. 벽에 낸 구멍을 막고, 대들보 가장자리를 대패로 밀어 말끔하게 정리했다. 마침내 대들보가 지붕을 받치고 있는 형태가 되었다.

대들보를 용마룻대 옆에 나란하게 배치한 결과는 만족스러웠다. 우리는 흡족한 표정으로 천장을 올려다보았다. 곧이어 대들보를 들어 올리기 위해 만들어두었던 가설물을 해체하고 연장에 묻은 먼지를 털어낸 후 청소기를 사용해 바닥을 깨끗이 정리했다. 다락은 이제 제 구실을 할 수 있을 것 같았다. 우리는 앞으로도 많은 날을 함께 일할 예정이었다. 나는 단을 위해서라도 공사 현장을 항상 말끔하게 정리해두리라 마음먹었다. 자신이 어질러놓은 환경에서 일하는 것과, 다른 사람이 어질러놓은 환경에서 일하는 것은 너무나 다르기 때문이다.

공사 현장이 말끔하게 정리되어 있으면 일을 더 효율적으로 할 수 있고 안전성도 배가된다. 현장 분위기가 더 좋아지는 것은 물론이다.

24

⚬

나 역시 피가 나는 것은 좋아하지 않는다.
상처를 입거나 통증에 시달리는 일도 좋아하지 않는다.
하지만 일터에서 상처를 입으면
집에서 다쳤을 때보다 훨씬 가볍게 여긴다.
그다지 아프다는 생각도 들지 않는다. 그러면서 계속 일을 한다.

다음 날 아침, 단은 전철을 타고 일터에 도착했다. 그는 스토로 바로 옆 지역인 디센에 살고 있는데, 집에 차를 두고 와도 된다는 사실에 더없이 기뻐했다. 내가 사는 퇴이엔에서 공사 현장까지는 그리 멀지 않지만 나는 항상 내 차를 이용한다. 퇴이엔에서 헤게르만스 가까지 운행하는 대중교통 상황이 그리 좋지 않기 때문이다. 어쨌든 차가 있으면 편한 점이 많아서 좋다. 단점이라면 주차할 곳을 찾기가 항상 쉽진 않다는 것이다.

지금과 같이 2월 중순에 눈이 내리면 오슬로 도로변 여기저기에 쌓여 있는 눈 더미를 볼 수 있다. 제설차가 눈을 모두 갓길로 밀어놓기 때문이다. 그래서 출근을 하려고 도로변으로 나오려는 사람들은 쌓여 있는 눈을 삽으로 치워야 한다. 더욱이 시간이 좀 지나면, 쌓인 눈은 단단해지기 마련이다. 그럴 때면 삽으로 눈을 치우기가 더욱 힘들어진다.

아침에 차를 빼기 위해 차 주변에 쌓인 눈을 치우고, 공사 현장인 토르스호브에 가서 눈이 치워진 자리에 주차한다. 오후가 되면 같은 일을 반대 순서로 한다. 일을 하는 도중에 또 눈이 내려 쌓이고 그러면 제설차가 다시 도로변으로 눈을 밀어놓기 때문이다.

세월이 흐르면서 눈 치우는 일은 전날 저녁에 하는 것이 가장 좋다는 사실을 깨달았다. 그러면 다음 날 아침에 치울 양이 줄어들기 때문이다. 또한 쌓인 후 시간이 많이 지나면 눈은 얼음처럼 단단하게 굳어버린다. 설사 밤새 눈이 내린다 하더라도 그 눈은 솜털처럼 가벼워 아침에 치우는 데 그다지 힘들지 않다.

다락은 한기가 가득했다. 하지만 우리는 추위에 익숙해졌고 옷도 두껍게 입고 있었다. 한기로 인한 피부 질환이 다시 고개를 들기 시작했다. 이때는 옷을 아무리 두껍게 입어도 소용이 없다. 쩍쩍 갈라지는 손등은 크림을 발라도 소용이 없고 장갑을 껴도 도움이 되지 않는다. 피부가 크게 갈라진 곳에는 붕대를 감는다. 그렇지 않으면 상처 속으로 지저분한 것들이나 작은 나뭇조각들이 들어가 감염될 가능성이 크기 때문이다. 가끔은 갈라진 피부에서 피가 흐르기도

한다. 일하다가 상처를 입으면 붕대를 감고 테이프로 동여맨다. 손
가락 끝에 상처를 입으면 특히 피가 많이 난다. 상처에 작은 밴드를
붙이는 건 도움이 되지 않는다. 일을 하다 보면 온데간데없이 사라
지고 말기 때문이다. 그래서 나는 일단 상처가 생기면 붕대를 감고
테이프로 단단히 고정한다. 테이프를 꼼꼼하게 감아놓으면 지혈이
되어 피가 멈출 때도 있다. 붕대와 테이프로 감당할 수 없는 큰 상
처가 나면 병원으로 가서 꿰매야 한다.

상처를 입기 쉬운 일을 하는 사람들은 그렇지 않은 사람들보다
상처를 대수롭지 않게 여기는 경향이 있다. 나 역시 피가 나는 것은
좋아하지 않는다. 상처를 입거나 통증에 시달리는 일도 좋아하지
않는다. 하지만 일터에서 상처를 입으면 집에서 다쳤을 때보다 훨
씬 가볍게 여긴다. 그다지 아프다는 생각도 들지 않는다. 그러면서
계속 일을 한다.

우리는 기본 골조 공사를 마쳤다. 보조대와 강화대를 설치하고,
필요한 곳에 나사못을 박아 마무리 작업을 했다. 공사가 진척될수
록 바닥에 쌓여 있는 자재들의 양도 줄어들기 시작했다. 자재가 거
의 바닥을 드러낼 때면 다시 자재를 주문해 크레인으로 운반할 예
정이다. 그러면 다락은 다시 발 디딜 틈 없이 자재로 꽉 채워질 것
이다.

나는 하루빨리 가로버팀목과 필요하지 않은 여러 골조 부품들을 제거할 수 있기를 바랐다. 뜯어낸 부품들과 폐기물들은 차곡차곡 쌓아서 한쪽에 밀어두고 나중에 한꺼번에 쓰레기 수거통에 실어 처분하면 된다. 가로버팀목을 제거할 경우, 서까래를 보강하기 위해 서까래와 벽 가장자리가 맞닿은 부분에 보강 장치를 해주어야 한다. 이때 서까래와 보강 장치기 어떤 흔들림에도 끄떡하지 않도록 금속 밴드를 사용한다.

이제 다락은 그럴듯하게 변했다. 가로버팀목이 없으니 동선을 제한하는 것도 없어 일하기에 더욱 편해졌다.

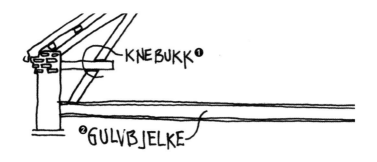

KNEBUKK❶

❷GULVBJELKE

OPPRINNELIG KONSTRUKSJON❸

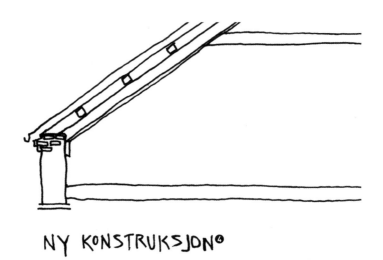

NY KONSTRUKSJON❹

---

❶ 지지대　　❷ 마루 장선　　❸ 기존 구조　　❹ 새 구조

25

○

금요일은 참으로 이상한 날이다.
대부분의 사람들은 얼른 퇴근해서
주말을 만끽하고 싶은 생각에 오후로 접어들면 안절부절못한다.
하지만 나는 금요일 오후가 되면
일을 더 하고 싶은 욕구가 생긴다.

계단 공간을 확보하는 작업을 위해 내가 생각해낸 방법은 자못 혁신적이라 할 수 있다. 우리는 이 일을 효과적으로 하기 위해 수많은 방법을 비교해가며 연구한 후 집 구조에 적절한 방법 하나를 골라낼 수 있었다.

계단이 들어설 자리를 만들기 위해서는 현재 사람이 살고 있는 아래층과 먼지와 소음이 가득한 위층 사이에 구멍을 뚫어야 한다. 그런데 이 구멍을 잘 막아놓지 않으면 위층의 먼지가 아래층으로 내려간다. 다락과 아래층을 확실하게 구별하고 차단하는 것은 매우 중요하다. 이 두 개의 서로 다른 세상이 서로 영향을 주고받지 않도록 곰곰이 생각에 생각을 거듭했다. 우리가 선택한 방식은 이 구멍을 끝까지 개방하지 않고 일을 마무리한 후, 마지막 단계에서 페인트칠을 하기 직전 손을 보는 것이다. 이 방식은 거주하고 있는 사람들에게는 최소한의 불편을 주고, 동시에 우리는 효과적으로 일을 끝낼 수 있으니 나쁘지 않다.

먼저 아래층으로 내려가 계단이 들어설 공간의 천장 부분에 작은 구멍을 뚫었다. 이 구멍은 계단을 설치하기 위한 측정 작업을 하는 데 필요한 것이다.

필요한 자재를 안으로 들여오기 직전, 나는 계단이 들어설 자리의 아래위 층 연결 부분에 있던 점토와 이중 천장 또는 이중 바닥을 제거하고 간단한 방음 처리를 해놓았다. 이제 방음재를 제거했고, 단은 나사못 드릴과 나사못, 커다란 종이 박스와 작은 사다리를 들고 아래층으로 내려갔다.

그는 계단이 설치될 부분에 해당하는 천장 한가운데에 나사못 하나를 박고, 종이 박스를 나사못 아래에 테이프로 고정했다. 이어서 그는 사다리를 타고 올라가 종이박스를 손으로 떠받쳤고, 나는 위층 다락에서 나사못 주변에 가로 세로 20센티미터 정도의 규격으로 바닥을 잘라내기 시작했다. 이 구멍은 계단이 들어설 공간의 가운데에 위치하는 것이므로 가장자리를 정갈하고 말끔하게 잘라내지 않아도 되었다. 그래서 나는 날이 거친 전기톱을 사용했다.

잘라낸 바닥을 들어낸 후, 청소기로 먼지를 제거하고 단이 받치고 있는 박스 주변을 깨끗이 정리했다. 그러고 나서 단은 박스를 제거했다. 이렇게 해서 우리는 아래층 천장과 위층 바닥에 해당하는 부분을 제거하면서 아래층에 먼지와 폐기물을 남기지 않을 수 있었다.

이제 설계도면을 보며 계단이 정확히 어디에 설치될 것인지 다시 확인하고 측정 작업을 시작했다.

우리는 아래층에 라인 측정 레이저 기기를 설치했다. 뚫어놓은 구멍을 통해 다락까지 레이저를 비추면 정확한 라인을 확보할 수 있다. 라인 측정 레이저 기기는 수직은 물론 수평으로도 정확한 선을 알려준다. 우리는 각각 아래층과 위층에서 이것을 기준으로 일을 해나갈 수 있어서 큰 도움이 된다.

계단이 들어설 공간은 두 벽 사이에 정확하게 위치해야 한다. 우리는 레이저 측정기를 이용해 아래층 한쪽 벽을 측정했고, 동시에 그 선이 이어져 올라오는 지점을 위층에 표시해두었다. 아래층의 다른 쪽 벽에도 같은 방법으로 측정을 실시했다. 측정 작업을 마친 후 우리는 구멍을 막아놓았다. 단은 석고보드를 이중으로 설치해 구멍을 막고 나사못으로 고정했으며, 가장자리는 이층의 먼지가 흘러내리지 않도록 테이프로 단단히 봉했다. 다음으로 할 일은 계단이 들어설 공간에 마무리 공사를 하고 계단을 들여와 설치하는 것이다.

우리는 오후 1시가 되어서야 점심 식사를 했다. 평소보다 좀 늦은 시간이었다. 혼자 일할 때는 식사 시간에 그다지 구애받지 않는다. 대충 배가 고파지면 점심을 먹으니 시간대는 흔히 11~12시가 되기 마련이다. 하지만 가끔은 오후 1시나 2시가 되어서야 점심을 먹을 때도 없지 않다. 단은 나보다 훨씬 규칙적인 생활에 길들여져 있는 사람이기에, 우리는 함께 일할 때면 매일 11시 30분이 되면 점심 식사를 한다.

식사를 할 때 가능하면 일 이야기는 하지 않으려 한다. 하지만 그건 그리 쉬운 일이 아니다. 잠시 일을 떠나 다른 생각을 하고 나면 다시 일을 시작했을 때 머리가 맑아진 듯한 느낌이 든다. 우리는 보통 다락에 앉아 커피를 마시지만, 오늘은 아래층 부엌으로 내려가 설계도면을 보며 마셨다. 건물 골조 변경 일을 더욱 효율적으로 하기 위해서였다. 부엌에는 우리가 따로 사용할 수 있는 전용 찬장이 마련되었다. 거기에는 간단하게 직접 샌드위치를 만들어 먹을 수 있는 재료가 있다. 보온병에 커피를 담아 와서 마시는 것은 좋지만, 점심 도시락을 싸 와서 먹는 건 그리 달갑지 않다. 직접 빵을 썰고 버터를 발라야 제맛이 나는 것 같다. 페테르센 부부는 우리가 가져온 수건을 자주 빨아놓았다. 우리가 직접 집에서 빨래하는 것보다 훨씬 더 자주 수건을 빠는 것이다. 결론적으로 우리는 음식과 위생 면에서 아주 호화로운 생활을 하고 있는 셈이다.

아래층의 한쪽 벽은 위층 다락까지 이어져 있다. 다락의 벽은 아래층 벽처럼 매끄럽게 뒷손질이 되어 있지 않다. 우리는 공사를 끝낸 후 이 점도 배려해야 한다.

다락의 벽과 아래층의 벽은 같은 방향으로 설치되어 있다. 따라서 이 벽들과 평행하게 구멍을 뚫으면 된다. 다시 말하자면 아래층 벽을 기준으로 해서 구멍의 위치를 측정하고, 위층 벽을 기준으로 해서 방향을 가늠할 수 있다는 것이다.

계단 설치를 위해 뚫어야 하는 구멍의 크기는 가로 1.8미터, 세로 1.9미터다. 우리는 다락의 한쪽 벽에서 평행한 지점에 계단이 설치될 자리를 표시했고, 맨눈으로 봐도 쉽게 알 수 있도록 그곳에 일직선의 목재 하나를 고정해두었다.

90도로 정확한 각도를 만들어내기 위해, 목수들은 단순화한 피타고라스의 정리를 이용한다. 즉 정삼각형의 세 변이 각각 3, 4, 5센티미터라 했을 때, 3센티미터의 변과 4센티미터의 변이 맞닿은 곳의 각은 90도가 된다. 우리는 3, 4, 5센티미터 대신 120, 160, 200센티미터라는 숫자를 대입해 이 법칙을 활용했다. 따라서 일직선의 목재가 자리한 곳에서 90도의 각을 만들어내는 곳을 찾기는 그다지 어렵지 않다.

우리는 계단이 들어설 공간을 위해 사각형으로 뚫을 구멍의 마지막 두 면 중 하나에 대해서는 이미 잘 알고 있다. 그것은 아래층의 벽과 이어져 있는 부분이며, 이미 이것을 아래층 천장에 표시해두었다. 거기서부터 90도 각도의 선에 1.9미터 길이로 평행하게 바닥을 잘라 구멍을 낼 예정이다. 이런 식으로 잘라낼 구멍을 모두 표시할 수 있다. 마지막 면은 다락의 거친 벽돌담이 될 것이다.

측정을 마친 후 사각형의 대각선도 확인해보았다. 사각형 속 대각선들의 길이가 모두 동일하다면, 그 사각형의 꼭짓점들은 모두 90도가 된다. 우리는 이런 식으로 측정하고 확인하고 다시 측정하는 일을 되풀이했다. 폐기 처분할 목재를 이용해 이러한 측정 작업을 되풀이하며 정확성을 더해갔다.

나는 접속이 잘 안 되는 전구들의 전선을 모두 바꾸었다. 접속이 나쁘다고 매일 짜증을 내기보다는, 문제가 생겼을 때 아예 처음부터 손을 보는 것이 좋다.

금요일은 참으로 이상한 날이다. 대부분의 사람들은 얼른 퇴근해서 주말을 만끽하고 싶은 생각에 오후로 접어들면 안절부절못한다. 하지만 나는 금요일 오후가 되면 일을 더 하고 싶은 욕구가 생긴다.

금요일 오후는 꼭 의무적으로 해야 할 일이 아니라 내가 하고 싶어 하는 일을 하는 것 같은 느낌이다. 한 주 동안 계획했던 일을 모두 마쳤을 때, 자발적으로 일을 더 하면 공사를 일찍 끝낼 수 있으리라는 생각이 들기 때문이다. 그건 마치 보너스 같은 것이다. 나는 단과 잡담을 나누며 시간을 끌어보았지만, 단은 얼른 집에 가고 싶어 했다. 나는 시내 식당에서 수프로 저녁을 때울 생각이다.

26

○

나는 우리 사회에 대해 토론할 때마다 기분이 좋아진다.
비록 내가 주류의 일부로서
영향을 끼칠 수는 없다 할지라도,
모두가 함께하면 자연환경이나 인권을 파괴하는 일을
막아낼 가능성은 더 커지는 셈이니까 말이다.

헬레네, 스노레, 크리스터는 내가 올 때까지 기다리느라 주문도 하지 않았다. 베트남 식당 '하이'의 소고기 수프는 오슬로에서 찾을 수 있는 가장 맛 좋고 저렴한 저녁 식사거리 중 하나다.

헬레네는 어린이집에서 일하고 있다. 교육학을 공부하지 않고 도우미 자격으로 일을 하는 것이기 때문에, 그녀는 종종 배경 없는 이모라며 자신을 소개하기도 한다. 하지만 그녀는 머리 회전이 빠르고 유머 감각도 풍부해서 함께 대화를 나누기엔 적격이다. 여기에 스노레와 크리스터까지 가세한다면 저녁 식사 일행으로서는 최고의 조합이라 할 수 있다.

우리 중에서 직업을 중심으로 사회적 신분의 높낮이를 구분하자면 크리스터가 가장 위쪽에 있고, 스노레와 나는 중간쯤, 그리고 헬레네가 가장 아래쪽에 위치한다.

우리는 잠시 노동의 질에 대해 대화를 나누었다. 직업을 기준으로 나누는 사회적 신분을 구분할 때 바탕이 되는 것은 직업 수행의 난이도인가, 아니면 직업을 수행함으로써 생산해내는 결과물의 품질인가? 일행이 빠른 시간 내에 동의를 해버리니 토론은 재미없게 끝나버렸다. 우리는 사회적 신분과 직업의 질은 기본적으로 다르다는 것에 동의했다. 헬레네가 갑자기 무엇이 품질을 좌우하는가에 대해 질문을 던졌다. "가격? 수명? 기능성?" "그렇다고 할 수 있겠지." "수요의 많고 적음?" "그럴 수도 있고 아닐 수도 있어." "직업 환경?" "절대적으로 고려해야 하는 사항이야."

"아냐, 그건 아니라고 생각해!" 나는 일행의 의견에 반대했다. 환경은 생산성을 좌우하는 중요한 요소가 될 수는 있지만 생산품의 질을 좌우하는 요소는 아니라는 것이 바로 내 생각이었다.

"그건 당신이 잘못 생각한 거야. 환경이라는 요소는 아주 중요해. 예를 들어 난 환경에 해가 되는 제품들은 잘 사지 않거든." 크리스터가 말했다. "그 제품이 환경에 직접 나쁜 영향을 미치거나 또는 그 제품의 생산 과정이 환경에 나쁜 영향을 미치거나…… 같은 이야기지. 물론 그 제품을 사용한다는 사실 자체가 환경에 나쁜 영향을 미치는 것도 포함해서 말야."

"그런 말을 하는 사람이, 예를 들어 지난 달에 바르셀로나까지 비행기를 타고 다녀왔어? 휴대폰까지 들고 말야. 당신은 휴대폰이 없으면 잠시도 살 수 없는 사람 같아." 스노레가 끼어들었다.

"맞아. 하지만 휴대폰을 대신할 수 있는 대안이 없잖아, 지금으로선."

헬레네는 크리스터의 말을 받아치며 비꼬았다. "휴대폰도 사용하지 않고 바르셀로나도 가지 않았더라면 금상첨화였을 텐데."

우리는 구체적인 제품 하나를 들어 토론을 계속하기로 의견 일치를 보았다. 곰곰이 생각한 끝에 셔츠를 골랐다.

"셔츠가 제 기능을 다 할 수 있고 바느질이 잘 되어 있는 데다, 내가 그 셔츠를 좋아한다면 난 상관없어." 내가 말했다.

"당신은 당신 자신밖에 모르는군."

우리는 맥주 한 잔씩 더 주문한 후 토론을 계속했다. 헬레네가 다시 말문을 열었다.

"그렇다면 당신이 만든 물건을 고객이 함부로 대한다 해도 당신은 불평을 하지 않아야 해. 예를 들어 당신의 셔츠가 환경에 매우 나쁜 영향을 미치는 재료로 만들어졌으며, 방글라데시의 아동들이 바느질을 했다고 쳐. 그런 셔츠를 입고 있는 당신은 노르웨이에서 목수들이 받는 부당한 경험에 대해 불평할 자격이 없다고 생각해."

그녀의 말에 나는 궁지에 몰린 듯한 느낌이 들었다.

"내 말 좀 들어봐. 셔츠가 좋다고 해서 아동노동이 합당하다는 뜻은 아니었어. 물론 환경을 파괴해도 된다는 말은 더더욱 아니야. 사람들은 누구나 자신이 원하는 것을 구입할 권리가 있어. 우리가 어떤 행위를 할 때는 모두 나름의 근거가 있지. 크리스터가 10분 간격으로 휴대폰을 들여다보며 바르셀로나로 갔던 것도 다 이유가 있지 않겠어? 나는 방글라데시 아이들이 바느질한 셔츠를 사 입어본 적은 없어. 하지만 그건 아이들이 바느질해서 셔츠를 만들어도 좋다는 말은 아니야. 우리는 아동노동이 만연한 방글라데시에도 품질 관리 시스템을 적용하면 된다고 아주 쉽게 생각하는 경향이 있어. 그 나라에 대해 너무 무지하니 그렇게 생각하는 거지."

"우리나라에는 아동노동 관련 사례가 없잖아." 크리스터가 끼어들었다.

"하긴 어른들도 셔츠 하나 직접 못 만드는데 뭘……. 어쨌든 요점은 그게 아니야. 우리나라엔 아동노동을 금지하는 우리만의 법이 있어. 환경을 저해하는 요소를 제거할 수 있는 법도 있지. 아이들이 바느질을 해서 셔츠를 만들어낸다면 그 셔츠를 판매하는 일은 불법이 되겠지. 따라서 이 나라에선 아동노동을 통해 생산된 셔츠의 품질에 대해 재고할 기준을 찾아볼 수 없다는 말이야. 왜냐하면 그건 아예 처음부터 존재하지 않는 것이거든. 그렇게 따지자면 작업 환경이라는 것은 소비자의 권리 위에 존재한다고도 할 수 있겠지."

"아동노동을 통해 생산된 셔츠라 해도 품질이 뛰어날 수 있어. 하지만 그 제품을 수입하는 건 이 나라에서 불법으로 간주되겠지. 우리나라의 법과 규칙에 의거해서 말야. 품질에 대한 토론을 하게 되면 매번 이런 식이야. 항상 구체적인 생산품에 대한 우리의 권리와 관련지어 생각하기 때문은 아닐까. 처음부터 옷의 품질을 가지고 우리 사회의 근본적인 권리를 이야기하기 시작했던 게 잘못이었어."

"그렇다면 우리가 수입하는 모든 제품에 우리의 작업 환경 관련 법과 규칙을 적용해야 한다는 말이야?" 헬레네가 물었다.

"어떤 면에서 보자면 그것도 맞는 말이야. 그렇게 한다면 건축업계의 소셜 덤핑 같은 문제들도 문제의식을 가지고 살펴볼 수 있는 계기를 만들 수 있겠지. 사실 그건 한 번쯤은 고려해봐야 하는 문제지. 오히려 그쪽 방면의 문제점을 들여다보는 게 더 쉽다고 생각해. 우리는 낯설고 의미심장한 시대에 살고 있어. 모든 것의 근본과 바탕에 경계가 사라지고 있으니 말야. 남자든 여자든 글로벌화의 물결에 흔들리고 있어. 환경과 작업 조건이라는 것은 이제 더 이상 국경선에 따라 나눌 수 없어."

나는 우리 사회에 대해 토론할 때마다 기분이 좋아진다. 비록 내가 주류의 일부로서 영향을 끼칠 수는 없다 할지라도, 모두가 함께 하면 자연환경이나 인권을 파괴하는 일을 막아낼 가능성은 더 커지는 셈이니까 말이다. 현대의 우리는 무언가 잘못된 것을 바로잡을 수 있는 힘과 자원을 가지고 있다. 그러므로 어떤 일이 제대로 돌아가지 않을 경우, 그 배신감과 실망감도 더욱 크게 느낀다. 어쨌든 나는 법과 규칙을 따르는 평범한 사람이다. 한 잔 술이 들어간 상태였기에 기분 좋게 우리의 더 나은 작업환경법을 위해 건배를 제안했다. 우리는 함께 잔을 부딪쳤다.

"우리를 보호해주는 법과 규칙이 없었더라면, 우리 사회는 지금과는 완전히 다른 사회가 되었을 거야. 이런 법과 규칙 덕분에 우리는 아이들을 공장이 아닌 학교로 보낼 수 있는 거지. 자, 이것도 건배해야 할 일이라고 생각하지 않아?"

"난 열세 살 때부터 공사장에서 일을 하지 않아도 되었다는 점에 감사해. 아이들은 어른들의 셔츠를 만들기 위해 바느질을 할 필요가 없어. 그렇지 않아?" 스노레가 말문을 맺었다. 그리고 우리는 테디스 바를 함께 나섰다.

27

○

나는 설계도면과는 좀 다른 획기적인 방법으로
공사를 진행할 아이디어를 가지고 있었지만,
거기에 대해서는 아무 말도 하지 않았다.
그들은 우리가 어떤 식으로 일을 하고 있는지 두 눈으로 직접 보았고,
그 결과에 대해 신뢰하게 된 것 같았다.

월요일 아침. "좋은 아침입니다."

페테르센 가족은 주말을 이용해 별장으로 여행을 다녀왔다고 했다. 그들은 대들보가 제자리를 찾아 들어가고 가로버팀목이 제거된 후의 다락은 보지 못했다. 그래서 나와 함께 다락으로 가서 대충 살펴보겠다고 했다. 아이들은 커피를 마시지 않아도 생기가 넘쳐흘렀다. 별장에 가서 눈썰매와 스키를 탔다며 재잘재잘 자랑을 늘어놓았다. 단은 이미 현장에 와서 작업용 램프를 켜고 연장을 살펴보고 있었다.

카리와 욘은 다락을 둘러본 후 매우 흡족해했다. 아이들의 침대

가 들어갈 이층 발코니 방에는 더이상 가로버팀목이 공간을 잡아먹지 않았고, 그러자 다락이 훨씬 넓어 보였던 것이다. 물론 다락은 여전히 공사가 진행되고 있는 곳이었기에 갖가지 연장과 도구, 자재 더미로 인해 말끔해 보이진 않았다. 하지만 가로버팀목이 없으니 다락을 보는 눈이 달라졌던 것이다.

나는 설계도면과는 좀 다른 획기적인 방법으로 공사를 진행할 아이디어를 가지고 있었지만, 거기에 대해서는 아무 말도 하지 않았다. 그들은 우리가 어떤 식으로 일을 하고 있는지 두 눈으로 직접 보았고, 그 결과에 대해 신뢰하게 된 것 같았다.

그들은 욕실에 이케아 가구를 배치하면 좋겠다고 말했다. 하지만 나는 욕실 구조에 맞게 제작 설비 가능한 대안을 제안했다. 나의 제안대로 한다면 그들이 예상했던 것보다 비용이 조금 더 들어갈 것이었다. 나는 그들에게 이전에 같은 방식으로 진행했던 곳의 사진을 보여주었다. 카리와 욘은 관심을 보였다. 나는 이메일로 더 자세한 스케치와 사진 및 설명서를 보내주겠다고 약속했다. 대신 발코니 방의 경사진 천장 아래에는 이케아 수납장을 설치하는 것이 좋겠다고 말했다. 그렇게 한다면 그들이 원하던 이케아 가구를 조금은 들여놓을 수 있을 것이다. 어차피 수납 공간은 아무리 많아도 해가 될 일은 없다.

가장 쉬운 방법은 원래의 설계도면에 따라 하는 것이다. 그러면 복잡하게 공사를 진행하지 않아도 된다. 하지만 욕실만큼은 좀 더 우아하고 세련된 분위기를 연출해내고 싶은 것이 내 욕심이었다. 내 제안대로 한다면 나도 일을 더 즐겁게 할 수 있을 것이다.

페테르센 부부는 직장으로 향했고, 단은 커피를 끓였다.

계단이 들어설 공간에서 다락과 아래층을 구분해주는 천장 또는 마루 장선을 제거해야 할 차례가 되었다. 장선을 제거한 자리에 낸 구멍은 가장자리를 덧대어 보강해주어야 한다. 이러한 새 골조는 엔지니어의 3D 설계도면을 그대로 따른 것이다.

우리는 아래층에서 지지대를 대어 보강하는 방법 대신 공사를 진행하면서 위층에서부터 차차 단계적으로 보강해나가는 방법을 택했다. 그래야 공사 도중 장선이 움직여서 아래층 천장이 약해지는 일이 일어나지 않기 때문이다. 만에 하나라도 그런 일이 생겨 아래층 천장에 금이 가게 된다면 그걸 수리하는 데 드는 엄청난 비용과 시간을 감수해야 한다.

우리는 2×4인치 목재와 나사못을 주로 사용했다. 이것들은 각종 가설물 제작에 재사용이 가능하기 때문에 매우 실용적이다. 무선 드릴과 신형 나사못은 현대 건축에서 획기적인 연장이라 해도 과언이 아니다. 이 장비들은 간편하고 튼튼하다.

구멍을 뚫은 후 구멍 주변 장선 아래쪽에는 우레탄폼을 시공할 생각이다. 우레탄폼은 틈이나 금이 간 곳을 막는 데 적격이다. 이것은 빠른 시간 내에 굳을 뿐 아니라 접착제 역할도 훌륭히 해낸다. 우레탄폼은 우리가 사용하는 비밀 병기라고 해도 과언이 아니다. 계단이 들어설 공간을 확보하기 위해 상당히 큰 구멍을 뚫어도 아래층 천장에 가해질 피해를 최대한 줄일 수 있기 때문이다.

다락 벽돌벽과 나란히 자리한 세 개의 마루 장선을 잘라내야 한다. 네 번째 장선은 그대로 두어서 앞서 잘라낸 장선들이 다하지 못한 보강 역할을 할 수 있도록 해야 한다. 이 네 번째 장선은 양옆에 2×9인치 재목을 못과 접착제로 연결해 보강해주어야 한다. 아울러 톱니 모양 연결판을 대고 볼트로 단단히 고정해주어야 함은 말할 나위도 없다.

이 네 번째 마루 장선과 벽 사이에 90도 각도로 받이장선trimmer을 설치해 고정해야 한다. 이것의 한쪽 끝은 이미 보강된 마루 장선에 연결해주고, 다른 한쪽 끝은 벽돌벽에 구멍을 내어 끼워 넣을 예정이다.

우리는 계단 구멍을 뚫을 자리에 이미 표시를 해두었다. 이제 그 표시를 중심으로 더 큰 구멍을 만들 차례였다. 그곳에 새로운 받이 장선과 석고보드가 설치될 예정이다. 바로 천장 장선 또는 마루 장

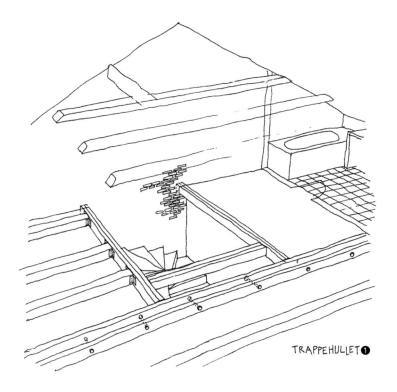

TRAPPEHULLET ❶

---

❶ 계단 자리

선을 잘라낼 자리다.

단은 전기톱 날을 정비한 후 장선들을 필요한 만큼 정확히 잘라냈다. 계단이 들어설 공간의 장선들은 몽땅 잘라내면 안 된다. 우리는 받이장선이 들어설 공간을 확보할 수 있을 만큼만 잘라냈다. 단이 잘라낸 장선들의 길이는 각각 30센티미터 정도밖에 되지 않았다. 장선들의 남은 부분과 받이장선을 밀착해 모서리 이음쇠과 못을 사용해 잘 고정해야 한다.

마루 장선과 벽돌벽 사이에 설치될 받이장선과 90도 각도로 새로운 받이장선을 벽과 평행하게 배치해야 한다. 이것이 뚫어놓은 계단 구멍의 다른 쪽 면에 해당한다. 거기서부터 다시 90도 각도로 새로운 받이장선을 설치해 벽돌벽까지 잇는다. 이것이 바로 구멍의 세 번째 면에 해당한다. 즉 뚫어놓은 구멍의 가장자리에서부터 시작해 한 면씩 차례차례 돌아가며 받이장선을 설치했던 것이다. 마지막 면은 당연히 벽돌벽 쪽이 될 것이다.

구멍 주위의 구조 공사는 마무리되었고, 아래층의 천장은 여전히 그대로였다. 반면, 다락에서 보면 계단이 들어설 사각형 공간을 확인할 수 있다. 바닥 골조는 이 사각형의 구멍 가장자리를 기준으로 이전보다 더욱 강화되었다고 할 수 있다.

구멍이 뚫린 자리의 마루 장선들은 이미 각각 수십 센티미터씩 잘라낸 후였기에 제 역할을 하지 못하고 있다. 우리는 공사를 계속 진행하기 위해 마루 장선을 잘라낸 부분에 임시로 강화용 목재를 이어 붙인 후, 그 위에 임시로 바닥재를 깔았으며 단열재도 끼워 넣었나. 따라서 화재가 발생한다 해도 다락은 아래층과는 독립된 공간으로 화재 진압을 할 수 있게 되었다. 단열재는 방음재 역할도 해서 아래층에 사는 사람들은 공사 현장의 소음을 듣지 않아도 되니 일거양득인 셈이다.

우리는 다락의 바닥과 천장을 연결하는 데 사용했던 가설물을 해체하고 정리했다. 이제 주문한 자재를 사용해 바닥에 마루를 깔면, 새로운 다락방이 지어지고 있음을 실제로 느낄 것이다.

28

○

규모가 큰 일을 할 때는 시간을
내 맘대로 조절할 수 있다.
마무리까지 오랜 시간이 걸리는 공사.
서로 다른 여러 가지 일을 조합해야 끝낼 수 있는
이런 공사를 하면 자유로움을 느낀다.

페테르센 부부는 마루 바닥재로, 마무리 손질까지 다 된 소나무 재질의 원목을 주문했다. 이 경우 합판 바닥 위에 바로 깔거나, 합판을 제거한 후 못질을 해서 설치해도 상관없다. 하지만 지금 바닥을 설치하면 보호용 덮개를 깔아주어야 한다. 공사 중에는 바닥이 긁히는 일이 자주 발생한다. 심지어 보호용 덮개를 깔아도 완벽하지는 않다.

우리는 일단 합판 바닥만 임시로 깔아두기로 했다. 마루는 훗날 다락 공사를 마무리할 무렵에 깔아도 되기 때문이다. 오래된 바닥은 높낮이가 고르지 않거나 전체적으로 평평하지 않은 경우가 많다. 이 다락의 경우엔 높낮이의 차이가 무려 4센티미터나 된다. 마루청을 깔 때 바닥을 평평하게 고르고 그 위에 합판 바닥을 깔 예정이다. 이번 한 주는 바닥을 평평하게 고르는 데 집중할 생각이었다.

금요일 오전에는 기초 바닥에 전기 파이프를 묻기 위해 엡바의 회사에서 전기공 비외른 올라브가 왔다. 계단이 들어설 공간에서 제거한 두 개의 오래된 파이프는 다른 곳으로 옮겨야 했다. 그는 합판 바닥 아래에 새로운 파이프도 설치했다. 우리는 전기 공사에 대한 계획을 함께 세웠다. 그는 다음에 올 때 무엇을 준비해와야 하는지 목록표를 만든 후 공사 현장을 나섰다.

전기기사들은 공사 현장에서 보이는 듯 보이지 않는 듯 일한다. 내게 그들처럼 일하라고 한다면 꽤 불편할 것 같다는 생각이 스쳤다. 나는 오랫동안 작업할 수 있는, 규모가 큰 일을 좋아한다. 건축 목공 공사를 할 때는 다양한 사람들이 함께 모이기 마련이다. 서비스 일을 좋아하는 사람, 세세하고 작은 일을 하는 사람, 자기 차를 몰고 자유롭게 이동하는 것을 좋아하는 사람. 비외른 올라브는 하루하루를 즐길 줄 아는 사람이다. 그는 어떤 면에서 자신의 삶을 스스로 관장하는 우두머리라 할 수 있다.

나는 비외른 올라브와는 반대로 서비스업을 그다지 좋아하지 않는다. 작고 세세한 일을 할 때면 항상 누군가가 내게 이런저런 지시를 내린다는 생각을 지울 수 없기 때문이다. 반면 규모가 큰 일을 할 때는 시간을 내 맘대로 조절할 수 있다. 마무리까지 오랜 시간이 걸리는 공사, 서로 다른 여러 가지 일을 조합해야 끝낼 수 있는 이런 공사를 하면 자유로움을 느낀다. 그렇지 않은 다른 일들은 시간이 멈춘 듯 지루하게 느껴지는 게 다반사다.

한 주가 너무 빨리 흘러가버린 듯한 느낌이다. 하지만 일은 착착 진행되었고 나는 만족한다. 종종 내가 하는 일에 비해 시간이 훨씬 빨리 흐르는 것 같을 때가 있다. 하지만 지난 한 주를 돌아보니 나쁘다는 생각은 들지 않았다. 적어도 지금 이 순간만큼은 만족할 수 있었다.

우리는 마지막으로 남은 커피를 마시고 그곳을 나섰다. 단은 아이의 생일잔치에 갈 것이라며 케이크를 먹을 수 있다고 좋아했다. 그는 초콜릿이라면 사족을 못 쓴다.

29

○

타인의 집을 방문했을 때 그 집에 사는 사람들의
돈이나 신분이 아니라
도덕성과 인간성을 존중해야 한다.
같은 이유로, 그 집의 바닥재가
원목이든 비닐이든 함부로 더럽혀서는 안 된다.

월요일 아침, 페테르센 가족을 향해 기분 좋게 인사를 건넸다. 그들은 주말에 계단이 들어설 공간을 살펴보았다고 했다. 지난주에는 다락에 거의 발걸음을 하지 않았지만 일요일엔 다락에 올라가 둘러보았다고 덧붙였다.

나는 그들이 우리가 하는 일을 존중해서 약간 거리를 두고 있다고 생각했다. 지나친 간섭을 피하고 우리를 신뢰한다는 메시지를 전하고 싶어하는 것 같았다. 매우 배려 깊은 마음 씀씀이지만 사실은 그렇게까지 하지 않아도 되었다. 나는 의뢰인들이 내가 하는 일을 관심 가지고 지켜보는 게 좋다. 공사를 맡긴 집주인이 작업자를 신뢰하지 못하고, 사사건건 캐묻거나 불평불만을 늘어놓으면 문제가 생길 수 있다. 하지만 카리와 욘은 그런 사람은 아닌 것 같았다. 그들은 매우 호의적으로 질문하고 관심을 보인다. 나는 그들이 다락에 더 자주 올라와 일하는 모습을 봐도 좋다고 생각한다. 어차피 다락은 그들의 집이요 공간이니 말이다.

"아주 손이 많이 갔던 작업 같군요." 카리가 계단이 들어설 공간을 바라보며 말했다.

"아래층에 먼지 하나 생기지 않을 거라고 말씀하셨는데, 우리는 처음에 그 말을 믿지 못했어요. 하지만 이제는 믿을 수 있을 것 같아요."

"당분간 아래층으로 먼지가 떨어지는 일은 없을 겁니다. 저희가 아래층으로 내려가서 식사를 할 때는 먼지를 달고 내려갈지도 모르겠지만……. 그건 이해해주실 수 있죠?"

"그런 걱정은 마세요. 언제든 편안하게 식사하셔도 된답니다."

"궁금한 게 있으면 주저 마시고 질문하세요. 궁금한 걸 마음에 담아두면 훗날 오해나 갈등으로 이어질 수도 있으니까요. 언제든 다락으로 올라와서 살펴보셔도 되고 질문을 하셔도 됩니다. 가끔은 우리가 어떻게 일을 하는지 보는 것도 나쁘진 않을 거예요."

분위기가 좋을 때 함께 대화를 나누며 미리 협력 방안을 모색하는 것이 좋다. 시간이 지나 문제가 생기면 이미 때는 늦으니 말이다. 미리 이런 시간을 가지면 나중에 갈등이나 말다툼이 생겨도 어렵지 않게 해결할 수 있다.

우리는 바닥 공사를 시작했다. 합판 자재로 기초 바닥을 깐 후, 페테르센 부부가 선택한 바닥재에 대해 잠시 이야기를 나누었다. 원목 자재는 바닥용으로 가공되어 나오는 쪽매널보다 단단하지 않다. 원목이 쪽매널보다 더 아름답다고 여기는 사람들도 있다. 대개 원목은 쪽매널보다 가공 손질이 덜 된 상태로 나오기 때문에 환경에 나쁜 영향을 덜 미친다고 생각하는 사람들도 많다. 단과 나는 이 모든 의견에 동의했고, 품질 좋은 소나무 재질의 원목으로 마루를 까는 일이 기대된다고 입을 모았다. 사실 최근에는 모두들 쪽매널을 사용해서 원목 마루를 깔아본 기억이 거의 없다.

바닥재로 사용되는 쪽매널은 원목에 비해 가격이 저렴하고, 일도 빨리 진행할 수 있다. 바로 그 때문에 사람들은 대부분 원목 대신 쪽매널을 선택한다. 하지만 사람들이 쪽매널을 선택하는 이유는 따로 있다. 대형 목재상과 건축 자재 공장에서 코팅이 된 쪽매널을 집중 마케팅하기 때문이다. 마치 슈퍼마켓에서 흔히 돼지고기나 기저귀를 집중 판매하듯 말이다.

쪽매널은 매우 단단하기 때문에 웬만해서 갈라지거나 긁히지 않는다. 또한 외형상으로 원목보다 훨씬 낫다고 여기는 사람들이 많다. 물론 개인 취향은 토론의 대상이 될 수 없다. 하지만 원목은 일반적으로 수명이 훨씬 길다. 대패질을 하고 왁스를 칠하면 수명은 더욱 길어진다. 하지만 현대인들은 제품 수명에는 그다지 신경을 쓰지 않는 것 같다. 새 상품을 구입하는 것이 옛날보다 훨씬 쉬워졌고, 대부분의 사람들은 그만큼의 경제력을 지니고 있다. 사람들이 흠이 잘 나지 않고 보기 좋은 물건을 선호하면서 쪽매널의 수요가 늘기 시작했다. 거기다 쪽매널의 가격도 함께 내려가기 시작했다. 뿐만 아니라 쪽매널 마루가 원목 마루보다 시공하기도 훨씬 쉽다. 따라서 쪽매널을 사용하는 가정이 더욱 늘어나고 원목을 사용하는 가정이 점점 줄어드는 것은 자연스러운 일이다.

나는 가격에 대해 이야기할 때 '높다' 또는 '적절하다'라는 단어를 사용한다. '싸다' '비싸다'라는 말은 그리 좋아하지 않는다. 이러한 단어는 비용에 대한 개인적인 경험과 느낌을 너무나 강하게 드러내기 때문이다. 내가 가격이 '싸다' 또는 '비싸다'라고 말할 때는 해당 제품이나 가격 자체가 마음에 들지 않을 때다. 래미네이팅이 된 비닐 바닥재는 보통 단순한 이유로 원목 바닥재와 비교되기도 한다. 두 바닥재 모두 가격이 높을 수 있다. 하지만 그 경우에는 과장되게 가격이 매겨졌다고 생각할 수밖에 없다. 원목 바닥재의 가격이 낮다면 이 경우에는 가격이 적절하게 책정되었다고 이해할 수 있다. 비닐 바닥재의 판매자가 엄청난 이윤을 얻을 수 있을 경우, 이것이 설사 원목 바닥재보다 가격이 낮다 해도 나는 비닐 바닥재가 비싸다고 말한다.

나는 두 바닥재 중 어느 하나를 특별히 좋아하지 않는다. 어떤 단어를 선택하느냐 하는 것은 엘리트 속물근성을 만족시키는 수단에 불과하다. 원목 바닥재를 구입하려면 물론 돈을 더 많이 지불해야 한다. 하지만 그렇다고 해서 비닐 바닥재가 싸다는 의미는 아니다. 돈이 많은 사람들은 가끔 그들의 처지를 남들 앞에서 과시하고 싶은 욕구가 있다. 엘리트 속물근성은 자기보다 못한 처지에 있는 사람들과 거리를 두고 싶을 때 나타난다. 즉 남들에게 과분한 것도 자기들에게는 하찮을 수 있다는 속내가 바로 이것이다. 각각의 제품들은 이렇듯 속좁은 상하 구별, 빈부 구별의 도구가 되어서는 안 된다.

각자의 집에서는 모두가 주인 역할을 한다. 타인의 집을 방문했을 때 그 집에 사는 사람들의 돈이나 신분이 아니라 도덕성과 인간성을 존중해야 한다. 같은 이유로, 그 집의 바닥재가 원목이든 비닐이든 함부로 더럽혀서는 안 된다.

우리는 평평하게 골라두었던 바닥과 계단이 들어설 공간 위에 우선 기초 합판 바닥재를 깔았다. 계단을 위해 뚫어두었던 구멍과 정확하게 같은 크기로 합판을 자르고 그 위를 덮었다. 계단 공사를 할 때가 오면 깔아두었던 합판을 걷어내기만 하면 된다. 합판이 있으면 아래층과 위층을 분리할 수 있어서 다락은 완벽하게 하나의 독립된 공간이 된다.

여기저기 쌓여 있던 공사 자재들은 깔아놓은 합판 바닥 위로 옮겨졌다. 이제 자재들이 쌓여 있던 부분의 바닥을 깔 차례다. 기초 바닥을 까는 일은 그리 오랜 시간이 걸리지 않는다. 이 일은 사전 계획을 세우는 데 시간이 더 걸린다. 히지만 일단 시작하면 금방 해치울 수 있는 일이다.

"이 일은 폴란드 전통 춤을 추는 것과 비슷해. 적어도 내 머릿속에선 그렇게 여겨진다니까." 아코디언을 종종 연주했던 나의 옛 선생님은 바닥 공사를 하고 나면 자주 그렇게 말했다.

바닥의 기초 공사가 끝나자 단은 그 위에서 마치 라인댄스를 추듯 흥겹게 발을 움직였다. 다행히도 그는 「에이키 브레이키 하트Achy Breaky Heart」(컨트리 가수 빌리 레이 사이러스가 1992년 발표해 빌보드 차트 1위를 차지한 노래-옮긴이)라는 노래의 선율을 떠올리기 전에 춤을 멈추었다. 그렇지 않았더라면 단의 성격상 저녁 내내 춤을 추고도 남을 일이었다.

이젠 정리하고 청소하는 일이 이전보다 훨씬 쉬워졌다. 바닥을 깔고 나니 높은 곳에서 일하는 데 따른 위험도 줄어들었다.

30

○

방화 시공 작업은 가족의 안전을 위한 것인데도 불구하고
흔히 애완동물이나 고급 자동차
또는 유아용 자동차 시트와 비슷하게 간주된다.
아무리 비싸고 좋은 유아용 자동차 시트를 사용한다 하더라도
차의 브레이크가 고장 난다면 무슨 소용이 있겠는가.

가격이 낮은 제품은 품질도 좋지 않기 마련이다. 제품 생산 과정에서 속임수를 쓰거나 기술력이 부족한 값싼 노동력을 이용하기 때문이다. 이것은 소셜 덤핑과는 다른 차원의 문제다. 이 경우 품질이 낮은 건 낮은 가격 때문만은 아니니까.

다락의 방화 시공 작업은 시간이 많이 걸리는 일이다. 그래서 일을 쉽게 할 수 있는 방법을 찾는다면 시간도 많이 절약할 수 있을 것이다. 하지만 그렇게 한 방화 시공은 거의 의미 없는 일이라고 할 수 있다.

방화 시공 작업은 가족의 안전을 위한 것인데도 불구하고 흔히

애완동물이나 고급 자동차 또는 유아용 자동차 시트와 비슷하게 간주된다. 아무리 비싸고 좋은 유아용 자동차 시트를 사용한다 하더라도 차의 브레이크가 고장 난다면 무슨 소용이 있겠는가.

예를 들자면 그 수를 헤아릴 수 없을 정도다. 값비싼 자동차를 정가보다 적게 주고 산다면 그 차의 가격이 높다고 말할 수 없다. 그럼에도 그 차를 구입한 사람은 사람들이 모인 사리에서 비싼 차를 샀다고 대놓고 자랑한다. 하지만 차의 가격이 낮은 이유는 무언가 하자가 있기 때문일 것이다. 롤스로이스를 낡아빠진 라다Lada(러시아의 대중 자동차 브랜드 - 옮긴이)와 같은 돈을 주고 구입할 수 없듯.

다락은 실제로 화재 위험성이 아주 큰 곳이다. 하지만 화재가 나지 않는다면 수리 비용을 생각하지 않아도 되니 적은 비용으로 큰 공간을 활용할 수 있는 이점이 있다. 이건 어떻게 정의하면 될까? 어쨌든 '적절하다'는 단어는 갑자기 생각난 것이 아니다.

우리는 방화벽을 설치할 예정이다. 방화벽 양쪽과 천장에 석고보드를 설치하면 다락 안의 이층 발코니 방을 화재로부터 보호할 수 있게 된다. 아래층에서 위층까지 이어져 있는 한 면의 벽돌벽은 그 자체로 방화벽 역할을 한다. 우리가 할 작업은 다락 안에서 이루어진다.

방화벽 공사를 하기 전에 먼저 방화 자재로 제작된 문을 설치했다. 이 문은 계단을 올라와 다락으로 들어가는 문이다. 아래층과 다락의 나머지 구역은 별개의 방화 공간으로 분리된다. 이 공간들로 향하는 문은 따로 설치해 넣어야 한다.

다락의 방화벽 공사를 할 때 지어 올리는 벽은 EI60이라고 불린다. 이 명칭은 실제로 화재가 발생했을 때, 연기나 불길이 뚫고 들어오기 전까지 60분 동안 그 벽 한쪽이 화재를 견딘다는 의미다.

방화벽은 여러 가지 방법으로 설치할 수 있다. 기존의 벽돌벽이 그중 하나다. 우리는 평범한 구조의 이중벽을 설치할 예정이다. 가장 설명하기 쉬운 방법은 벽 하나를 먼저 예로 들어 보이는 것이다. 2×4인치 샛기둥들을 설치한 후, 한 면에 석고보드를 두 겹으로 설치한다. 그러면 이 벽은 단열 및 방화 역할을 할 수 있다.

이중벽의 두 번째 벽은 첫 번째 벽과 평행하게 설치하고 같은 방법으로 마무리한다. 이렇게 세워진 이중벽은 방화벽의 구실을 하게 된다.

모든 석고보드는 천장과 벽에서 0.5~1센티미터의 간격을 두고 설치해야 한다. 이때 생기는 틈은 내화 실리콘 밀폐제로 마무리한다. 밀폐제를 밀어넣을 때는 방화벽의 기능을 최대한 살리는 동시에 연기가 스며들지 않도록 깊이를 잘 조절해주어야 한다. 석고보드를 설치할 때 밀폐제를 사용해 마무리하는 방식을 선택하면 시간이 너무 오래 걸린다. 중도리가 설치되어 있고 경사가 비스듬한 천장이 있는 공간은 더욱 그렇다. 공사를 할 때 시간을 절약하기 위해 바로 이 부분에서 속임수를 쓰는 사람들도 없지 않다.

화재가 발생하면 불보다는 연기 때문에 질식사할 염려가 더 크다. 밀폐제는 이 연기를 막아주기 때문에 방화벽 설치에서 매우 중요하다. 공사의 성공 여부는 바로 여기에 달려 있다고 해도 과언이 아니다.

31

◌

일하는 방식은 다양하다.
하지만 어떤 방식이 최선이냐는 항상 논의의 여지를 남기곤 한다.
이럴 때면 나는 옛 선생님의 말을 떠올린다.
시도해보지 않은 일, 사용해보지 않은 시간은
측정과 논의의 대상이 될 수 없다는 말을.

오늘은 늦잠을 자는 바람에 허둥지둥 공사 현장에 당도했다. 월요일 아침을 조급하게 시작하면 스트레스가 쌓이기 마련이다. 우리는 자리에 앉아 커피를 마시며 이런저런 이야기를 나누었다. 스트레스라는 것은 일을 하다 보면 알지 못하는 사이에 찾아온다. 하지만 스트레스가 우리 머릿속에 뿌리 내리기 전에 조용히 대화를 나누면 스트레스를 방지할 수 있다.

단은 이미 아래층에서 페테르센 가족에게 인사를 건네고 일을 시작한 후였다. 그들은 우리가 제안한 욕실 공사 방법을 매우 마음에 들어했다. 욕실 천장은 사시나무 패널로 마무리하고, 욕실 선반은 천장의 연한 색과 대조될 수 있게 짙은 떡갈나무를 사용하기로 했다. 다락의 경사진 천장 아래 자리하게 될 이층 발코니 방에는 이케아 가구를 들여놓기로 했다. 나는 이 모든 일을 즐거운 마음으로 할 수 있을 것 같아 기분이 들뜨기 시작했다.

벽에 석고보드를 설치하기 위한 작업에 들어갔다. 일을 쉽게 하기 위해 톱질할 때 괴는 모탕 두 개를 나란히 놓고 그 위에 석고보드를 올렸다. 일종의 작업대가 된 셈이다.

첫 번째 석고보드를 정확한 크기로 잘라냈다. 그리고 그것을 역방향으로 복제해서 다른 쪽에도 설치해야 한다. 두 개의 석고보드는 완벽하게 평행을 이루어야 한다. 그렇지 않으면 다음 석고보드를 설치할 때 문제가 생기기 때문이다.

첫 번째 석고보드를 벽에 설치하기 전에 새로운 석고보드를 올려서 기준이 되는 첫 번째 석고보드의 크기로 복제해서 잘라냈다. 이것은 첫 번째 석고보드의 바깥쪽에 두 겹으로 놓이게 되는데, 이음새가 벌어지는 것을 막기 위해 첫 번째 석고보드 위에 겹친 후 약 60센티미터 정도 옆으로 밀어 배치했다.

이 석고보드를 이중 방화벽의 양옆에 설치했다. 다음 석고보드를 설치할 때도 역시 이전 석고보드의 크기로 복제했다. 이런 식으로 하나의 완전한 석고보드를 계속 만들어 설치했다.

석고보드를 자르고, 복제하고, 설치한 후 또 새로운 보드를 잘라 냈다. 이렇게 하면 우리는 이중벽의 양쪽을 동시에 작업해나갈 수 있다. 이 방식을 사용하면 복제 작업 분량은 많아지는 반면, 측정 작업의 분량은 줄일 수 있다. 사실 시간이 많이 드는 것은 복제보다는 측정 작업이다. 이전의 석고보드를 복제해서 설치하면 정확도가 높아져서 좋다.

복제 작업을 할 때는 정확하고 기계적으로 해야 한다. 이 일을 체계 있게 하면 만족할 만한 결과를 얻을 수 있다. 일하는 방식은 다양하다. 하지만 어떤 방식이 최선이냐는 항상 논란의 여지를 남기곤 한다. 이럴 때면 나는 옛 선생님의 말을 떠올린다. 시도해보지 않은 일, 사용해보지 않은 시간은 측정과 논의의 대상이 될 수 없다는 말을.

방화벽 사이에 밀폐제를 집어넣을 때는 공기 코킹건을 사용한다. 엄청난 양의 밀폐제를 사용해야 하는데 적절한 도구가 있으면 일을 쉽고 빨리 진행할 수 있다. 이 코킹건을 사용할 경우에는 펌프질을 하지 않아도 되니 손이 쉽게 피곤해질 이유도 없다. 벽 사이에 설치될 전선 주변에는 전용 밀폐제를 사용해야 한다. 이 전선 전용 밀폐제는 화재 발생 시 팽창하며, 전선이 녹아내릴 경우 주변의 틈을 막아주기 때문이다.

방화벽 양쪽 지붕널에 한 겹으로 석고보드를 설치하고 벽 쪽에 밀폐제를 집어넣어 마무리한다. 이 일을 할 때는 가능한 한 천장 쪽의 석고보드에는 나사못을 박지 않는다. 나사못을 사용하면 천장을 새로 설치해야 하는 경우가 대부분이다. 사다리에 올라가 천장을 뜯어내고 중도리와 지붕널은 물론 지붕 자체까지 뜯어내고 다시 공사를 해야 하는 것이다. 만에 하나 오판을 해서 이 모든 일을 해야 한다면 생각만 해도 아찔하다.

방화벽 설치가 끝나자 다락은 두 부분으로 나뉘었다. 공사가 진행되는 부분과 말 그대로 다락이라고 할 수 있는 부분이다. 후자의 경우엔 수납 공간 겸 빨래 말리는 장소로 이용될 것이니 지금은 크게 신경을 쓰지 않아도 되는 공간이다. 욘과 처음으로 전화 통화를 한 지 4개월이 지난 지금, 이제야 다락이 변한 모습을 조금씩 드러내기 시작했다.

우리는 이층 발코니 방에 방화재를 설치하고, 동시에 합판 바닥재를 깔아놓았던 마루청을 손질했다. 바닥 손질이 끝나니 필요한 것은 디스코텍용 반짝이 전구밖에 없었다. 하지만 단은 이번엔 춤을 추려 하지 않았다.

프레드릭이 다락문을 빼꼼히 열고 머리를 들이밀었다.

"오, 이게 누구야! 감독님이 오셨나?"

문이 활짝 열리자 프레드릭 뒤에 서 있는 페테르센 가족이 보였다. 옌스는 아빠 팔에 안겨 있었다.

"아이들이 다락을 보고 싶어해서요. 호기심이 대단해요."

욘은 옌스를 바닥에 내려놓았고, 단은 그들에게 안으로 들어오라
며 손짓을 했다.

"어서 와요. 너희들, 우리가 어떤 일을 하고 있는지 보고 싶었던
거로구나."

옌스는 고개를 끄덕이며 침실이 들어설 자리를 손가락으로 가리
켰다.

"저기서 잘 거예요."

"오늘은 벽을 설치했어. 여기. 보이지? 전에는 못 보던 거지?"

아이들의 침실이 들어설 공간에는 벽이 세워져 있었다. 그 벽은
방화벽 역할도 할 것이다. 프레드릭은 벽으로 다가가 유심히 바라
보았다. 마치 무언가 이상한 것을 보기라도 하듯. 그리고 보니 다락
에는 바닥도 깔려 있었다.

아이들은 호기심 어린 눈으로 여기저기 살펴보았다. 단은 석고보
드를 바닥에 깔아놓고 아이들에게 그 위에 그림을 그려도 된다고
말했다. 먼지 때문에 옷이 지저분해질 수 있다고 말했지만 아이들
은 개의치 않았다. 아이들이 그림을 그리며 노는 동안 어른들은 공
사에 대한 이야기를 나누었다.

단과 나는 일이 만족스럽게 착착 진행되고 있다고 말했다. 우리

는 욕실 인테리어와 천장 패널에 대해서도 대화를 나누었다. 그들은 우리가 제안한 대로 공사를 할 경우 예상보다 비용이 훨씬 많이 든다고 말했다. 목수들이 인테리어 공사도 할 수 있으리라곤 생각지 못했다고도 덧붙였다. 나는 그들에게 아직 결과를 보지 못했으니 지금 왈가왈부할 일은 아니지만, 그들이 만족할 수 있으리라 확신한다고 대답해주었다. 이젠 그들과 친해진 듯한 느낌이 들어 가벼운 농담 정도는 할 수 있게 되었다.

대화를 마친 후 페테르센 가족은 다시 아래층으로 내려갔다. 단과 나는 뒷정리를 하려다 말고 월요일에 대청소를 하자고 의견을 모았다. 이번 한 주는 정신없이 보냈지만 방화벽과 이층 발코니 방 공사를 마무리한 터라 만족할 수 있었다. 주말에 다락이 좀 어질러져 있다 하더라도 다음 주 월요일이 되어 우리가 다시 일을 시작하기 전까지 그곳을 둘러볼 사람은 없을 테니, 청소는 그때 해도 좋을 것이다.

32

○

우리는 자신의 경험과 기술을 신뢰하지만,
동시에 우리가 선택한 방법이 최선의 것인지
항상 비판적인 눈으로 바라본다.
더 나은 방법은 없을까?

좋은 아침. 새로운 한 주. 프레드릭과 욘은 감기에 걸려 그날 집에 있을 것이라고 했다. 오전에는 다락을 정리하고 청소했다. 폐기물은 길가에 내놨다. 다락 일을 끝낸 후 길에 내놓은 폐기물을 처리할 생각이었다.

우리는 가끔 '벤체' 카페에서 점심을 해결한다. 오늘은 헤게르만스 가 사람들이 감기에 걸려 집에 있으니 나가서 점심을 먹어도 좋을 듯했다. 단은 햄스테이크를 주문했고, 나는 미트볼과 야채스튜를 주문했다.

나이가 지긋한 남자 손님들은 한데 모여 앉아 베팅과 정치를 포함한 온갖 이야기를 함께 나누었다. 그곳의 직원인 리안은 여느 때와 마찬가지로 손님들의 기분을 맞추어가며 환한 표정으로 일하고 있었다. 문 쪽에는 한 남자가 홀로 앉아 있었다. 그는 아무 말도 없이 묵묵히 앉아 자신만의 시간을 즐기려 하는 것 같았다. 리안은 그런 손님들을 배려하는 것도 잊지 않았다.

근처에 사는 듯한 노부인 두 명이 들어와 열띤 토론을 하고 있던 남자 손님들에게 다가가 합류했다. 리안은 이 노부인들이 마치 십대 소녀라도 되는 양 아첨하는 말로 기분을 띄워주었다. 나는 이 카페가 오슬로에서 몇 안 되는 기분 좋은 장소라고 생각한다.

음식과 커피를 앞에 두고 우리는 일 이야기, 일상 이야기를 나누었다. 나는 카리와 욘 페테르센에게서 좋은 인상을 받았다고 말했다. 그들은 자신들이 해야 할 일을 군말 없이 책임지고 해왔다. 예를 들어 욘은 케이블 회사에 전화를 해서 약속을 잡아두었다. 계약서에 서명할 때도 아주 말끔하게 진행했다. 그들은 문제가 생기면 해결하기를 주저하지 않았으며, 우리 제안을 귀 기울여 듣고 최종 결정된 사항에 선뜻 응했다. 적어도 나는 그렇게 느꼈다.

"그들은 현실적인 방식으로 생각하고, 궁금한 게 있으면 예의 바르게 질문해. 난 그런 점이 좋아. 질문을 할 때도 내게 지시하는 듯한 말투를 사용하지 않아. 게다가 집안 분위기도 상당히 화목한 것 같지 않아? 그들이 아이들을 대하는 태도를 보면 알 수 있어."

단은 내 말에 동의했다.

자신들이 원하는 것이 무엇인지 확실히 알고 있는 사람들을 위해 일하는 것은 꽤 재미있다고 할 수 있다. 그들은 바라는 대로 일을 해주면 감사할 줄도 안다.

우리는 앞으로 어떻게 공사를 진행할 것인지 대충 이야기를 나누었다. 나는 욕실 바닥부터 시작하면 좋겠다고 말했지만, 단은 천장 공사부터 먼저 하는 게 좋겠다고 했다. 천장 공사에 들어가는 자재가 굉장히 많으니 그것부터 하면 바닥에 쌓여 있던 자재 양을 줄일 수 있다는 게 그의 논지였다. 내가 욕실 바닥 공사부터 하려 했던 것은, 일의 양이 많고 시간이 오래 걸리는 작업이라 미리미리 해두면 좋을 거라고 생각했기 때문이다. 항상 넉넉하게 여유를 두고 일하면 좋지 않은가. 결국 우리는 시간은 충분하니 욕실 공사는 조금 미루어도 된다는 데 의견 일치를 보았다. 어쩌면 나는 뚜렷한 이유 없이 마음이 조급했는지 모른다. 사실 목수에게 인내심이라는 것은 필수불가결한 요소다. 가끔 예상치 않았던 순간에 스트레스라는 것이 갑자기 찾아올 때가 있다. 심지어는 스트레스를 받을 이유가 없을 때조차 말이다. 이번에는 단이 제동 역할을 해주었다. 평소 단의 태도와는 달랐기에 난 조금 놀라지 않을 수 없었다.

우리는 문제 해결 방법에 대해 의논했고, 기억해야 할 사항들을 서로 비교해보았다. 우리는 가끔 의견이 다를 때도 있다. 자존심 때문이라고는 할 수 없다. 언쟁은 항상 하나의 해결 방법을 선택함으로써 끝이 난다. 비록 그 결과에 늘 동의하지는 않지만, 선택이 내려지면 우리는 군말 없이 따른다. 이번 공사는 내가 책임자다. 따라서 마지막 선택은 내게 달려 있다 해도 과언이 아니다. 하지만 나는 이번에는 단의 말을 따르기로 했다. 우리는 한 팀으로 함께 일하지만 둘 중의 하나는 책임을 져야 한다.

현장에서 학구적인 사람들과 함께 일할 때는 그들의 작업 문화가 나와 너무 달라 애를 먹을 때가 많다. 그들에게는 그들만의 토론 문화가 존재하는 것 같다. 결정을 내릴 때도 마찬가지다. 나는 그런 문화에 익숙하지 않다.

공사장에서 내려지는 선택은 항상 신속하게 해당 인부들에게 전달되어야 한다. 이것은 명령이나 지시의 형태를 띠기 마련이다. 학구적인 사람들은 이런 형태의 단순하고 명백한 지시 사항을 전달받으면 화를 내기 일쑤다. 그러고는 심지어 여러 사람이 한꺼번에 무거운 물건을 들어 올리는 등 어려운 일을 함께 하는 와중에도 토론이라는 것을 시작해 그 자리를 스터디 그룹처럼 만들어버린다.

어떤 결정이나 권위에 복종하는 것을 꼭 비굴하다고 말할 수는 없다. 무거운 것을 들어 올리는 일이 좋은 예다. 일단 결정이 내려지면 여러 사람이 한마음이 되어 그 일을 해내야 한다. 설사 의견

차가 심하더라도 말이다. 말과 말의 차이와 행동과 행동의 차이는 명백하다. 어쩌면 학구적인 목수들은 단순한 지시 사항을 외교적인 언어로 잘 포장해 건네주면 더 좋아할지 모른다. 하지만 일을 하다 보면 그럴 만한 충분한 여유를 얻기가 쉽지 않다. 나는 그런 이들과 함께 일하는 것이 참으로 피곤하다고 생각한다. 그들이 아무리 밝은 성격의 사람들일지라도.

단과 나는 경사진 천장의 끝이 거의 무릎까지 내려오는 짧은 벽 쪽의 지붕부터 작업하기로 했다. 우리는 전에 함께 했던 비슷한 공사에 대해 이야기를 나누며 의견을 교환했다. 사실 이 단계의 의견 교환이란 진지함과 자화자찬이 적절히 섞인 것을 의미한다. 우리는 자신의 경험과 기술을 신뢰하지만, 동시에 우리가 선택한 방법이 최선의 것인지 항상 비판적인 눈으로 바라본다. 더 나은 방법은 없을까? 우리는 어떻게 일을 시작할 것인지 이야기를 나누며 벤체 카페를 나섰다. 우리의 머릿속에는 같은 필름이 돌아가고 있었다.

따뜻한 공기는 차가운 공기보다 더 많은 습기를 만들어낸다. 샤워를 끝내고 욕실의 거울을 보면 이 사실을 확인할 수 있다. 유리 표면은 습하고 무더운 공기를 식히는 역할을 한다. 따라서 거울 주변에는 습기로 인한 피해가 거의 발생하지 않는다. 집 안의 따스한 실내 공기에는 집 밖의 차가운 공기보다 더 많은 습기가 포함되어 있다. 우리는 건물의 지붕과 벽에도 거울과 같은 결과를 낼 수 있도록 공사해야 한다.

이러한 공사 방식은 노르웨이에서는 가장 기초적이다. 실수가 크면 그 결과도 재앙처럼 다가올 것이다. 습기를 제어하지 못한다면 그 건물은 몇 년 내로 썩어버릴 게 틀림없다.

건물의 외부 표면, 즉 지붕 위의 타일이나 외벽의 패널은 험한 날씨를 견뎌낼 수 있어야 한다. 외벽의 안쪽에는 습기와 결로를 제거할 수 있는 공간을 만들어주어야 한다. 이 공간에는 바람을 막을 수 있는 장치가 있어야 하고, 그 장치 안에는 단열재가 들어서야 한다. 가장 안쪽에는 일반적으로 비닐 재질의 자재를 넣어주어야 한다. 이 과정에서 각각 다른 자재를 사용할 수는 있지만 그 원리는 어떤 경우에나 동일하다.

이 공사가 잘못되면 실내 공기가 나빠진다. 반면 이 공사를 잘하면 실내 공기는 쾌적하게 유지할 수 있다. 나는 공사를 맡긴 집주인에게 자주 이러한 원리를 설명해준다. 이 공사가 잘못되는 것은 날씨가 좋지 않을 때 날씨에 맞지 않는 옷을 입고 밖에 나가는 것과 같은 이치다. 열역학 원리를 어려운 말로 설명하는 것보다 이처럼 생활 원리를 바탕으로 단순하게 설명해주면 모두 쉽게 이해할 수 있다.

지붕의 방수성은 지붕의 타일이나 기와와 밀접한 관계가 있다.

지붕 타일 아래쪽에는 수분과 바람을 막기 위해 일종의 숨쉬는 공간을 만들어주어야 한다. 이것은 고어텍스(방수 방풍 기능이 강화된 신소재-옮긴이) 재킷을 생각하면 쉽게 이해할 수 있다. 단과 나는 이제 지붕을 들어내고 절연제를 접착 처리하는 등 단열 작업을 할 예정이다.

33

○

공사를 하다 보면 가끔
불가피하게 오류가 발생한다.
이때 이것을 바로잡는 일에 얼마나 많은 시간을
투자해야 하는지 결정하는 것은 매우 중요하며,
일단 결정된 일은 뒤돌아보지 않고 추진해야 한다.

건물을 똑바로 짓는 일은 비뚤게 짓는 것보다 훨씬 쉽다. 기본적으로 다림추, 기포 수준기, 곱자만 있으면 거의 대부분의 작업을 해낼 수 있다. 건물이 비뚤면 통제와 관리가 쉽지 않다. 바르게 지어져야 할 건물이 비뚤어질 수 있다는 것은 어찌 생각하면 이상한 일이기도 하다. 왜냐하면 그것은 논리에 어긋나는 일이기 때문이다.

건물을 올바른 방법으로 바르게 짓기 위해서는 지식과 기술은 물론 실제적인 능력도 필요하다. 이러한 기본 요소를 갖추고 있는 사람이라면 건물을 바르게 짓는 일이 어렵지 않을 것이다. 외부에서 보았을 때 비뚤게 보이는 건물은 자연히 내부에 대해서도 의심하게 된다. 단열과 통풍은 잘되는지, 어딘가 물이 새는 곳은 없는지 회의적인 시선을 보내게 된다.

많은 이들이 공사가 잘못된 건물은 그 과정에 허점이나 속임수가 있었을 것이라고 믿는 경향이 있다. 하지만 나는 그렇게 생각하지 않는다. 가장 일반적인 이유는 목수의 지식과 기술 부족, 시간적 제한, 그리고 관리 체계의 허술함이다. 일을 능숙하게 하지 못하는 목수에게 일을 맡기고 마감을 재촉한다든가, 감독자가 맡은 임무를 제대로 해내지 못할 경우, 그 공사는 잘못될 수밖에 없다. 여기에 언어적 제약까지 가세하고 저비용 공사의 압박감이 겹쳐지면 그 공사는 재앙과 같은 결과를 가져올 것이 분명하다.

우리는 다락 공사를 시작할 때부터 앞으로의 진행 과정을 꼼꼼이 챙기고 정확한 작업 지점을 얻어내기 위해 측정에 심혈을 기울였다. 능력 있는 목수의 첫 작업은 바로 정확하고 똑바른 선을 긋는 일이다. 면이나 선이 수평인지 검사하는 장비인 수준기와 직각삼각형의 세 변 3, 4, 5 원리를 이용하는 것은 기본이다. 시작 작업은 어떤 면에서 가장 어렵다고도 할 수 있다. 수많은 결정을 내려야 하고, 옳고 그른 선택 사이에서 고민해야 하기 때문이다. 이 과정에서 균형을 유지해야 하는 것은 물론이다.

공사를 할 때는 먼 앞날까지 생각해야 한다. 공사를 하다 보면 가끔 불가피하게 오류가 발생한다. 이때 이것을 바로잡는 일에 얼마나 많은 시간을 투자해야 하는지 결정하는 것은 매우 중요하며, 일단 결정된 일은 뒤돌아보지 않고 추진해야 한다. 여기에서 바로 경험 많은 숙련된 목수와 그렇지 않은 목수의 차이점을 발견할 수 있다.

내가 단에게 보내는 신뢰와, 우리 둘 사이의 결속력을 믿는 마음가짐은 우리가 서로 다른 사람이라는 것을 인정하기에 생겨나는 것이다. 우리가 동료라는 생각은 함께 일을 하는 데 어쩌면 가장 중요한 요소인지도 모르겠다. 우리는 서로의 장단점을 보완해가며 균형을 맞추고, 서로 다른 생각과 의견을 취합해 최선의 것을 고르는 데 힘을 보탠다. 가끔은 오늘 최선이라고 생각했던 것이 다음 날 최악의 것으로 변해버릴 때도 있다. 우리는 언쟁에 가까운 열띤 토론을 벌일 때도 있다. 집에 와서 그날 하루를 돌이켜보면, 두 사람 모두 최선을 다했고 만족할 만한 결과를 얻을 수 있었다는 점에 기분이 좋아진다. 나는 단과 함께 일할 수 있다는 사실에 감사하지 않을 수 없다. 그는 내가 나다울 수 있도록 배려하는 동시에 그도 그다울 수 있는 사람이기 때문이다.

함께 일을 할 때 내 의견이 받아들여지지 않을 경우도 많다. 그렇다고 해서 기분 나빠하며 불필요한 말을 해서는 안 된다. 한 번 실수하는 것은 큰 문제가 되지 않는다. 하지만 실수가 모이고 모여서 걷잡을 수 없어지면 문제는 심각하게 변해버린다. 나의 옛 선생님은 페이링에서 온 목수와 에이즈볼에서 온 목수가 만나면 말다툼이 생기기 마련이라고 농담처럼 말했다. 참고로 그는 민네순 출신이다.

가장 중요한 경험은 지식의 습득에서 온다. 즉 모르는 것은 배우고, 하지 못하는 것은 시도해보는 데서 경험이 쌓인다. 쉬운 일은 아니다. 스스로 하지 못하는 일은 모르기 때문에 못하는 것 아닌가? 자기가 모르는 것에 대해 처음부터 관심을 가지기는 쉽지 않다. 그렇다면 모르는 것을 어떻게 찾아봐야 하는가? 인터넷에서? 동료에게 물어서? 설계사나 엔지니어한테 질문해서?

자신의 한계를 아는 것은 실력 있는 목수의 가장 중요한 능력이기도 하다. 우리는 실수를 통해 무언가를 배우게 된다. 실수를 되돌아보고 이를 바로잡기 위해 노력하는 것은 당연한 일이다. 무언가를 배운다는 것은 실수를 받아들이는 것과 같은 말이다. 물론 배우는 과정에서는 실수가 커지지 않도록 어떤 일이든 관심을 가지고 최선을 다해야 한다.

능력 있는 기술자는 종종 자신감과 망설임을 반반씩 균형 있게 지니고 있다. 학문적인 이중성이라고나 할까. 그들의 자신감은 자신들의 망설임과 불안감에 의존하고 있다고 해도 과언이 아니다. 그들은 자신감이 있기에 모르는 것을 선뜻 물어볼 수 있으며, 새로운 일의 경험은 또 다른 경험의 한 부분으로 쌓이게 되는 것이다.

　건물을 비뚤게 짓는 이유는 모르는 것이 많아 망설이고 불안해하기 때문이다. 때로는 지나친 자신감 때문이기도 하다. 이 또한 나의 옛 선생님이 해준 말이다. 토론할 때 그는 마치 단단하기 짝이 없는 화강암처럼 보이기도 했다. 고집 센 것은 말할 나위도 없거니와 매사에 확실하고 명백한 태도를 보였다. 내가 아무리 애를 써서 논리적으로 말해도 화강암처럼 단단하기 짝이 없는 선생님의 태도는 조금의 흠집도 내기 어려울 정도였다. 하지만 오랜 시간이 흐르고 보니, 나의 선생님은 외유내강의 표본이라는 생각이 점점 들기 시작했다. 이제 기억을 더듬어보니, 선생님은 내가 마음 놓고 기대어도 허물어지지 않았던, 허물어질 수 없었던 사람이라는 생각이 든다.

34

○

문득 설계도면과 설명서에 받침벽의
통풍 공사 사항이 빠져 있다는 것을 깨달았다.
물론 꼭 해야만 하는 일인 건 알았지만, 이토록 중요한
사항을 체크하는 걸 잊어버렸다고 생각하니 민망했다.

바닥을 평평하게 고르는 작업을 마쳤다. 용마룻대의 중심점은 우리가 앞으로 일을 하는 데 매우 중요한 기준점이 될 것이다. 우리는 용마룻대의 중간 부분 아래에 레이저 측정기를 설치하고 용마룻대의 양끝에 자리한 중심점을 찾아냈다. 분필로 이 두 점을 이은 선을 바닥에 긋자, 그 선은 이 용마룻대의 위치를 정확히 보여주었다.

바닥에 그어진 이 용마룻대 표시선부터 앞으로 받침벽knee wall(다락의 지붕과 마루 사이에 세워져 서까래를 받치는 짧은 벽 - 옮긴이)이 들어설 곳까지 측정한 후 거기에 용마룻대 표시선과 평행하게 선을 그었다. 또 다른 벽은 욕실 안에 위치할 거라 당장 작업에 들어가지 않

아도 되었다.

　이런 공사에서 경사진 지붕 아래 있는 받침벽은 매우 특별하다. 우리는 최적의 통풍 환경을 만들기 위해 다락의 벽들과 천장 뒤를 잘 막아야 한다. 서까래와 지붕널과 석조 부분이 이 받침벽에서 모두 만난다. 이 결합 지점에서는 특히 목재 건식(공기 흐름이 나쁠 때 목재에 생기는 부식—옮긴이)이 자주 일어나며 곰팡이가 생기기도 한다. 곰팡이도 문제지만 목조 건물에서는 자재의 건식이 생길 경우 붕괴 위험도 나타난다. 이 부분의 시공을 잘못할 경우 그 집은 온갖 미생물이 빠르게 번식하는 온실이 되어버린다. 이 경우 건물이 손상되는 것은 자명한 일이다.

　벽의 방풍과 방습 작업을 잘해놓지 않으면 그곳으로 습기와 바람이 침투할 가능성이 크다. 이것을 잘 막는 동시에 실내 통풍에도 신경을 써야 한다. 나는 통풍을 위해 단열재와 벽돌벽의 간격을 10센티미터로 벌려놓았다. 일반적으로 이 간격은 5센티미터 정도다. 외부의 신선한 공기를 실내로 유입하는 것은 그리 어렵지 않다. 나는 벽돌벽에 둥근 구멍을 뚫기 위해 전문가를 고용해야만 했다. 구멍은 실내에서부터 뚫어나가면 더 쉽다. 이 구멍을 통해 빗물이나 수분이 안으로 유입된다 해도 공사 초기에는 아무런 문제가 되지 않는다.

　이 구멍은 벽의 통풍 공간에 공기를 유입·배출하는 데 큰 역할을 한다. 구멍을 뚫으면 바깥쪽에 보호용 창살을 설치해 막아주어야 한다. 이 일은 눈이 녹은 후 천천히 해도 된다. 그때쯤 되면 어차피 외부에서 지붕 공사를 해야 하기 때문이다.

문득 설계도면과 설명서에 받침벽의 통풍 공사 사항이 빠져 있다는 것을 깨달았다. 물론 꼭 해야 하는 일인 건 알았지만, 이토록 중요한 사항을 체크하는 걸 잊어버렸다고 생각하니 민망했다. 페테르센 부부와 또 한 차례 심각한 토론을 하지 않을 수 없었다. 나는 그들이 비용을 부담하면 좋겠다고 바랐으니까. 욘에게 자초지종을 말하자, 그는 조금 언짢아하는 것 같았다. 문제 해결 방식과 비용에 대해 말하자 그는 말꼬리를 흐리며 주제에서 벗어나는 말로 시간을 끌었다. 꽤 오랜 시간을 끈 후, 우리는 어쨌든 빠른 시일 내에 결정을 내려야 한다고 의견 일치를 보았고, 그는 설계사에게 당장 전화를 해보겠다고 말했다.

단과 나는 하던 일을 계속했다. 우리는 계획대로 벽돌벽에 구멍을 내고 통풍 층을 개방했다. 물론 공사가 끝나면 그 부분을 막을 생각이었다.

다락 바닥과 벽돌벽이 이어지는 부분에는 찬 기운이 스며들어오지 않도록 특히 단열 공사에 신경을 써야 한다. 외부의 찬 공기는 바로 그곳을 통해 대량 유입될 수 있기 때문이다. 바닥의 금속 주조대 위에 샛기둥들을 세우고 서까래들과 단단히 고정해야 한다. 이제 벽은 든든히 지붕을 떠받칠 수 있게 된다.

우리는 벽 양쪽 끝에 지붕에서 30센티미터 떨어진 지점을 잡아 거기 샛기둥에 표시를 했다. 그렇게 하면 단열재가 들어갈 공간을 확보할 수 있다. 천장이 고르지 않아서 레이저 측정기를 사용하여 표시해둔 곳의 수평점을 고쳐 잡아야 했다. 실에 분필을 연결해 벽을 따라가며 샛기둥들에 모두 표시를 하고, 벽과 천장이 만나는 모서리의 각도도 레이저 측정기를 사용해 완벽하게 수직·수평을 이루게 했다. 받침벽에 그어놓은 그 선을 따라 구부리는 것이 가능한 띠강판을 설치했다. 이제 천장과 벽이 만나는 곳의 못을 박을 수 있는 띠가 완성된 셈이다. 여기에 사용한 띠강판은 너비가 약 10센티미터로 중앙에 구멍이 뚫려 있어 원하는 방향으로 구부릴 수 있다. 과거에는 이 금속 자재 대신 석고보드에 나사못을 박아 공사를 했다. 벽과 천장이 만나는 모서리들을 이런 식으로 시공할 경우 최대한 안정성을 유지할 수 있다. 석고보드 사이에 금이 가는 것도 방지할 수 있어서 좋다. 이 띠강판은 일종의 기초 골조 역할을 하며, 증축 시설을 이어 붙일 때도 매우 쉽게 시공할 수 있다.

천장의 경사는 36도였다. 공사는 박공벽부터 시작해도 문제는 없었다. 우리는 받침벽에 설치한 띠강판을 기초로 삼아 2×4인치 목재를 그 박공벽에 시공했는데, 수준기를 사용해서 36도선을 잡아놓았다. 다른 쪽의 방화벽에도 같은 작업을 했다. 실을 이용해 띠강판을 끌어올리고 정확한 자리를 잡은 후, 약 1센티미터의 간격을 두고 2×4인치 목재들을 배치해두었다. 이렇게 해두면 월요일에 특별한 사전 준비 없이 바로 일을 시작할 수 있다.

우리는 한 주의 일을 마무리했고, 단은 가족들이 있는 집으로 돌아갔다. 나는 페테르센 부부와 일 이야기를 좀 더 나누기 위해 남아 있었다. 카리의 아버지가 공사 진행 상황을 둘러보기 위해 집에 들렀다. 그를 만난 건 처음이었다. 카리는 아버지와 함께 내가 없을 때 다락을 둘러본 적이 있다고 말했다. 그들은 비엔나빵을 접시에 담아 다락으로 올라왔다. "공사가 잘되고 있는 것 같군." 카리의 아버지가 그런 식으로 말한 것은 아주 큰 칭찬의 의미를 담고 있다고 했다. 그들은 계단이 들어설 공간의 설계도와 실제 현장을 살펴보고서 매우 만족해했다. 특히 먼지와 쓰레기가 아래층으로 유입되지 않는다는 점을 크게 칭찬했다.

우리는 앞으로의 공사 계획을 대충 설명해주었고, 그는 욕실과 벽 공사에 대해 세세히 물어 왔다. 그 외의 대화는 주로 공사가 끝난 후에 해야 할 일들 위주로 이루어졌다. 나는 벽돌담 안쪽의 통풍 시설과 관련하여 벽돌담에 구멍을 뚫어야 한다는 사실을 미리 알려주지 못한 점에 대해 다시 한 번 사과했다. 카리는 충분히 이해할 수 있다고 말하며 개의치 말라고 했다. 그녀는 공사를 시작하면서 이토록 세세하고 많은 사항에 신경을 쓰게 될 줄은 몰랐다며, 오히려 내 처지를 충분히 이해한다고 위로했다. 추가 비용도 걱정하지 말라고 덧붙였다.

엔스와 프레드릭은 도구와 연장, 자재 사이를 뛰어다니면서 그것들을 살펴보았다. 우리는 아이들에게 망치와 몇 가지 도구를 사용할 수 있도록 허락해주었다. 그들은 함께 무언가를 만드는 듯 자못 진지하게 대화를 나누며 망치질을 했다.

"보트!" 엔스가 말했다. 그는 한쪽 끝이 비스듬하게 깎인 나뭇조각 하나를 찾아냈다. 그 위에 사각형의 나무토막을 얹으니 보트의 조종실이 되었다. 그렇게 모양새가 갖추어지자 어른들도 그것이 무엇인지 대충 알 수 있었다. 프레드릭은 외할아버지의 도움을 받아 망치질을 했고, 조종실은 보트에 고정되었다. 나는 아이들에게 바닥에 그림을 그려도 된다고 말했다. 아이들은 연필을 받아 쥐고 침실이 들어설 공간의 바닥 위에 침대와 말 모양 흔들의자를 그렸다. 나는 곧 그곳을 나섰고, 페테르센 가족들은 다락에 좀 더 남아 있었다.

35

○

내게는 나만의 경험이 있다.
타인을 보고 배우는 것은 매우 중요하다.
하지만 나만의 개인적인 경험은 나의 인성이요 성격이라고도 할 수 있다.
목수로 살아간다는 것은 축적되는 경험을 통해 여러 번
다시 태어나는 것과 같다.

월요일은 한가하고 여유로운 주말 끝에 갑작스럽게 찾아왔다. 알람
이 울린 후 30분이나 지나서야 잠에서 깨는 바람에 서둘러야만 했
다. 거리엔 봄기운이 가득했지만, 겨울이 남겨놓은 자취를 여전히
느낄 수 있었다.

나는 페테르센 가족에게 간단히 아침 인사를 건넸다. 아이들은
나를 보자 소리를 지르며 반갑게 맞아주었다. 그들은 거실 바닥에
놓인 나무배를 보여주었다. 나무배는 이제 돛과 돛대까지 갖추고
있었다. 아이들은 봄이 오면 별장에 가서 호숫가에 배를 띄울 것이
라고 했다.

"욕실 공사가 끝나면 욕조에 물을 받아놓고 배를 띄워도 좋지 않겠니?"

아이들은 좋은 생각이라고 말했다. 나는 아이들이 욕조와 나무배 이야기로 들떠 있을 때 다락으로 올라갔다.

단과 나는 천장 공사를 시작했다. 우리는 가장 위쪽, 용마룻대 쪽에 못질용 띠판자들로 지지 구조물을 설치했다.

나는 여분의 2×4인치 목재들을 미리 주문해둔 사실에 흡족하지 않을 수 없었다. 지붕 표면을 맨 위부터 맨 아래까지 덮을 수 있는 길이였기 때문이다. 우리는 이 목재들을 60센티미터 정도의 간격을 두고 구조물에 고정했다. 2×4인치 목재들을 지붕 경사면과 가로로 가지런히 배치하고, 서까래 사이에 매달린 띠판자들 구조물에 단단히 고정했다. 이로써 최소한으로 변형된 내림천장이 생겨났다.

바닥에 표시된 용마룻대 선을 띠판자들에 복제해 그려넣고, 그 복제한 선을 따라 모서리 연결재를 부착했다. 이렇게 해서 띠판자가 달린 천장 내부 용마룻대를 설치하는 작업이 완료되었다. 이 새로운 내부 용마룻대는 새로운 천장 면을 달아내는 시작점 구실을 할 터였다.

우리는 이미 수년 전부터 이런 식으로 천장을 올렸다. 하지만 아직까지 같은 일을 하는 사람들 중에 우리와 같은 방식으로 일하는 사람들을 본 적이 없다. 계단 공사를 하는 방식도 마찬가지다. 물론 이러한 방식은 다른 목수들의 작업 방식에서 아이디어를 얻은 것이라고 할 수도 있다. 단과 나는 그것을 토대로 우리만의 작업 방식을 개발했다고 해도 과언이 아니다. 이 일을 하는 데 실제로 정해진 방법이 존재하는 것은 아니다. 이 업계의 전형이라고도 볼 수 있다. 목수들은 스스로 해결 방법을 찾아야 하는 것이다. 물론 나는 더 효율적인 방식으로 일하는 목수들을 보면 기꺼이 그들의 방식을 배울 준비가 되어 있다.

내게는 나만의 경험이 있다. 타인을 보고 배우는 것은 매우 중요하다. 하지만 나만의 개인적인 경험은 나의 인성이요 성격이라고도 할 수 있다. 목수로 살아간다는 것은 축적되는 경험을 통해 여러 번 다시 태어나는 것과 같다. 몇 번의 공사를 하다 보면 경험에 노련미까지 쌓인다. 피곤하고 아픈 등을 새것으로 바꿀 수 없다는 것은 아쉽지만 말이다.

천장 공사는 복잡하기 그지없는 작업이다. 사용하는 연장과 도구를 보면 알 수 있다. 수준기, 레이저 측정기, 거리 측정기, 줄자와 접자, 곧은자와 곱자, 분필, 체인과 실, 연필 등 다양한 도구를 사용한다.

측정, 계산, 정확성은 흔히 삶의 비유로 쓰인다. 너무 지나치게 정확성을 따지면 바람직하지 않을 때도 있다. 그렇지만 엉성하게 대충대충 일하는 것도 좋지 않다. 정확성은 하는 일이 무엇이냐에 따라 정도가 달라진다. 금속공예 작업을 할 때는 1밀리미터의 백분의 일까지 정확해야 한다. 반면 내가 하는 일에선 밀리미터와 센티미터 기준의 정확성만 유지하면 된다. 또한 벽돌공이 지니고 있는 성확성의 개념은 목수보다 좀 더 느슨하다고 말할 수 있다. 정확성의 개념은 하는 일에 따라 달라진다는 말이다.

정확성에 집중하는 목수들의 태도는 직업에 대한 자긍심이나 거만함 때문이 아니라 필수불가결한 요소다. 나는 그간 정확성에 대해 별 생각이 없는 목수들을 이따금 보았다. 정확한 측정 작업을 해야 한다고 말하면, 그들은 마치 자신들의 자유를 침해받는 듯 거부 반응을 나타냈다. 그들은 마치 자유에 대해 특별히 앞선 개념을 지닌 듯 굴었다. 권위나 규칙 앞에서 두말없이 무릎을 꿇는 것이 능력 없고 진부한 목수들의 전형적인 태도라도 되는 듯 말이다. 그들은 즉흥적인 방식으로 일하는 것을 선호한다. 적어도 내가 보기엔 그렇다. 그들은 규칙 따위는 상관없이 마음이 가는 대로 일하는 것처럼 보인다. 그런 사람들은 아무리 시간이 흘러도 좋은 목수가 될 수 없다.

양념을 친다는 표현은 분명 요리사들에게서 유래한 것이리라. 적어도 주방에서 일하는 전문 요리사들은 작업 과정에서 조금이라도 실수를 하면 예상했던 것과는 너무나 다른 결과를 만나게 된다. 요리는 기술적 엄밀함이 대단히 강조되는 분야다. 많은 요리사가 약간 정상이 아닌 것처럼 보이는데, 거기에 속아 넘어가지는 말자, 그들 중 일류 요리사는 특히 엄격한 전문가다. 그들을 평범하지 않게 만드는 것은 극심한 긴장 속에서 시간과 속도에 쫓겨가며 일해야 하는 환경 때문이거나, 그런 환경에 매력을 느끼는 그들의 성격 때문일 것이다.

목수는 모든 일에 정확해야 하지만, 자신이 하는 일이 옳고 그른지 여부도 정확히 가려낼 수 있는 직관을 가지고 있어야 한다. 이러한 요소를 갖추지 못할 경우 일은 잘못될 가능성이 크며, 그 결과는 마치 복권에 당첨되는 것과 마찬가지로 우연에 의지할 수밖에 없다.

독립성을 유지하면서도 규칙과 규율을 존중하고 따르는 것. 목수는 이 두 가지 요소의 균형을 잘 유지하며 일해야 한다.

36

○

오늘은 일손을 놓고 좀 즐겨도 될 것 같았다.
나는 오센 가의 제과점으로 가서 계피빵과 크림빵을 샀다.
토마스는 한센 베이커리에서
미리 주문해두었던 나폴레옹 케이크를 가져왔다.
이렇게 많은 인부들이 한자리에 모일 수 있는 날은 그리 많지 않다.

쌓여 있던 자재들이 바닥을 드러내기 시작했다. 일이 계획대로 진
행되고 있다는 뜻이다. 이제 자재들은 모습을 바꾸어 건물의 일부
가 되었다. 3월 말, 다락의 모습은 작년 11월 욘 페테르센과 처음 통
화를 했을 때와는 완전히 다르게 변해버렸다. 창 밖에는 조심스레
봄을 알리는 듯 이따금 새들이 지저귀는 소리가 들려왔다. 한기로
인한 피부질환도 거의 모습을 감추었다. 봄이 코앞에 다가왔다.

자재들을 더 들여와야 할 때가 되었다. 곧 욕실이 들어설 자리
에 천장을 설치해야 한다. 하지만 아직은 천장의 골조와 틀, 그리고
받침벽의 일부 작업을 할 만큼의 주요 자재들은 남아 있다.

우리는 남아 있는 자재를 끝까지 효율적으로 이용하기 위해 최선을 다했다. 크기가 못질용 띠판자는 여기저기 쓰이는 곳이 많다. 우리는 이 띠판자를 만들기 위해 받침벽 공사나 천장 공사를 하고 남은 자재들을 잘라 사용했다. 남은 자재들은 폐기물 처리장으로 향해야 하며, 이는 비용의 손실을 의미한다. 머리를 써서 작업을 하면 자재 폐기물을 줄일 수 있고, 동시에 비용을 절약했다는 생각에 기분까지 좋아진다. 푼돈이 쌓여 배가 부른 돼지저금통이 떠오르기도 한다. 동시에 환경보호에 일조했다는 생각에 뿌듯하다.

받침벽 쪽의 통풍 공사는 계획대로 진행할 예정이고, 그 비용은 페테르센이 부담하기로 했다. 나는 큰 갈등 없이 일이 결정되어 안도했다. 페테르센에게 전화를 해서 통풍벽의 구멍 크기와 개수, 공사 설명서를 설계사에게 받아놓으라고 하자 그는 한숨을 푹 내쉬었다. 어쩔 수 없는 일이었다. 내가 그런 일까지 책임을 질 수는 없으니 말이다. 선택의 여지가 없으니 나는 페테르센을 재촉할 수밖에 없었다.

유카에게 전화해서 통풍 구멍을 뚫어달라고 부탁했다. 그는 두말없이 내 부탁을 들어주었다. 나는 통풍 문제를 해결해야겠다고 생각했던 날 바로 그에게 전화를 했다. 그는 큰 건축회사에 고용되어 일하고 있는 처지였지만, 나는 그에게 가끔 개인적으로 부탁을 하곤 했다. 다른 회사에서 일하는 사람들과 이런저런 인연을 맺어두는 것은 큰 도움이 된다. 큰 회사들은 가끔 나처럼 소규모 개인업체를 운영하는 사람들에게 연민을 지니고 있는지, 도움을 청하면 선뜻 도와주곤 한다.

유카는 거대한 힐티(전동공구의 대명사가 될 정도로 유명한 공구 회사 이름-옮긴이) 기계를 가져와 구멍을 뚫기 시작했다. 하지만 날이 망가지는 바람에 새것을 다시 가져와야 했다. 덕분에 그는 오전 시간의 대부분을 길에서 보내야 했다. 그는 내 일을 도와준 후에 다른 곳으로 가서 약속된 일을 해야 했다. 그에게는 무척이나 긴 하루가 되었을 듯싶다. 핀란드 출신의 스웨덴인인 그는 일할 때 자주 욕을 하는 게 단점이긴 하지만, 기분은 늘 좋은 것 같다.

나는 바람막이창의 덮개를 내리고 받침벽에 단열재를 설치할 준비를 마쳤다. 금요일 오전에는 토마스가 와서 배관 작업을 할 예정이었다. 그는 매사에 긍정적이고 실력도 있는 배관공이라 그와 함께 일하면 항상 쉽게 작업을 진행할 수 있다. 그는 작업 시간 외에는 사고를 몰고 다니는 사고뭉치기도 하다. 그래서 가끔 손에 붕대나 반창고를 감고 오곤 한다. 그가 주로 사고를 내는 것은 종종 손에 익숙치 않은 기계를 사용할 때다. 전기대패가 한 예다. 나는 그가 전기대패를 들고 작업하는 모습을 상상할 수 없다. 배관공이 전기대패를 들고 있는 모습이란……. 그 둘은 절대 어울리지 않는다.

우리는 토마스가 오기 전에 이미 철거 작업과 구멍 뚫는 작업을 해 두었다. 그가 배관 작업에만 전념할 수 있도록 말이다. 그는 샤워기와 변기 배수관을 시공했다.

모든 주요 배수관과 하수관은 환기가 잘 되어야 한다. 양변기의 물을 내리면 물은 배수관을 통해 내려간다. 이때 물이 내려가는 것은 사이펀 관의 흡입력 때문이다. 이 관에 물이 없으면 하수의 악취가 집 안 전체로 퍼져나간다. 배수관에 환기가 잘 되면 이를 피할 수 있다. 환기를 시키고 악취를 제거하기 위한 통풍관은 지붕으로 향하도록 설계되어 있다. 공사가 마무리될 무렵 지붕에 통풍관을 설치할 예정이다. 토마스는 오늘 할 일만 하고 가면 되었고, 나와 단은 욕실 공사를 시작하기로 마음먹었다.

욕실 공사는 굉장히 손이 많이 간다. 수많은 분야의 전문가들이 모여야 욕실 하나를 만들어낼 수 있다. 목수, 배관공, 전기기사, 벽돌공, 페인트공, 방수막 설치공이 함께 협력해야 한다. 모두 한마음으로 일해야 함은 물론이며, 차례에 따라 정확히 해야 한다. 욕실 하나를 만드는 데 대충 25만 크로네가 든다. 바닥과 천장, 벽 등 기본 공사 비용까지 따진다면 훨씬 많은 비용이 들어간다.

목수들조차 욕실 공사에 들어가는 비용이 천문학적이라고 입을 모으는 일이 다반사다. 그러므로 공사를 의뢰하는 사람이 예산을 16만 크로네로 책정했다면 그 욕실은 결코 제 역할을 해낼 수 없다.

부족한 9만 크로네는 어디서 절약할 수 있을까. 자재? 임금?

물이 잘 빠지게 비스듬히 설치된 바닥 배수로 방수막은 한 치의 오차도 없이 단단하게 잘 설치되어야 한다. 이 부분에 조그만 공간이라도 생긴다면 바닥에 물이 새는 일이 발생한다. 요한네스는 바로 이 때문에 다 지어놓은 욕실을 뜯어내고 새로 지어야 했던 이야기를 해주었다. 페테르센의 욕실은 세면대 아래, 세탁기 아래, 그리고 샤워 시설 아래에 배수관을 설치하고 특수 방수막을 사용해 물이 새는 것을 막기로 했다. 시멘트 속에 들어가는 철근은 배수관 위쪽에 설치하고, 열선은 철근에 이어 고정함으로써 시멘트의 중앙에 위치할 수 있도록 했다. 이렇게 하면 바닥에 온기가 고루 퍼지도록 하기 쉬워진다.

바닥의 표면에는 타일을 깔되 배수구 쪽을 향해 비스듬하게 경사를 만들어주어야 한다. 그렇게 하지 않으면 욕실 바닥에 물이 고인다.

금요일에는 2차로 주문한 자재들을 다락으로 운반할 예정이다. 이번에도 스벤이 크레인을 가져와 이 일을 도와줄 계획이다. 올레와 보르도 합류할 예정이고, 단도 금요일이 되면 다시 올 테니 일은 무난히 진행할 수 있을 것 같다.

2차로 주문한 자재의 양은 1차분보다 훨씬 많았다. 이번에는 천장과 지붕, 벽에 들어갈 단열재가 포함되었다. 단열재는 수납 공간 연결보들 위에 올려놓을 생각이었다. 사실 그곳 외에는 단열재를 쌓아둘 마땅한 장소를 찾기가 어려웠다. 우리는 방수용 타일과 석고보드, 접착제와 접착용구, 방수용 폼, 비닐 등 크고 작은 많은 자재들을 운반해야만 했다. 요한네스가 작업을 할 욕실용 모르타르, 타일, 타일용 접착제도 이번에 주문한 자재에 포함되어 있었다.

바닥에 바를 모르타르의 양은 무려 1.2톤이나 되었다. 모두 50여 개의 자루에 나누어 담겼는데, 각각의 자루는 25킬로그램이었다. 크레인을 사용하지 않고 이것들을 모두 직접 다락으로 운반한다면 50번을 왕복해야 한다. 뿐만 아니라 같은 분량의 타일과 접착제도 운반해야 한다.

이번에는 폐기물을 분리해서 정리하지 않았다. 모든 폐기물을 하나의 대형 쓰레기 수거통에 담아 버릴 생각이었다. 반밖에 차지 않은 수거통 두 개를 폐기 처리하는 것보다 하나의 수거통을 꽉 채워 처리하는 것이 비용 절감에 훨씬 도움이 되기 때문이다. 이번에 나온 폐기물은 쓰레기 수거통 하나도 제대로 채우지 못해서 페테르센에게 집에 버릴 물건이 있으면 수거통을 사용해도 좋다고 했다. 욘은 오늘 평소보다 일찍 퇴근해서 버릴 물건을 정리하기 시작했다. 그는 보르의 도움을 받아 낡은 소파 등 큼직한 물건들을 수거통으로 옮길 수 있었다.

새로 들어온 자재의 종류와 양이 너무 많아서 신경 쓸 일도 더욱 많아졌다. 하지만 그간의 일을 무사히 계획대로 마무리하고 새로운 자재들을 들여오니 공사가 제대로 진행되고 있다는 생각이 들어 기분이 좋았다. 스스로 어깨를 다독여주고 싶을 만큼.

오늘은 일손을 놓고 좀 즐겨도 될 것 같았다. 나는 오센 가의 제과점으로 가서 계피빵과 크림빵을 샀다. 토마스는 한센 베이커리에서 미리 주문해두었던 나폴레옹 케이크를 가져왔다. 이렇게 많은 인부들이 한자리에 모일 수 있는 날은 그리 많지 않다. 게다가 오늘은 금요일이 아닌가. 욘은 커피를 끓였고, 우리는 운반을 마치고 쌓아놓은 자재 위에 앉아 커피를 마시고 케이크를 먹으며 잠시 휴식을 했다.

나는 자재가 들어왔던 지붕의 구멍을 막는 일로 한 주의 일을 마무리했다. 이번 주말에는 서류 작업도 하지 않을 생각이니 오랜만에 주말 같은 주말을 보낼 수 있을 것 같았다.

토요일에는 올레와 함께 바다숭어 낚시를 하기 위해 휴롬란데에 가기로 했다. 일기예보에서는 햇살이 쨍쨍하고 바람이 불지 않는다고 했다. 그래서 올해 첫 낚시를 하기로 마음먹었던 것이다. 솔직히 올해 들어서도 낚시는 몇 번 했다. 하지만 제대로 낚시다운 낚시를 하려고 작정하고 짐을 꾸리는 것은 내일이 처음이다. 우리는 고기가 잡힐지 안 잡힐지도 모르면서 어린애처럼 들떠 있었다. 고기가 잡힐 것이라고 믿는 것은 낚시꾼들의 기본 자세가 아니던가.

올레는 항상 자기가 있는 자리보다 남들이 있는 자리에서 고기가 더 잘 잡힌다고 믿는 사람이었다. 그래서 그는 자꾸 자리를 바꿔가며 낚시를 했다. 가끔은 발을 디디기 힘든 곳까지 어렵게 들어가할 때도 있다. 그는 바윗돌에서 뛰어내려 물속으로 첨벙 들어갔다. 그의 방수바지 속으로 물이 들어찼다. 낚시용 방수바지를 입고 얼음이 둥둥 뜬 물 속으로 들어간 사람은 올해 들어 처음 본다는 생각이 스쳤다. 물이 너무 차가웠던지 그는 얼른 뭍으로 달려나와 마치 육지에서 입을 뻥긋거리는 숭어처럼 헉헉 숨을 몰아쉬었다. 우리는 그의 방수바지 속에 들어간 물을 함께 비웠고, 나는 얼마 남지 않은 뜨거운 커피를 그에게 양보했다.

집으로 돌아오는 차 안에서 나는 그 생각을 하며 내내 웃었다. 낚시 여행은 성공적이었다. 비록 고기는 한 마리도 못 잡았지만.

37

○

우리는 처음부터 끝까지 긴밀하게 협력 작업을 했다.
일을 하면서 대화를 주고받는 것도 잊지 않았다.
그래서 그런지 피곤하고 힘들다고는 느껴지지 않았다.
이번 한 주는 오히려 꽤
느슨하게 일을 할 수 있었다는 느낌이 들었다.

월요일 아침. 나는 페테르센 가족에게 인사를 건네고 활기차게 일을 시작했다. 올해 들어 처음으로 공사 현장에 자전거를 타고 왔다. 토르스호브의 긴 언덕을 오르기가 쉽지 않았지만, 시간이 지나니 익숙해져 그런대로 괜찮았다. 앞으로는 날씨가 좋으면 차 대신 자전거를 타고 다닐 생각이었다. 차가 필요한 날이면 물론 차를 가져와야겠지만 별다른 일이 없을 경우엔 자전거를 타는 게 좋겠다는 생각이 들었다. 특별히 게으름에 지는 날이 아니라면 말이다.

자전거를 타면 자유로움과 해방감을 느낀다. 자가용이나 대중교통에 의지하지 않아도 되니 말이다. 일을 마치고 집에 가기 위해 자전거를 타면, 차를 몰고 갈 때보다 하루 일을 마쳤다는 만족감과 해방감이 훨씬 크게 다가온다.

욕실은 약 10제곱미터 정도로 직사각형 형태이며, 받침벽을 따라가며 자리하고 있다. 욕실의 한쪽 끝 박공벽 쪽에는 욕조가 들어설 것이고, 다락으로 올라오는 계단과 맞닿아 있는 맞은편 벽에는 변기와 샤워 시설이 들어설 것이다. 다른 쪽 벽에는 세탁기와 건조기, 그 위에는 수납 선반을 설치할 예정이다. 문은 다락의 거실 쪽을 향한 벽에 내고, 같은 벽에 간이 개수대도 설치할 것이다.

바닥에 합판 바닥재를 깔자 공사를 하기가 훨씬 수월해졌다. 이제 욕실은 다락의 다른 공간과 분리되었다. 단은 지금껏 밖에서 지붕 바깥쪽에 작은 지지대를 여러 개 고정하는 작업을 해왔다. 일을 마친 단은 나와 함께 욕실 공사를 할 계획이었다.

우리는 천장을 올리고 벽에 지지대를 설치했다. 바닥의 방수막은 벽의 약 20센티미터 되는 지점까지 올려서 깔아야 한다. 이 일이 끝나면 벽에 방수타일을 바르는데, 이 방수타일은 바닥의 방수막을 거쳐 시멘트 주조물까지 이어진다. 우리는 내일 진행할 방수막 작업을 위한 사전 작업을 모두 해두었다.

욕실 공사를 할 때는 작은 타일을 이어 붙여야 하기 때문에 시간이 많이 걸린다. 소형 못질용 띠판자를 여기저기 설치해야 하는 것은 물론이며, 하찮게 여겨지는 자잘한 작업을 수없이 해야 한다. 우리는 이 일을 하는 데 목요일까지 나흘을 소비했다. 다행히 나는 인내심을 잃지 않고 작업할 수 있었고, 단도 호흡을 맞추어주었다.

우리는 처음부터 끝까지 긴밀하게 협력 작업을 했다. 일을 하면서 대화를 주고받는 것도 잊지 않았다. 그래서 그런지 피곤하고 힘들다고는 느껴지지 않았다. 이번 한 주는 오히려 꽤 느슨하게 일을 할 수 있었다는 느낌이 들었다. 조급해하지 않고 계획대로 일을 하면 스트레스를 받지 않아서 좋다.

단은 금요일에 집에서 서류 작업을 하겠다고 했다. 방수막 접착제 냄새가 너무 심해 욕실 안은 숨을 쉴 수 없을 정도가 된다. 하루 정도 공사 현장을 벗어나 있는 것도 좋을 듯했다. 나는 내일 아침 일찍 현장에 나와 방수막을 어디에 어떻게 깔아야 할지 담당자에게 알려준 후, 계단 설비를 위해 측정 작업을 하러 오는 인부를 만나기로 했다. 방수막을 깔기 위해 가설물을 설치하는 일은 의외로 시간이 많이 걸렸다. 우리는 방수막 접착제 냄새가 욕실 내에 진동하기 전에 할 수 있는 일은 최대한 많이 해놓기로 했다.

단과 나는 어제 집에 가기 전에 계단이 들어설 공간에 임시로 깔아놓았던 합판 바닥재를 떼어냈다. 나는 아래층으로 내려가서 같은 위치의 천장 부분에서 단열재와 석고보드를 제거했다. 계단 설치를 위해 온 사람은 아래층에 서서 아래층 바닥과 다락 바닥 사이의 간격을 밀리미터까지 정확하게 측정했다. 그가 일을 마친 후, 나는 석고보드와 단열재를 다시 제자리에 밀어넣었다. 계단 설치공은 다락까지 올라와서 내가 합판 바닥재를 다시 까는 일을 도와주었다.

접착제 냄새가 서서히 다락에 번졌고 숨을 쉬기가 불편해지기 시작했다. 나는 집으로 돌아가서 서류 작업을 해야겠다고 마음먹었다.

낮에 잠시 짬을 내어 다시 다락으로 가보았다. 욕실 바닥에 깔아놓은 방수막 위로 물을 채워넣어 압력 테스트를 해보기 위해서였다. 나는 물을 채워넣기 전에 배수관에 일종의 고무풍선을 넣어두었다. 물이 들어오면 그 풍선은 부풀어 올라 배수관 입구를 완전히 막아버리게 된다. 아래층에서 호스를 연결해 다락으로 물을 끌어왔다. 바닥에서 약 10~15센티미터 올라오는 지점까지 물을 채워넣고, 내일 오전에 확인해볼 생각이었다. 그때까지 물이 줄어들지 않으면 방수막이 제 역할을 하고 있다고 봐도 좋을 것이다.

욘과 카리도 다락 욕실 바닥에 채워진 물을 보았다. 그들로서는 욕실 바닥에서 물이 새지 않는다는 것을 직접 두 눈으로 확인하니 더욱 안심할 수 있어서 좋을 것이다.

나는 토요일 오후 다시 다락의 욕실을 찾았다. 방수막은 예상했던 대로 제 역할을 다 해내고 있었다. 나는 이를 확신하고 배수관의 풍선을 제거한 후 바닥에 채워진 물을 흘려보냈다.

38

○

나는 시간이 오래 걸리고 그 결과를 한눈에 볼 수 없는 일을 할 때는
의뢰인에게 작업 과정을 설명해주곤 한다.
그것이 얼마나 시간이 오래 걸리는 작업인지.
우리가 이 일 때문에 얼마나 지쳐 있고 피곤해하는지도
조금 과장되게 전할 때가 있다.

"새 마음으로 일을 시작하면 새로운 대가가 기다리고 있다!" 나의
옛 선생님은 월요일 아침이 되면 항상 이렇게 인사를 건넸다. 이젠
내가 선생님의 말을 흉내 내 동료들에게 인사를 건넨다.

비외른 올라브는 욕실 바닥에 열선을 깔기 위해 화요일에 오기
로 했고, 요한네스는 바닥에 시멘트 주조물을 채워 넣기 위해 수요
일에 오기로 했다. 욕실의 바닥 공사가 끝나기 전에는 목수가 해야
할 일이 없다. 만약 그 시간을 기다리지 못하고 조급하게 일을 해치
운다면 방수막이나 열선을 손상시킬 위험이 적지 않다.

단은 주말에 스키를 타다가 무릎을 삐었다고 했다. 하지만 부상

은 심하지 않아 가벼운 일은 할 수 있었다. 우리가 할 일은 마지막 남은 작은 못질용 띠판자를 설치하는 것이었다. 그다지 힘든 일은 아니어서 무릎을 좀 삐었다 하더라도 얼마든지 할 수 있었다. 나는 주로 위쪽에 박아 넣었고, 다리가 불편한 단은 아래쪽에서 같은 일을 했다. 나는 뻣뻣한 다리로 돌아다니는 단을 보며 절름발이 아저씨라고 놀려대기도 했고, 다리가 하나든 둘이든 우리가 하는 일에는 아무 지장이 없다는 말도 했다.

벨룩스에서 제작한 지붕창은 완성된 창틀까지 포함해 배달되어 왔다. 나는 공장에서 제작되어 나오는 기성 창틀을 그리 좋아하지 않는다. 도시에 사는 내 고객들도 그렇다. 이 창틀을 사용하면 왠지 공공건물 같은 느낌을 준다. 하얀 페인트칠을 해서 마무리한 창틀은 모서리에 각이 져 있지 않고 곡선으로 처리되어 있다. 뿐만 아니라 창틀의 가장자리 처리를 천장 쪽으로 돌려서 마무리를 해놓았다. 나는 가장자리 처리를 하지 않고 석고보드로 처리한 각진 모서리의 창틀을 더 좋아한다.

이제 다락은 한눈으로 봐도 변화를 알아볼 수 있을 만큼 공사가 진행되었다. 대들보와 천장, 모서리와 벽돌벽. 가끔은 단순한 것이 가장 아름답게 보이기도 한다. 우리는 창틀을 석고보드로 제작하기로 결정했다. 물론 나 혼자 결정한 것은 아니다. 카리와 욘도 그렇게 하길 원했다.

도심과 외곽 지대의 건축문화는 큰 차이점이 있다. 외곽 지대라 해도 도심에서 20분이면 갈 수 있는 거리다. 하지만 차이점은 분명히 존재한다. 이곳에서 더 외곽으로 나가면 나갈수록 도심과의 차이는 더욱 커진다. 벨룩스 창틀이 그 한 예다. 이 창틀은 오슬로 시내 중심에서 멀리 떨어진 곳일수록 더 흔히 사용된다. 도심의 외곽 지대에서 자주 사용되는 창틀은 벨룩스 제품 외에도 탁에스TakEss 보드나 목재 패널을 복제한 엠디에프MDF 보드가 있다. 페인트칠을 해서 마무리한 석고보드는 도심에서 자주 사용되지만, 외곽 지대에서는 형태가 단순하다는 이유로 그리 자주 쓰이지 않는다.

이러한 차이점이 생기는 이유는 많다. 우선 경제력의 차이를 들수 있다. 외곽 지대는 도시 중심부보다 집값이 저렴하다. 공장에서 가공되어 나오는 제품을 사용하면 목수의 손을 빌려 제작하는 것보다 훨씬 싸다. 따라서 외곽에 사는 사람들은 집을 구입하는 데 제곱미터당 돈을 적게 쓰는 대신 이런 자잘한 부분에 돈을 더 쓰는 편이다.

물론 건축업계의 시대적 추세도 한몫을 한다. 도심은 수요도 많지만, 고객의 취향도 다양하기 그지없다. 도심에는 목수들의 수도 더 많다. 건축 관련 일을 하는 사람들도 더 많으니 고객 입장에서는 수요와 공급이 적게 일어나는 외곽 지대보다 더욱 다양한 선택을 할 수 있다.

물론 수요자 측의 취향이 중요하다. 도심에는 외곽 지대보다 고등교육을 받은 사람들 수가 일반적으로 더 많다. 소위 문화자본이 더 많다고 할 수 있다. 그들은 단순함을 좋아하지 않는다. 그들의 눈에는 엠디에프 패널이 단순하게 보이는 것이리라. 역설적으로, 오슬로에서 그리 멀리 떨어지지 않은 곳에 사는 사람들의 눈에는 하얗게 페인트칠이 된 석고보드 창틀이 단순하게 보이는 것이다.

나는 개인적으로 석고보드를 선호하지만 엠디에프 패널도 싫어하지 않는다. 나는 퇴이엔에 살고 있고, 시골에서 도심으로 이사를 온 사람이다. 즉 나는 도심과 시골 문화에 모두 익숙한 사람이라 해도 틀린 말이 아니다. 목수는 자신의 손이 가야 마무리를 할 수 있는 석고보드 창틀을 선호한다. 이런 일을 직접 해야 돈을 벌 수 있기 때문이다. 하지만 가장 중요한 것은 결국 그 집에 사는 사람들의 의견과 취향이다.

창틀에 지지용 띠판자를 박아 넣는 일은 꽤 손이 많이 가고 어렵다. 단열재가 들어간 천장은 두께가 상당하기 때문에 창틀의 너비도 여기에 상응할 정도로 넓어야 한다. 우리는 빛의 유입량을 최대로 늘이기 위해 일단 창문에서 창틀을 분리했다. 위쪽은 수준기를 사용해 수평을 잡았고, 아래쪽은 위쪽에 잡아놓은 선을 따라 일정하게 내려옴으로써 수평을 유지했다. 양쪽의 측면은 잘라내버렸다. 그렇게 하고 보니 중세의 성에서나 볼 수 있는 총안처럼 보이기도 했다.

우리는 석고보드를 창턱의 형태로 잘라낸 다음, 창틀이 들어갈 자리에 철제 지지물을 설치했다. 이렇게 하면 창틀의 각도를 일정하게 유지할 수 있다.

창은 외형상으로 보기에 아무 문제가 없었다. 하지만 창문 가장자리의 단열과 방수는 매우 중요하다. 문제는 총안 형태로 창문의 양쪽 측면 틀을 잘라버리니 단열재가 들어갈 충분한 공간을 만들 수가 없었다. 그래서 우리는 기존의 일직선 형태의 지지물 대신, 각을 내어 구부릴 수 있는 납작하고 평평한 지지물을 사용했다. 이것을 사용하면 단열재가 들어갈 공간을 충분히 확보할 수 있을 뿐 아니라 일도 신속하고 정확히 할 수 있다.

창틀을 보강하는 띠판자를 만들고 설치하는 일에는 매우 많은 시간이 걸린다. 그 바람에 집주인은 우리가 일을 안 하고 놀고 있는 줄로 오해할 때가 종종 있다. 나는 자잘하고 세부적인 일은 때가 되어 차례가 돌아오면 하나씩 해간다. 반면 단은 규모가 큰 공사부터 한 후에 자잘한 일들을 처리하는 것을 좋아한다. 즉 결과를 눈으로 확인할 수 있는 일들을 먼저 하는 것이 그의 작업 방식이다. 손이 많이 가는 자잘한 일들, 해도 해도 그 결과를 눈으로 직접 볼 수 없는 일들을 오래 질질 끌면 일이 지루하게 느껴지기 마련이다. 그래서 나는 자잘한 일들은 해야 할 때가 오면 하나씩 손을 보곤 한다.

공사를 의뢰한 집주인은 우리가 일을 할 때 그 자리를 지키지 않는다. 따라서 그들은 우리가 어떤 일을 하는지 자세히 알지 못한다. 의뢰인들은 오랜 시간이 걸리는 작업들의 세세한 과정을 이해하지 못할 때가 많다. 그럴 때면 의뢰인들은 인부들에게 일종의 배신감을 느끼기도 한다. 우리가 일을 하지 않고 게으름을 피우는 것이라 생각하기 쉽기 때문이다. 그러므로 나는 시간이 오래 걸리고 그 결과를 한눈에 볼 수 없는 일을 할 때는 의뢰인에게 작업 과정을 설명해주곤 한다. 그것이 얼마나 시간이 오래 걸리는 작업인지, 우리가 이 일 때문에 얼마나 지쳐 있고 피곤해하는지도 조금 과장되게 전할 때가 있다.

시간당 임금을 받을 때는 반드시 의뢰인에게 작업 과정을 설명해야 한다. 전에는 그들이 내가 하는 일을 이해하지 못하고, 단지 내가 게으름을 피운다고 생각해서 갈등이 생겼던 적도 없지 않았다. 의뢰인으로서는 이런 일이 생기면 임금을 주기가 꺼려지기 마련이다. 그렇다면 이 경우 책임은 누가 져야 하는가? 의뢰인에게 정확하게 작업 과정을 설명하지 않은 내가 책임을 져야 하는가? 그럴지도 모른다. 하지만 공사 과정에 대해 무지한 일반인들을 대상으로 세세하게 설명하는 것도 쉽지 않은 일이다.

페테르센은 작업 과정에서 궁금한 것이 있거나 문제가 생기면 바로 질문해 왔다. 그들 부부는 결정을 내려야 할 시기에 적절한 결단력을 발휘했고, 일이 순조롭게 진행될 수 있도록 도움을 주었다. 공사 현장을 보여주려고 다락으로 와보라고 제안을 했을 때도 그들은 마다하지 않았다. 이런 식으로 우리는 호흡을 맞추어왔다.

카리와 욘이 설계사인 헤를로브센과 함께 현장에 왔다. 그들은 지금까지의 작업 경과를 보고 싶다고 했다. 일이 잘 진행되고 있는지 확인해보고 싶은 마음이 컸을 게다. 이 방문을 통해 페테르센 부부는 중요한 작업들에 대해 독자적이면서 전문적인 관점에서 접근할 수 있었을 것이다. 나는 그들이 직접 방문해준 것에 진심으로 고맙다는 뜻을 전했다. 설계사와는 이미 전화로 수차례 대화를 나누며 공사 진행 상황 및 문제 해결 방식 등을 주고받았다. 그는 페테르센 부부는 물론 나와 몇 번 전화 통화를 한 후, 모든 일이 계획대로 잘 진행되고 있는 것 같으니 자기가 직접 현장을 찾아볼 필요는 없을 것 같다고 말했다. 그가 현장에 오면 그 시간과 컨설팅 비용을 페테르센 부부가 부담해야 한다고 덧붙였다. 그러므로 모든 일이 제대로 돌아가고 있다면 일부러 돈을 쓸 필요는 없다는 것이 그의 의견이었다. 하지만 카리와 욘은 설계사가 현장을 둘러보기를 원했다. 공사 진행 상황을 점검하고 나를 향한 신뢰를 더욱 돈독히 하고 싶은 이유였을 것이다.

헤를로브센과 나는 현장과 설계도면을 비교해가며 대화를 나누었고, 카리와 욘은 옆에서 듣고 있다가 가끔 질문을 던지기도 했다. 우리는 골조 공사 결과를 집중적으로 보았고, 욕실과 받침벽 쪽의 마무리 작업에 대해서도 관심 있게 살펴보았다. 그곳은 공사의 가장 기초적인 부분이기도 하거니와, 공사가 끝나면 겉으로 드러나지 않는 부분이기에 처음부터 확실히 해야 하는 곳이다. 나는 골조 공사를 하며 찍어두었던 사진들을 그들에게 보여주었다.

앞으로 진행될 공사는 설계사가 자신의 일을 마무리해야 시작할 수 있는 것이었다. 나는 헤를로브센에게 욕실 인테리어, 욕실 천장의 사시나무 패널 설치, 이층 발코니의 이케아 수납장 등 우리가 선택한 공사 방식에 대해 충분히 설명해주었다. 그는 매우 흡족해했고, 지금까지의 공사 방식에 대해 승인해주었다. 아직도 할 일은 많이 남아 있었지만 일은 계획대로 진행되고 있었으니 나도 만족할 수 있었다. 헤를로브센은 지금껏 많은 공사 현장을 둘러보았지만 이번에는 그 어느 때보다 훨씬 만족스럽다고 말했다.

페테르센 부부는 그의 말에 안심할 수 있었고, 나는 그의 말을 나 자신에 대한 긍정적인 마케팅 방법으로 이용할 수 있어서 기분이 좋았다. 이제 헤를로브센은 누가 그에게 공사 설계를 의뢰해 오면 나를 추천해줄 수도 있을 것이다.

39

◦

직업적으로 보았을 때 벽돌공과 목수는
형제간이라 해도 과언이 아니다.
배관공은 이들의 막냇동생쯤으로 여겨진다.
아니, 어쩌면 우리는
자매간이라 해야 하지 않을까?

단과 내가 지지물 설치 작업을 하고 있을 때, 비외른 올라브가 욕실 바닥에 열선을 깔기 위해 현장을 찾았다. 열선 작업을 마친 그는 천장에 전선용 파이프를 설치하기 시작했다. 파이프 속에는 전선이 들어 있어서 나중에 전선 설치를 위해 이중으로 작업하지 않아도 된다. 그는 천장에 덧대어놓은 2×4인치 목재를 따라 파이프를 설치했고, 파이프가 늘어지거나 흔들리지 않도록 고정핀으로 잘 고정했다.

한기가 침범하기 쉬운 외벽이나 천장 바깥쪽에 전선 파이프를 설치할 경우, 파이프도 한기의 영향을 받아 결로 현상을 피하기가 어렵다. 습기가 응축되어 결로 현상이 진행되면 물이 새고, 이 물이 파이프를 빠져나와 접속 박스로 몰려들게 된다. 하지만 파이프 주변의 단열재는 상당히 두껍기 때문에 건물에 물이 샐 위험은 거의 없다.

스위치와 콘센트, 전구 등을 잇는 전선은 모두 파이프 속에 장착되어 접속 박스로 연결된다. 이 일은 결코 단순하거나 쉽지 않다. 이 일을 끝내면 전기를 끌어와야 하는데 이 또한 관련 규칙이 여간 복잡한 게 아니다.

나는 항상 전기기사들에게, 당신들이 하는 일이란 전기의 음극·양극만 파악하면 되니 매우 단순하고 쉬운 거 아니냐고 농담처럼 말하곤 했다. 하지만 실제로 그들이 하는 일은 매우 복잡하다. 뒷정리를 잘 하지 않는 그들을 놀려대느라 이런 말을 하는 것뿐이다. 전기기사들이 한번 현장에 다녀가면 전선이 거미줄처럼 얽혀 있어 발이 걸려 넘어질 때도 종종 있다. 그들은 일을 배울 때 뒷정리하는 법은 배우지 않았음이 틀림없다.

페테르센은 가능한 한 콘센트를 여기저기 많이 설치해달라고 말했다. 전선을 잇기 위해 연장 전선을 사용하는 일을 피하기 위해서였다. 뿐만 아니라 아래층에 있는 낡은 전선들도 모두 교체해달라고 했다. 따라서 다락 공사가 끝나면 아래층 전기 시설물도 한층 향상될 것이다.

수요일이 되자 요한네스와 견습생 구스타브가 소형 시멘트 믹서기를 들고 현장에 왔다. 이 기계는 상당히 크고 무거웠지만, 두 사람이 함께 옮기니 그다지 큰 힘을 들이지 않아도 되었다. 요한네스는 필요한 자재들이 이미 위층에 운반되어 있다는 사실을 알고 매우 만족했다. 구스타브는 내색은 하지 않았지만 요한네스보다 더 좋았을 것이다. 왜냐하면 공시장에서 지재를 옮기는 것은 거의 모두 견습생의 몫이니까.

벽돌공과 목수 중 무엇이 더 힘든 직업인지 말하라면 나는 선뜻 대답을 할 수 없다. 하지만 벽돌공이 목수보다 더 무겁고 더 단단한 것들을 들어 올리고 옮기는 일을 자주 한다는 것만은 인정한다. 직업적으로 보았을 때 벽돌공과 목수는 형제간이라 해도 과언이 아니다. 배관공은 이들의 막냇동생쯤으로 여겨진다. 아니, 어쩌면 우리는 자매간이라 해야 하지 않을까? 우리의 직업은 전통과 역사가 깊다. 또한 물리적으로나 기술적으로 상통하는 부분도 많다.

소형 믹서기는 현장 안에서 적은 양의 시멘트를 처리할 꽤 유용하다. 모르타르를 일정하게 잘 섞는 건 매우 중요하다. 믹서기를 이용하면 손으로 하는 것보다 훨씬 잘 섞을 수 있다. 욕실 공사를 할 때 어떤 사람들은 모르타르가 들어 있는 자루에 바로 물을 넣고 섞은 후 물을 빼내면 모르타르가 축축해지니, 그걸로 충분하다고 생각한다. 하지만 이 경우 좋은 결과를 낼 수 없음은 자명한 이치다.

모르타르와 물의 비율이 적절하지 않으면 공사를 진행하는 것이 불가능할 수도 있다. 온도도 매우 중요하다. 모르타르는 매우 빨리 건조되며, 건조시에는 벽을 따라 가장자리 부분이 부풀어 오르며 상승한다. 모르타르 자루는 일반적으로 내용물이 일정하게 배합되어 있지 않다. 따라서 측정기를 사용해 정확한 비율로 물과 모르타르를 배합한다 하더라도 결과가 나오기까지는 안심할 수 없다. 이 때는 두 눈으로 직접 확인해보는 수밖에 없다.

이렇듯 기본적으로 결과가 잘못 나올 수 있는 요소가 잠재하고 있는 데다, 인부가 실수까지 해버린다면 그 공사는 망친 것이나 다름없다. 이 경우 업계와 인부의 능력을 측정할 수 있는 건 오직 오랜 세월을 바탕으로 축적된 공사 경험뿐이다.

건축 공사에서 부정확성이라는 것은 건물을 비뚤게 지어 올리거나 수평이 맞지 않는다는 것 이상이다. 벽돌공은 요리사와 마찬가지로 화학적 조합과 비율에 대한 충분한 지식이 있어야 한다.

그들은 배수관 쪽으로 경사를 내 바닥에 시멘트를 깔았다. 배수관은 샤워실 안쪽에 있으며 경사도는 타일 한 개 정도의 높이로 설정했다. 요한네스는 욕실 공사의 전반적인 것을 책임지고 해나갔고, 견습생은 그를 따라다니며 보고 배웠다. 요한네스는 철근과 철근 위쪽에 위치한 바닥 열선을 바닥의 시멘트 주조물 중앙 부분에 자리할 수 있도록 조금 들어 올려 배치했다. 철근이 주조물 안에서 제자리를 잡도록 잘 배치하는 것은 매우 중요하다. 이렇게 해야 바닥 열선이 제 역할을 할 수 있기 때문이다. 바닥 시멘트는 공기가 들어가지 않도록 탄탄하게 깔아주어야 한다. 공기가 들어가면 열선이 과열되어 망가질 우려가 있기 때문이다.

요한네스는 모르타르가 천천히 건조될 수 있도록 방수막을 덮어 두었다. 우리는 내일 바닥에 물을 뿌려 시멘트 주조물에 습기를 주고 그 위에 다시 방수막을 덮어놓을 계획이다.

40

○

우리는 오랜만에 따뜻한 음식을 먹으며
스웨덴인이 된 것 같다고 농담을 나누었다.
이렇게 따뜻한 점심을 먹을 때마다
이런 기회를 자주 만들자고 입을 모은다.
하지만 현실은 그렇지 않다.

목요일 오전, 지붕 타일을 설치하고 받침벽 쪽에 내어두었던 통풍
구멍을 막기 위해 리프트를 임대했다. 지붕 통풍 시설의 덮개는 단
열재를 설치하고 실내 쪽 천장 공사를 마치기 전에 만들어 올려야
한다.

내가 리프트를 가져오는 동안, 단은 지붕 통풍 파이프가 자리할
곳에 구멍을 뚫었다. 이 일은 건물 안쪽에서 할 수 있는 일이다. 그
는 지붕널을 자르고 제거한 후, 내가 올 때까지 기다렸다. 지붕 타
일은 바깥쪽 골조 위에 덮어야 하는데, 이때 지붕널을 제거하면 건
물 안쪽에서부터 골조 사이사이에 있던 석재 타일을 제거할 수 있

다. 단이 그 일을 하는 동안, 나는 거리로 내려가 지붕 아래 지나가는 사람이 없도록 통제해야 했다. 혹시라도 지붕의 석재 타일이 길 가는 행인의 머리 위로 떨어진다면 회사나 내게 악영향을 줄 것이다. 그 정도는 학교에서 배우지 않아도 알 수 있는 일이다.

　나는 고소공포증이 있어서, 높은 곳에서 해야 하는 일은 주로 단이 맡아서 했다. 그는 어떤 일도 두려워하지 않는다. 적어도 내 눈에는 그렇게 보였다. 단이 일을 맡아 한 것은 내게는 행운이었다. 왜냐하면 난 아무리 많은 돈을 준다 해도 그런 일을 할 마음이 없기 때문이다.

　나는 건물 안쪽에 서서 단이 지붕 공사를 하는 데 필요한 자재와 연장 등을 천장 구멍을 통해 건네주었다. 우리는 미리 규격에 맞추어 제작해두었던 베니어 합판관을 통풍관이 들어설 자리에 설치했다.

　페터가 와서 통풍관 설치를 위한 측정 작업을 시작했다. 그는 자기 작업실로 가서 통풍관을 제작해서 가지고 다시 돌아와 지붕 타일 사이에 끼워두었다. 본격적인 설치 작업은 내일 할 예정이었다. 그동안 단과 나는 통풍관이 들어갈 베니어 합판관을 지붕용 방수막으로 둘러쌌다. 단은 받침벽 바깥쪽에 자리한 통풍 구멍에 테두리 골조를 설치했다.

　페터는 금요일 오전에 와서 지붕 쪽 통풍 공사를 마무리했다. 그는 리프트를 직접 임대해 왔고, 일을 마친 후 돌아갈 때 리프트를 되돌려줄 예정이었다. 이제 지붕 통풍관과 관련한 작업은 마무리가 된 셈이다.

욕실 바닥의 시멘트가 충분히 건조되어서 욕실 공사를 시작할 수 있었다. 욕실 내의 받침벽은 이중벽으로 정밀하게 작업해야 한다. 외벽에는 다락의 다른 벽과 마찬가지로 단열재와 방습지를 시공했다. 이 벽의 반대쪽은 욕실 벽이 되는 셈이다. 이 벽은 욕실 벽 역할은 물론 통풍벽 역할도 해야 한다. 따라서 외벽과 내벽 사이에는 단열재를 시공하면 안 된다. 두 벽 사이의 공간은 욕실의 통풍을 책임지고 있다 해도 과언이 아니다. 이 벽의 공사를 잘못하면 욕실 내의 수분과 습기를 제거하는 데 큰 어려움을 겪게 된다. 욕실 벽과 천장의 마무리 공사를 하기 전에 배관공과 전기공이 맡은 일을 할 수 있도록 시간을 주어야 한다.

이 내벽과 외벽 사이에는 수도배관이 설치될 예정이다. 수도배관 은 급수계량기와 연결해놓아야 한다. 계량기에는 욕실 내에 설치될 여러 배관들이 연결될 텐데, 이것은 일종의 누수를 방지하는 안전 장치 역할도 한다.

물은 여러 개로 이어져 있는 배관을 통해 급수된다. 수도배관 은 이중으로 이루어져 있어서 안쪽 배관에 누수가 발생해도 바깥쪽 배관에서 이를 잡아준다. 모든 배관은 계량기에 연결되어 있기 때문에 누수가 생길 경우 계량기 쪽에서부터 흘러내려 욕실 바닥의 배수구로 향하게 된다. 배관 공사를 하는 토마스가 실수를 하지 않는 한, 그리고 누가 나사못이나 뾰족한 것으로 수도배관을 망가뜨리지 않는 한, 이중 파이프를 사용할 경우 누수의 위험은 크지 않다. 필요하면 안쪽 배관만 교체히는 것도 가능하다. 이 경우 수도배관을 수리하기 위해 벽이나 바닥을 뜯어내지 않아도 되므로 크게 도움이 된다.

우리는 가끔 스트룀 라르센까지 가서 점심 식사로 따뜻한 음식을 사 먹기도 한다. 오늘은 단이 직접 자전거를 타고 시내에서 가장 유명한 정육점에서 운영하는 음식점에 가서 소시지와 감자 샐러드를 사왔다. 노르웨이 사람들은 점심에 따뜻한 음식을 먹는 일이 드물다. 우리는 오랜만에 따뜻한 음식을 먹으며 스웨덴인이 된 것 같다고 농담을 나누었다. 이렇게 따뜻한 점심을 먹을 때마다 이런 기회를 자주 만들자고 입을 모은다. 하지만 현실은 그렇지 않다. 우리는 페테르센 씨 집 부엌에 앉아 그럴듯한 접시에 따뜻한 음식을 담아 먹으며 꽤 오랜 시간 식사를 즐겼다.

41

○

벽돌공의 망치는 석공용과는 조금 다르다.
내게 가장 구식 연장은 도끼다.
도끼는 돌로 만들든 청동이나 금속으로 만들든 원리는 같다.
하지만 가장 기본 도구이자 모두가
공통으로 사용하는 도구는 바로 우리의 신체다.

나는 욕실의 양끝쪽 벽돌담을 방수타일로 덮으려고 생각했다. 이들 벽은 수평이 맞지 않아서 두꺼운 방수타일을 사용하면 어느 정도 수평을 맞추어나갈 수 있다. 하지만 두꺼운 타일을 시공할 경우, 사용 가능한 욕실 면적은 그만큼 줄어들고 타일 구입 비용도 더 올라간다. 요한네스는 두꺼운 방수타일을 사용하지 말고 견습생 구스타브를 시켜 먼저 벽에 시멘트를 발라 수평을 맞추어보자고 제안했다. 이 공사는 바로 그 일에 대해 훈련이 필요했던 구스타브에게 좋은 기회였다.

소규모 건축회사에서는 견습생에게 여러 종류의 일을 가르쳐주어야 한다. 건축업에 뛰어든 이상 견습생들은 여러 관련 작업들을 직접 해가며 배워야 한다. 이 과정은 꽤 오랜 시간이 걸린다. 소규모 회사들은 한 번에 하나의 공사만 진행할 수 있어서 견습생에게 짧은 시간에 폭넓은 기회를 제공하기가 쉽지 않다. 욕실 벽에 미장을 해서 수직, 수평을 맞추는 일은 견습생에게 적합한 일이다. 미장을 한 다음에 벽에 타일을 붙이기 때문에 일을 완벽하게 해내지 못해도 눈감아줄 수 있기 때문이다.

시멘트와 모래를 물과 적절히 섞은 모르타르를 벽에 바르고 건조시킨 후 마무리 미장을 해야 한다. 이것을 잘해내지 못하면 표면은 거칠어지기 마련이고 안쪽에 공기구멍이 생길 수도 있다. 때로는 표면에 금이 가기도 한다. 벽 표면을 다듬는 일은 매우 중요하다. 특히 타일로 덮지 않고 그 벽을 그대로 둘 경우 마무리 작업의 결과는 누가 보아도 한눈에 알 수 있다. 구스타브는 정교한 마무리 작업을 나중에 다른 공사에서 배울 수 있을 것이다. 이번 공사에서는 벽을 다듬는 기초 작업을 배우고 경험을 쌓는 것으로 만족해야 하리라.

요한네스는 메소포타미아의 자연 건조 벽돌 이야기를 했다. 일정 규격으로 제작된 그 벽돌은 현대 벽돌의 첫 모델이라고 덧붙였다. 벽돌은 크기가 매우 다양하지만 모양은 거의 비슷하다. 그 이유는 두 가지다. 첫째, 벽돌공은 한 손으로 벽돌을 쥐고 동시에 다른 한 손으로는 흙손을 쥘 수 있어야 한다. 따라서 벽돌 하나의 무게는 벽돌공이 수천 개의 벽돌을 들어 올려도 다치지 않을 만큼 가벼워야 한다. 즉 고대부터 벽돌을 디자인했던 것은 인간의 신체 기능이었다. 여기에 미적 감각과 건강, 환경, 안전 등 여러 요소가 함께해 만들어진 것이 바로 벽돌이라는 것이다.

뿐만 아니라 벽돌의 너비와 길이 등 기하학적 요소는 벽돌을 쌓는 작업에 큰 영향을 미친다. 즉 벽돌의 크기는 인간의 머리로 산출해낸 결과에 따라 결정되었다는 말이다.

오슬로 시청 건물을 설계했던 사람은 일반 벽돌보다 훨씬 큰 크기의 벽돌을 사용하겠다고 고집을 부렸다. 인부들은 설계사의 의지대로 공사를 했고, 그 결과 수많은 벽돌공들이 익숙하지 않은 벽돌의 크기와 무게 때문에 인대가 늘어나거나 부상을 당했다. 공사를 끝낸 시청의 외관은 훌륭하기 그지없다. 하지만 그것을 만들기 위해 치러야 했던 희생은 이루 말할 수 없이 컸다.

요한네스는 바벨탑을 지을 때 사용했던 연장처럼 구식 연장과 도구를 사용한다. 석공용 망치와 줄자. 벽돌공과 목수는 같은 연장을 사용하기도 한다. 벽돌공의 망치는 석공용과는 조금 다르다. 내게 가장 구식 연장은 도끼다. 도끼는 돌로 만들든 청동이나 금속으로 만들든 원리는 같다. 하지만 가장 기본 도구이자 모두가 공통으로 사용하는 도구는 바로 우리의 신체다.

요한네스가 수천 년 전에 일을 했더라면 메소포타미아에서 했던 바벨탑 공사에 바로 투입되었을 것이다. 그가 당시 바벨탑에 얽힌 이야기를 알았다고 해도 일을 하는 데는 도움이 되지 않았을 것이다. 당시의 언어를 이해했다면 몰라도. 하지만 그가 언어를 꼭 이해해야 할 필요는 없었을 것이다. 적어도 바벨탑 공사를 할 때는 말이다. 짐작건대 관련 지식과 기술은 당시의 혼란스러운 상황 속에서 아무런 도움이 되지 않았을 것이다. 하지만 요한네스를 잘 알고 있는 사람으로서 말하는데, 그는 한 달만 지나면 인부들 중에서 두각을 나타내는 실력자로 인정받았을 게 분명하다.

구스타브는 벽에 미장을 하며 매끄럽게 다듬었다. 미장은 여러 번 해야 하기 때문에 며칠이 걸린다. 미장이 끝나면 그 위에 숨을 쉬는 방수막을 바르고, 또 그 위에 접착제를 발라 타일을 얹는다. 요한네스는 월요일에 다시 와서 타일 공사를 할 예정이다.

미장을 여러 차례 해야 하므로 한 차례의 작업이 끝나면, 단과 나는 욕실에 들러 자잘한 일을 하곤 했다. 우리는 맞은쪽 벽에 긴 직사각형 패널을 설치했다. 패널 위에는 방수용 보드를 덮고 수도배관과 모든 콘센트 주변에 절연용 보호 패치를 설치했다. 각진 가장자리에는 밴드를 이용해 이음새를 연결해주었다. 단은 벽에 방습지를 시공하기 시작했다.

토마스가 변기와 욕조를 설치했다. 나는 변기가 들어갈 공간을 만들고 방수보드로 덮어두었다. 변기의 물이 옆으로 새지 않고 아래쪽의 하수구 배관으로 흘러들어갈 수 있도록 하려면 이 공간과 바닥이 닿는 부분을 열어두어야 한다. 이 부분의 통풍 시설은 받침 벽 쪽의 통풍 시설과 동일하게 진행하면 된다. 즉 욕실 내의 악취가 지붕 쪽의 통풍 시설로 올라갈 수 있도록 설비해야 하는 것이다. 통풍관으로는 보트에 사용하는 작은 스테인리스 스틸관을 사용했다.

내가 욕실에서 작업을 하는 동안, 밖으로 나가 필요한 자재를 가져오려던 단이 집에 유령이 있는 것 같다고 농담을 했다. 그러고 보니 정말 문 손잡이가 스르르 움직이는 것이 아닌가. 잠시 후 문이 열렸지만 안으로 들어오는 사람은 아무도 없었다. 정적이 흘렀다. 발소리도 들리지 않았다. 단은 조심스레 문 쪽으로 다가가 문을 열어보았다. 거기에는 프레드릭이 눈시울이 젖은 채 서 있었다.

"우리 꼬마 공사 감독관님이 납셨군!"

프레드릭이 소리 내 울기 시작하자 단은 아이를 안아 올렸다.

"그냥 한번 들러보러 온 거야? 혼자서?"

"예."

프레드릭은 울음을 그치고 주저하며 대답했다.

"엄마랑 아빠는 어디 계시니? 엔스는? 아래층에 있니? 엄마 아빠는 지금 네가 어디 있는지 궁금해하실 거야. 너도 그렇게 생각하지 않니?"

"예. 하지만 전 그냥 한번 올라와보고 싶었을 뿐이에요. 다락이랑 우리 침실을 보고 싶었단 말이에요."

"함께 아래층으로 내려갈까? 네가 혼자 여기 왔었다고 부모님께 알려드려야 걱정을 안 하시지. 어쩌면 부모님도 함께 올라오실지 몰라. 그래, 우리 함께 내려가서 부모님을 모시고 오자."

단과 프레드릭이 아래층으로 내려가자 카리와 욘이 놀란 표정을 지었다. 문을 잠그는 것을 잊었던 모양이었다. 프레드릭은 다시 울기 시작했다. 허락도 받지 않고 혼자 다락에 갔기 때문에 야단을 맞을 거라고 생각했으리라.

"모두 함께 올라가시지 않겠습니까?"

그들은 그렇게 하겠다고 대답했다. 단은 그들에게 일을 마칠 때까지 한 시간 정도만 기다려달라고 했다. 한 시간만 있으면 하루, 아니 한 주의 일을 마무리할 수 있기 때문이었다.

정확히 한 시간이 지나자 프레드릭이 앞장을 서고 옌스가 그 뒤를 따라 다락으로 올라왔다. 프레드릭은 양손으로 건포도 빵이 담긴 커다란 접시를 우리에게 내밀었다. 빵은 금방 구워낸 듯 김이 모락모락 났다. 우리는 건포도 빵을 먹으며 한 주의 일을 마감했다.

42

○

목재는 살아 있는 자재라 해도 과언이 아니다.
바로 목재가 포함하고 있는 수분 때문이다.
습기를 머금은 목재와 건조한 목재의 차이는 꽤 크다.
바닥재의 경우 건조하면 너비가 10센티미터지만,
습하면 10.5센티미터 정도가 된다.

기분 좋은 인사를 건네며 새로운 한 주를 시작했다. 카리와 욘은 비용을 절감하기 위해 자기들이 손수 하려 했던 마무리 작업조차 우리에게 일임하기로 마음먹었다고 말했다. 이미 지금까지의 공사 작업을 보는 것만으로도 지친다고 했다. 그런데 공사가 다 끝났다고 생각하는 순간, 직접 팔을 걷어붙이고 일을 시작해야 한다고 생각하니 견딜 수가 없다고, 그래서 차라리 모든 작업을 우리 선에서 마무리할 수 있다면 좋겠다고 했다.

우리는 내림천장과 지붕 사이에 단열 작업을 할 예정이다. 내림천장 위에 못질용 띠판자들과 직각이 되도록 약 20센티미터 두께의 단열재를 설치하면, 띠판자들과 내림천장 사이에는 약 10센티미터 정도의 공간이 남는다. 즉 천장과 지붕 사이에 우리가 활용할 수 있는 공간은 약 30센티미터 정도 되는 셈이다. 원래 그 다락의 천장 단열 상태는 그다지 좋지 않았다. 하지만 이제 실내의 바닥 면적이 두 배로 커진다 해도 난방비는 더 늘지 않는다.

4월 중순이 되었다. 하지만 다락 안은 여전히 한기로 가득 차 있다. 마무리가 확실히 되지 않은 건물에는 봄이 다른 곳보다 늦게 찾아온다. 햇살은 지난달에 비해 훨씬 더 강렬해졌지만, 다락 안을 덥히기에는 역부족이었다. 다락의 단열 공사가 마무리되지 않아서 밤에 찾아온 한기가 다음 날까지도 남아 있기 때문이었다. 이제 우리는 천장 위에 일차로 단열재를 설치했다. 그러면 다락 내의 온기를 어느 정도 유지할 수 있게 된다. 이제 얼마 안 있으면 다락에서 공사할 때 추워서 떨지 않아도 된다.

단열재는 규칙에 따라 정확히 설치해야 한다. 속임수를 쓰거나 대충대충 일을 하면 단열재를 설치했다 하더라도 한기를 막아낼 수 없다. 심지어는 천장이나 지붕에 결로 현상도 생긴다. 이토록 중요한 공사 작업이지만 겉으로 눈에 띄지 않는 것이기에 사람들은 단열재 설치 공사는 단순하고 간단한 것이라고 치부해버린다. 단열재 공사를 정확히 했을 때와 그러지 않았을 때의 차이는 엄청나게 크다. 정확히 했을 때는 보기에도 좋고, 여기저기 구멍이 없기 때문에 일정한 단열 효과를 유지할 수 있다. 또한 잘라 내버리는 단열재의 양도 훨씬 줄일 수 있다. 물론 일도 훨씬 빨리 할 수 있다.

단열재에서 떨어져내리는 먼지와 가루가 폐로 흡입되는 것을 막기 위해서는 마스크를 써야 한다. 우리의 피부도 단열재의 섬유에 반응한다. 이를 방지하기 위해 작업복을 입어야 하지만 최악의 경우가 아니라면 대부분 보호용 작업복을 입지 않는다. 몸에 꼭 껴서 일하는 데 불편하기 때문이다.

최근에는 단열재 설치 공사를 하기가 훨씬 쉬워졌다. 1950년대만 하더라도 증개축 공사를 하면 단열재의 하얀 석면 가루가 떨어져내려 피부에 스며들곤 했다. 특히 날씨가 무더운 여름철에는 이 석면 가루가 피부에 닿으면 가려워 견디기가 힘들 정도다. 어떤 이들은 현대식 단열재에도 알레르기 반응을 일으킨다. 다행히 나는 그렇지 않다. 여기에는 심리적인 요소도 크게 작용한다. 가렵다고 생각하면 그 부분은 더욱 가려워진다. 가렵다는 생각을 하지 않을 수 있다면, 사실 단열재 설치 작업은 꽤 해볼 만한 작업이다.

라디오에서 흘러나오는 소리는 공사가 진행되는 공간에 단열재가 들어서면서부터 따스하게 바뀐다. 음악 소리도 한결 부드러워진다. 특히 바이올린과 전기기타 소리에서 큰 차이를 느낄 수 있다.

단열재 공사를 하고 나면 샤워는 필수다. 우선 찬물로 땀구멍을 막고 비누칠을 해서 몸에 붙어 있는 섬유들을 모두 씻어낸 후 뜨거운 물로 헹궈내야 한다.

오늘은 이번 공사에서 마지막으로 자재를 운반하는 날이다. 분량이 그리 많지 않아 단과 단둘이서 처리해도 문제는 없을 듯했다. 나는 최근 일기예보를 집중해서 들었다. 비가 온다고 하면 운반 작업을 미루어야 한다. 먼저 바닥 자재, 패널, 시멘트 등을 안으로 옮겼다. 시멘트는 특히 밖에 오래 두면 습기가 차기 때문에 얼른 실내로 옮겨야 한다.

목재들은 1~2주 정도 실내에 두고, 실내 온도와 습기에 적응이 되도록 기다려야 한다. 다락의 상대적 습도와 온기에 적응이 된 목재들을 사용하면 공사를 하기가 훨씬 수월해진다. 그렇지 않은 목재들을 사용하면 이음새나 가장자리에 쉽게 금이 간다.

목재는 살아 있는 자재라 해도 과언이 아니다. 바로 목재가 포함하고 있는 수분 때문이다. 습기를 머금은 목재와 건조한 목재의 차이는 꽤 크다. 바닥재의 경우 건조하면 너비가 10센티미터지만, 습하면 10.5센티미터 정도가 된다.

인테리어 자재들을 안으로 운반했다. 쓰레기와 폐기물, 앞으로는 사용할 일이 없는 도구와 연장을 밖으로 운반해 나갔다. 오늘은 모든 자재를 계단으로 운반해야 한다. 자재를 들여오기 위해 지붕에

냈던 구멍에는 창문을 배치함으로써 마무리했다. 지붕창 주변의 가장자리 작업만 하면 이제 건물 외부에서 해야 하는 작업은 더 이상 하지 않아도 된다.

요한네스와 견습생은 욕실에 타일을 깔기 시작했고, 단과 나는 자재를 운반했다. 그들은 욕실 바닥의 타일부터 먼저 깔았다. 타일을 균형 있게 잘 배치하는 것은 매우 중요하다. 욕실의 가장자리 쪽에는 크기가 비슷한 타일을 둘러가며 깔아야 한다. 한쪽 벽 가장자리에 커다란 타일을 깔고, 다른 쪽 벽 가장자리에 조그만 타일을 깔았을 때는 균형이 맞지 않는다는 느낌이 든다. 바닥 타일은 벽 타일과도 선을 잘 맞추어 깔아야 한다. 이때 바닥 타일을 먼저 깔면 일을 쉽게 할 수 있다. 전체적인 균형을 맞추기 위해 요한네스는 바닥과 벽, 변기와 욕조, 샤워실까지 모두 고려해야 한다. 변수가 적지 않기 때문이다.

이제 내림천장에 방습지를 시공할 때가 되었다. 방습지와 방습지가 이어지고 포개지는 부분은 단단히 붙이고 봉했다. 하지만 울퉁불퉁한 박공벽 쪽은 그러기가 쉽지 않았다.

우리는 건축용 스테이플러로, 미리 박아두었던 띠판자들에 방습지를 고정했다. 방습지의 가장자리는 말끔하게 정리하기 위해 일직선으로 접어 스테이플러로 박았다. 벽돌벽 쪽에는 접착 폼을 사용해 방습지를 벽에 붙이고 스테이플러로 박아 빈틈이 없도록 했다.

이 작업을 하지 않으면 벽돌벽에 바람이 새어들고, 습기가 차서 날이 추워지면 결로가 나타나기도 한다. 물론 곰팡이가 슬거나 건물이 썩어 들어갈 가능성도 크다.

우리는 방습지의 모든 틈을 접착 패치로 막고 필요한 곳에는 테이프를 붙여 고정했다. 벨룩스 창의 가장자리에는 부속으로 딸려온 방습지를 설치해 보강했다. 대들보 위에 방습지를 펼쳐 서까래까지 올린 다음, 이층 발코니 방 바닥에서부터 천장까지 방습지를 덮었다. 이제 천장과 지붕은 내부 습기에 영향을 받지 않는 공간이 되었다.

월요일 아침에는 천장에 석고보드를 시공하기로 했다. 그 일을 하기 위해 우리는 천장까지 이르는 가설 사다리와 발판을 만들었고, 바퀴를 달아놓은 가설물이 이동하기 쉽도록 해당 공간을 깨끗이 정리해두었다. 석고보드는 미리 마련해두었던 깔판 위에 차곡차곡 쌓아두었고, 각도기와 줄자, 긴 곧은자 등을 찾아놓았으며, 석고보드를 자를 칼의 날을 새것으로 갈아 끼워놓는 등 만반의 준비를 해놓았다. 단은 석고보드 설치용 리프트를 가져왔다. 하지만 그것은 천장의 일부 공사에만 사용할 수 있었다. 한가운데의 용마룻대까지는 너무 높아 리프트를 사용할 수 없었고, 받침벽 쪽에는 리프트가 아예 들어가지도 않았다.

26킬로그램의 석고보드는 두 사람이 들어 올리기엔 그리 무겁지 않다. 하지만 그것을 머리 위로 들어 올려 나사못을 박는 일을 몇 번 하고 나면 힘들기 그지없다. 석고보드를 머리 위로 들어 올린 채 정지한 동작이 주는 피곤함은 때로 견디기 힘들 때가 있다. 우리는 그 정지 동작 시간을 줄이기 위해 모든 작업을 신속하고 정확하게 해야 했다.

이것을 해내려면 숙련된 기술이 필요하다. 적절한 기술과 경험이 없으면 석고보드 하나를 들고 있어도 천장 전체를 떠받치고 있는 듯한 느낌이 든다. 한 손으로는 석고보드를 띠판자 쪽으로 힘껏 밀고, 다른 손으로는 드릴을 이용해 나사못을 박아야 한다. 건물을 짓는다는 것은 무게와 싸우는 힘든 일이다. 쉴 새 없이 무거운 물건들을 들어 올려야 하는 것은 고역이다. 어떤 일은 하면 할수록 쉬워지지만, 무거운 물건 들어 올리는 일은 그렇지 않다. 이때 필요한 것은 반복을 통한 연습과 기술이다.

난생처음 석고보드를 천장에 설치하던 날, 너무 피곤해하던 나를 옛 선생님은 그다지 탐탁지 않은 눈으로 바라보았다. 선생님은 담담했고 전혀 피곤해 보이지 않았다. "넌 나보다 어려서 그래. 난 너보다 나이가 많아서 그런 거고." 선생님은 그렇게 말했다. 돌이켜보니 그때 선생님이 했던 말이 옳다는 것을 느낄 수 있었다. 그렇다.

나도 이제 나이를 먹을 만큼 먹었다.

주말에는 천장 공사로 피곤해진 몸을 쉬게 할 참이다. 월요일이 되면 다시 석고보드를 천장에 올려 설치해야 하니까. 단과 나는 이제 나이도 많고 경력도 쌓일 만큼 쌓였지만, 힘든 일은 여전히 힘들다. 그건 부인할 수 없는 사실이다.

43

○

내 머릿속을 헤집던, 공사와 관련된 갖가지 그림들은
이제 현실이 되어 눈앞에 모습을 드러냈다.
천장과 벽, 바닥과 창문. 하나하나 끊어져 있던
그 그림들은 이제 연결고리를 찾아
한 편의 완전한 영화를 만들어내는 것 같았다.

월요일 아침.

이제는 공사가 마무리 단계에 왔다 해도 과언이 아니다. 단열재를 설치하고, 석고보드를 올려 천장을 덮고, 바닥에 마루를 까는 일은 크기와 양, 공간과 관련된 작업이다. 모든 일은 정확하게 진행해야 한다. 입으로만 그렇게 말하는 것과 실제로 그렇게 일을 하는 것은 천지차이다. 지난주에는 육체적으로 힘들고 피곤한 일을 주로 했다. 무거운 자재들을 들어 올려 옮기고, 하루 종일 쉬지 않고 움직였다.

오늘은 라디오를 크게 틀었다. 음악은 기계를 움직이는 연료와도 같다. 하지만 나는 귀에 거슬리는 음악이 나오면 소리를 낮춘다. 기계의 모터에 모래를 뿌리는 일은 하고 싶지 않으니까.

아직도 할 일은 많이 남았다. 하지만 날짜를 세어보니 공사를 마무리할 날이 그리 많이 남지 않았다. 나는 카리와 욘에게 4월 중순을 넘겨야 공사를 완전히 마무리할 수 있을 것 같다고 말했다.

지붕 안쪽을 방습지로 덮기 전에 우리는 지지용 띠판자 하나에 분필을 사용해 선을 표시해두었다. 석고보드 첫 번째 줄은 그 선을 기준 삼아 설치해야 한다.

박공벽은 표면이 매우 울퉁불퉁하다. 지붕 안쪽에 석고보드를 올리고 울퉁불퉁한 박공벽의 가장자리에 맞추어 끝을 잘라내는 일은 쉽지 않다. 따라서 우리는 석고보드를 박공벽에 맞추어놓고 울퉁불퉁한 가장자리를 따라 연필로 선을 그린 후 잘라냈다. 나는 이 작업을 할 때면 '필사筆寫'라는 단어를 떠올린다. 필사는 참으로 기분 좋은 단어며, 이러한 작업 방식에 잘 들어맞는 단어기도 하다.

석고보드에 박공벽의 표면과 이어지는 부분을 선으로 표시하고 '스탠리 나이프'를 사용해 표시된 부분을 정확하게 잘라냈다. 일반적으로 나는 석고보드의 앞면을 선을 따라 절개한 후, 양손을 사용해 보드를 부러뜨리듯 분리하고 뒷면 종이를 다시 칼로 가지런히 다듬어 잘라낸다. 하지만 이 방법은 잘라낼 부분이 일직선일 경우에만 가능하다. 박공벽이나 벽돌벽에 이어 붙일 석고보드를 잘라낼 때는 울퉁불퉁한 표면 때문에 이 방법이 통하지 않는다. 톱을 써도 칼을 사용할 때처럼 빨리 잘라낼 수 있다. 하지만 톱을 사용할 경우 잘라낸 가장자리에 톱날이 만들어낸 오돌토돌한 자취가 남기 마련이다. 이 오돌토돌한 부분을 다시 칼로 다듬어야 하긴 하지만 그리 힘든 일은 아니다.

목수들 중에는 석고보드를 자를 때 커터칼을 사용하는 사람이 많다. 하지만 커터칼은 이러한 작업을 할 때 대체 도구로 사용할 수 있을 뿐 주 도구로 사용하기에는 부족한 점이 많다. 울퉁불퉁한 가장자리를 표시된 선에 따라 정확하게 잘라낼 때는 특히 그렇다.

스탠리 나이프는 생산자의 이름이 오랜 세월을 거쳐 상품명이 되어버린 예다. 이 나이프는 특정한 목적에 정확히 잘 사용할 경우 효과를 최대로 볼 수 있다. 커터칼을 주로 사용하는 목수들은 커터칼과 스탠리 나이프를 비교할 때면 커터칼을 적극 옹호한다. 나는 그들이 서로 다른 종류의 칼을 목적에 맞게 사용하는 방법을 배우지 못했거나, 그렇지 않으면 문구용품에 불과한 칼을 목공 작업에 사용해도 상관없다는 태도를 가지고 있다고 생각한다.

잘라낸 석고보드는 미리 벽에 표시해둔 선에 따라 배치한 후 나사못으로 고정했다. 벽돌벽과 간격은 5~10밀리미터를 유지하고 있는 셈이다. 이 틈에는 우레탄 폼을 삽입하고, 튀어나온 부분은 역시

스탠리 나이프로 잘라 다듬어 마무리하면 된다. 5~10밀리미터의 간격을 유지하는 것은 매우 중요하다. 이 간격보다 좁을 경우 폼에 금이 갈 가능성도 배제할 수 없다. 목재 건물은 온도와 습도에 따라 숨을 쉬기 때문에 이 간격은 늘어났다 줄어들었다를 반복한다. 따라서 충분한 간격을 유지해야 틈이 벌어지거나 금이 가는 것을 방지할 수 있다. 긴 고무줄이 짧은 고무줄보다 여러 움직임에 더 유연하게 반응할 수 있는 이치와 같다고 할 수 있다.

천장에 석고보드를 설치하니 지붕창 가장자리를 마무리하는 일만 남았다. 창틀을 보강하는 띠판자를 직접 제작하는 일은 시간이 많이 걸린다. 우리는 띠판자의 크기를 측정하고 이를 복제해서 각각의 창에 설치했다. 지붕창의 가장자리를 마무리하니 그제야 지붕이 온전한 모습으로 자리를 잡았다.

천장이 마무리되니 다락의 모습은 전과는 확연히 달라졌다. 이제는 사람이 들어와 살아도 될 것 같은 공간이 된 것이다. 석고보드 때문에 다락 안에서 내는 소리에서는 부드러움이 사라졌지만, 전반적인 분위기는 전보다 훨씬 부드러워졌고 안정되어 보였다.

내 머릿속을 헤집던, 공사와 관련된 갖가지 그림들은 이제 현실이 되어 눈앞에 모습을 드러냈다. 천장과 벽, 바닥과 창문. 하나하나 끊어져 있던 그 그림들은 이제 연결고리를 찾아 한 편의 완전한 영화를 만들어내는 것 같았다. 상상과 현실, 이론과 실제가 한데 녹아들어간 것이다.

여느 금요일 오후와 마찬가지로 페테르센 가족이 다락을 찾았다. 아이들은 외투를 따뜻하게 챙겨 입고 올라와 다락을 둘러보았다. 부모들은 들뜬 아이들을 진정시키느라 애를 써야 했다. 나는 아이들에게 벽에 그림을 그려도 된다고 말했다. 그것은 아이들이 난생처음 보는 엄청난 크기의 도화지나 마찬가지였다. 단은 목수용 사각형 연필의 심을 뾰족하게 깎아 아이들에게 건네주었다. 아이들은 그림을 그릴 수 있는 면적이 얼마나 큰지 미처 몰랐던지 벽 앞에 서서 입을 벌린 채 놀란 표정을 지었다.

아이들은 사다리에 올라가 그림을 그렸고, 단은 아이들이 사다리에서 떨어지지 않도록 곁에 서서 돌봐주었다. 프레드릭은 그림을 그리기 전에 무엇을 그려야 할지 미리 계획을 세웠고, 몇 가지 아이디어를 떠올린 옌스도 이내 달려들어 연필을 움직였다. 아이들은 집과 태양, 별과 나무를 그렸다. 아빠 욘은 별 사이를 날아다니는 커다란 새 한 마리를 그려 그림 솜씨를 뽐냈다. 잠시 후 아이들은 색 사인펜을 가져오겠다고 아래층으로 내려가려 했다. 하지만 사인펜을 사용할 경우 색이 자재 속에 스며들어갈 수 있기 때문에 허락할 수 없었다. 아이들은 체념한 듯 연필로 그림을 그렸지만 여전히 즐거워하는 것 같았다.

아이들이 벽에 그림을 그리는 동안, 어른들은 공사에 대한 대화를 나누었다. 언성을 높일 일도 없었고 꺼릴 만한 대화 주제도 찾을 수 없었다. 공사가 계획대로 잘 진행되고 있었기 때문이다. 우리는 주로 앞으로 공사가 어떤 방향으로 진행될지, 처음에 생각했던 대로 마무리를 할 수 있을지에 대해 주거니 받거니 이야기를 나누었다. 그들은 다락 면적이 생각했던 것보다 좀 작은 것 같다고 말했다. 나는 공사가 끝나면 더 넓어 보일 것이라며 그들을 안심시켰다. 여기저기 흩어져 있는 연장과 자재가 사라지고, 벽과 천장에 페인트칠이 되면 공간이 더 커 보일 것은 확실하다.

우리는 앞으로 해야 할 일을 차례차례 설명해주었고, 각각의 작업에 드는 시간이 대충 어느 정도 걸릴지 알려주었다. 아이들은 그림을 더 그리고 싶어했지만, 엄마 아빠는 주말에 다시 올라와서 그림을 그리자고 다독이며 아래층으로 내려갔다.

"모두 좋은 주말 보내시기 바랍니다!"

44

○

가공되지 않은 사시나무 패널은 내가 가장 좋아하는 목재다.
특히 욕실 공사를 할 때면 더욱 그렇다.
사시나무는 색이 연하고 부드러워, 손을 대보면
마치 털실 스웨터를 만지는 듯한 느낌이다.
나는 사시나무 자재를 볼 때마다 쓰다듬어보고 싶어진다.

"좋은 아침입니다!"

나는 집으로 들어서며 아래층에서 인사를 건넸다. 새로운 한 주
가 시작되는 월요일이었다.

옌스와 프레드릭은 주말에 다락에서 시간을 보냈다. 엄마 아빠는
아이들이 그림을 그릴 수 있도록 주변을 대충 정리하고 바닥의 먼
지를 쓸어냈다. 아이들은 벽을 가득 채워 그림을 그려놓았다. 종을
알 수 없는 이름 모를 동물들도 보였다. 말괄량이 삐삐가 본다면 가
지고 싶어할 것 같은 동물도 있었다. 커튼이 달린 창문과 화분도 그
려져 있었다. 프레드릭은 나직하게 자리한 받침벽 쪽에 자동차 한

대를 그려놓았다. 그 차는 아침에 어린이집에 갈 때마다 엄마 아빠가 보여주었던 목수 아저씨의 차와 닮아 있었다.

비외른 올라브가 와서 전선을 연결하고 두꺼비집을 설치했다. 그는 콘센트와 스위치를 설치하는 일은 벽에 페인트칠을 하고 난 후에 하겠다고 했다. 하지만 우리는 작업 중 전기가 필요했기에 일부만이라도 미리 설치해달라고 부탁했다. 그는 두 개의 콘센트를 설치하고 전기를 끌어주었다. 다락 여기저기 흩어져 있던 전선들을 제자리에 배치하고, 바닥에 있던 임시 콘센트가 아니라 벽에 설치된 콘센트에 플러그를 연결하니 훨씬 기분이 좋았다.

천장에 석고보드를 설치하고 나면 바닥이 지저분해지기 마련이다. 단과 나는 대청소를 하고 다음 공사를 위한 준비 작업을 했다. 원형날 전기톱, 테이블톱, 각도톱 등은 적절한 자리, 즉 다락 중앙에 배치하되 우리의 동선에 방해가 되지 않도록 신경을 썼다. 목재를 자를 톱들의 날을 새것으로 갈아 끼웠다. 세세하고 정확한 마무리 작업을 위해서는 톱이나 칼의 날이 예리해야 한다.

페인트 작업을 할 인부들이 오후에 와서 칠을 할 표면을 매끄럽게 다듬기 시작했다. 나는 지난주에 벽과 천장에 석고보드를 설치한 후 그들에게 전화를 해서 곧 작업을 시작해야 한다고 알려주었다.

페인트공들은 우리의 연장과 도구에 페인트를 묻히지 않으려 애썼다. 중요한 자재나 연장에는 비닐을 덮어씌우기도 했다. 원칙적으로는 그들이 페인트칠을 할 때 우리는 자리를 비켜주어야 한다. 하지만 우리는 시간을 낭비하고 싶지 않았고, 할 일도 많이 남아 있어서 그들에게 방해가 되지 않도록 조심조심 일했다. 공사가 마무리 시기에 접어들면 여러 분야의 인부들이 함께 모여 일하는 모습을 흔히 볼 수 있다. 다른 종류의 일을 동시에 한다 해도 서로 배려하는 마음만 있으면 좋은 분위기를 만들어내는 것은 얼마든지 가능하다.

　요한네스와 구스타브는 욕실 타일 공사를 마무리했다. 이제는 우리가 욕실에서 일할 차례였다. 사시나무 패널을 붙이는 일은 단이 하기로 했다. 그 일은 힘들지 않고 재미있기까지 하다. 우리는 이런 일이 있으면 서로 돌아가며 하기로 했다. 물론 힘든 일, 지루한 일도 서로 돌아가며 한다. 욕실 패널 공사를 하는 것과 무거운 자재를 운반하는 일은 하늘과 땅 차이다.

　가공되지 않은 사시나무 패널은 내가 가장 좋아하는 목재다. 특히 욕실 공사를 할 때면 더욱 그렇다. 사시나무는 색이 연하고 부드러워, 손을 대보면 마치 털실 스웨터를 만지는 듯한 느낌이다. 나는 사시나무 자재를 볼 때마다 쓰다듬어보고 싶어진다. 사시나무는 습기와 수분을 흡수하는 능력이 뛰어나 욕실용 자재로 매우 적합하다. 통풍과 난방이 잘 된 욕실은 어쩌면 집 안에서 가장 건조한 공간이라 할 수도 있다. 동시에 습기와 수분이 극도로 많은 것도 욕실의 특성이다. 샤워 후 뜨거운 공기와 수분은 사시나무로 흡수되었다가, 욕실이 건조되면 사시나무는 흡수했던 수분과 습기를 천천히 내놓고 증발시킨다. 반면 욕실 바닥과 벽의 타일은 거울 같은 역할을 하기 때문에 결로 현상은 그 표면에서 일어나게 된다. 따라서 샤워 직후 욕실에 서 있으면 마치 자연 속에 서 있는 듯 천연의 상태를 느낄 수 있다. 공사를 다 마치고 나면 욕실 공사를 위해 투입했던 비용이 천문학적이라는 생각은 사라진다. 마무리된 천장과 비교했을 때 그렇다는 이야기다.

목재를 정확하게 잘 사용하면 목재가 지닌 본연의 아름다움을 잘 나타낼 수 있다. 어떤 이들은 소나무 지옥이라는 말로 목재 건물의 단점을 부각시키기도 한다. 활엽수 목재들은 건축에서 자주 사용되지 않고 주로 장작용으로 쓰인다. 목재를 생산하는 회사들은 활엽수를 이용해 건축 자재를 생산하려고 적잖은 노력을 기울여왔지만, 일반인은 그 장단점을 세세히 알기가 쉽지 않다.

노르웨이는 나무가 많은 나라다. 목재를 사용하면 환경에 악영향을 미치지 않는다는 장점이 있다. 천연 목재를 사용하면 여러 가지 가공법을 구미에 맞게 적용할 수 있다는 점에서 선택의 폭을 넓힐 수 있다. 즉 우리는 상품으로 생산된 제품에만 집착하지 않아도 된다는 말이다. 그러기 위해서는 목수들이 관련 전문 지식과 실력, 능력을 갖추는 것이 필수다. 이는 목수들에게만 해당하는 일은 아니다. 벌목꾼, 제재업자, 목재상 등 모두에게 적용된다. 단과 나는 벌목업과 제재업, 목재상으로 이루어진 사슬의 가장 마지막 연결고리라 해도 과언이 아니다. 이 사슬이 끊어진다면 우리는 아무 일도 할 수 없고, 세상은 제대로 돌아가지 않을 것이다.

욕실 천장은 그다지 넓지 않다. 따라서 패널을 붙이는 일도 비교적 짧은 시간에 해낼 수 있다. 천장의 패널과 벽이 맞닿는 이음새를 처리하기 위해, 단은 사시나무를 이용해 이음새용 설치물을 손수 만들었다. 마무리된 모습을 보니 우리가 예상했던 대로였다. 밝고 가볍고 아름다웠다.

단이 천장 일을 하는 동안 나는 욕실 밖으로 나와 욕실용 가구를 직접 제작하기 시작했다. 자재는 주로 오일로 마무리한 4센티미터 두께의 떡갈나무였다. 소박하고 보기 좋은 가구가 될 것이라 확신했다. 비록 나는 큰 공사를 주로 하는 목수지만 가구를 제작하는 일도 어렵지 않게 해낼 수 있다.

우선 욕실 양옆에 배치할 두 개의 선반 수납장을 만들었다. 수납장에는 문을 달지 않을 예정이다. 기본 원리는 다리 역할을 하는 목재를 바닥에 45도 각도로 세워 위쪽 선반을 지지하는 방식이다. 수납장 양 옆면과 다리는 선반과 같은 재질의 목재를 사용할 생각이다.

선반과 지지대를 맞추어 설치하고, 각 모서리는 빈틈없이 조였다. 가장자리는 얇은 판자를 세운 후 접착제와 나사못으로 흔들림 없이 잘 고정할 계획이다. 이 작업은 선반을 욕실에 들여놓은 후 가장 마지막으로 해야 한다.

미리 만들어두었던 조그만 홈에 나사못을 박아 넣었다. 나사못으로 구조물을 고정한 후에는 나사못 머리가 외부에서 보이지 않도록 떡갈나무로 제작한 마개를 삽입했다. 이 작업은 가구 제작의 마무리에 해당한다.

수납장 선반 아래에는 세 개의 칸막이를 만들어 각각 세탁기와 건조기, 그리고 빨랫감을 담아두는 광주리가 들어갈 수 있도록 했다. 떡갈나무 판자를 사용해 이 공간을 분리했다. 이 판자들은 전체 수납장을 지지하고 보강하는 역할도 한다.

맞은편에는 이와 비슷한 구조의 선반을 제작, 설치한 후 그 위에 세면대를 설치했다. 이렇게 제작한 가구들을 욕실에 설치한 후 접착제를 바르고 나사못을 박아 넣은 후, 나사못의 머리가 보이지 않도록 마개를 삽입했다. 마개에 오일을 발라 마무리하면 욕실은 완성되는 셈이다.

나사못을 박기 전에 홈을 미리 파두는 것은 배에 갑판을 설치할 때 사용하는 작업 방식이다. 바닥재에 마개를 끼워 마감하는 작업은 갑판 표면을 평평하게 하기 위한 것이다. 이 작업은 사실 건축 공사를 주로 하는 목수들에게는 생소한 일이라 해도 틀린 말은 아니다.

이렇게 마개를 끼워 넣으면 아래쪽 구조물에 단단히 밀착된다. 동시에 갑판 위쪽의 수분과 습기를 차단하는 역할도 한다. 나는 아케르 브뤼게에 지은 건물에서 이러한 방식을 사용하는 것을 많이 보아왔다. 그것은 마치 오래된 구식 선박에 가정주택을 건축하는 것과 같은 느낌, 집 안에서 망망대해를 바라보는 것 같은 느낌을 주기도 한다.

이 작업 방식은 정확히 어디에서 유래한 것일까? 요트의 갑판일까, 아니면 목적지 없이 떠다니는 돛단배일까? 어쨌든 나는 이 간단하고 신속하며 효과적인 조립 작업에 묘한 매력을 느낀다. 이는 공사를 의뢰한 사람들도 마찬가지일 것이다.

INN REDNING BAD ❶

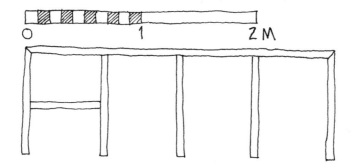

---

❶ 욕실 인테리어

45

○

어떤 것을 새것으로 바꾸고 싶어하는 욕구는
물건의 품질을 저하시키는 원인이 되기도 한다.
사람들이 한 물건을 오래 소유하고 사용하는 데
싫증을 느낀다면 굳이 수명이 오래가는 물건을
만들 필요가 있겠는가.

토마스가 욕실 수도관에 냉온수 혼합기를 설치했다. 이제 욕실은
언제든 사용 가능한 장소가 되었다. 하지만 우리는 욕실 공사가 완
전히 마무리되기 전까지는 페테르센 씨 가족에게 알리는 것을 미
루기로 했다. 어차피 우리는 아래층 욕실을 사용하는 일에 익숙해
져 있고, 페테르센 씨 가족 역시 우리가 들락날락하는 것에 익숙해
져 있으니 말이다. 그러니 보름 정도는 더 기다려도 문제될 일은 아
니었다.

단은 욕실과 다락 계단 입구에 문을 설치했다. 하지만 일부 못은
완전히 박아놓지 않아서 언제든 다시 설치하는 것이 가능하도록

해놓았다. 문을 완전히 고정하는 일은 바닥 공사가 마무리되면 할 예정이다.

우리는 토마스와 페인트공들을 아래층으로 불러 함께 식사를 했다. 꽤 많은 동료들과 함께 공사 현장이 아닌 가정집 부엌에서 식사를 하니 파티를 여는 것 같기도 했다. 페인트공들은 다락에서 음식을 만들고 데운 후 아래층으로 가져와서 먹었다. 토마스는 배관공이었지만 점심 식사는 마치 전기기사처럼 가볍게 때웠다. 빵과 콜라로. 단과 나는 페테르센 씨의 부엌에 있던 우리만의 찬장에 보관해둔 음식을 꺼내 먹었다. 토마스는 점심은 먹는 둥 마는 둥 가볍게 때우는 것을 좋아했다. 보아하니 부엌에는 서로 다른 세 가지 형태의 식사법이 공존하고 있었다. 베트남식 식사법, 장기 공사를 하는 목수의 식사법, 그리고 여기저기 바쁘게 움직이며 일하는 배관공의 식사법. 차와 커피와 콜라.

페테르센 부부는 이케아에서 구입한 가구를 우리에게 설치해달라고 부탁했다. 그들은 다락의 이층 발코니 방 마루를 사무 공간으로도 쓰고 싶어했다. 경사진 천장 한쪽을 따라 나직한 수납장을 설치하고 싶어했다. 이 수납장이 들어서면 다락의 이층은 단순한 방이라기보다는 다용도 공간의 의미를 지니게 된다. 경사진 천장의 끝부분이 바닥과 거의 맞닿아 있으면 왠지 그 방은 좁고 답답해 보이기 마련이다. 청소하기도 쉽지 않다. 이층 발코니 방 한쪽에는 아이들 침실이 있기 때문에 문을 달아주어야 한다. 우리는 발코니 방 사무 공간에 바닥을 확장해 깔 참이다. 이 바닥은 욕실의 천장 역할도 한다. 사무 공간 쪽 천장 아래에는 약 20센티미터 정도 높이의 받침벽을 세울 계획이다.

이층 발코니 방 끝부분이자 방화벽과 맞닿아 있는 곳에는 천장에서 마루까지 이르는 높이의 책장을 설치할 예정이다. 그러면 이 책장의 윗부분은 삼각형 모양이 된다.

단은 이층 발코니 방 바닥의 확장에 사용할 지지대를 만들었다. 그는 이것의 밑부분에 석고보드를 설치해 단열 처리를 하고 위쪽은 합판 바닥재로 덮었다. 나는 이케아 수납장이 이층 발코니 방에서 천장선을 따라 배치될 수 있도록 조립해야 했다. 수납장 윗부분이 경사진 천장선을 따라 삼각형이 될 경우 수납 공간은 작아지지만, 수납장이 아예 없는 것보다는 훨씬 좋다. 방화벽과 닿는 수납장 측면은 공간에 맞추기 위해 재조립을 해야 했다. 나는 일단 모든 가구와 그 부품들을 발코니 방에서 가지고 내려와 바닥에 늘어놓았다. 우리는 발코니 방 바닥 가장자리 이음새를 처리했다. 이 작업을 마치니 발코니 방은 그럭저럭 모양새를 갖춘 듯했다. 비록 앞으로도 할 일은 많이 남아 있었지만 다락 공사를 거의 마친 기분이 들었다.

카리와 욘은 다락의 가구와 인테리어에 대해 미리 철저히 계획을 세워놓은 것 같았다. 지금 우리가 제작하고 있는 것은 그들의 희망 사항의 대안인 셈이다. 그들은 나의 제안에 좀 놀라기도 했다. 욕실 인테리어와 관련된 제안이 바로 그 한 예다. 그들은 내 제안대로 하면 이케아식 인테리어보다 훨씬 비용이 많이 들 것이라고 예상했다. 목수라는 직업 때문인지 사람들은 내게 자주 이케아 가구에 대해 어떻게 생각하느냐고 물어 온다. 카리와 욘도 마찬가지였다. 보아하니 이케아는 그 이름만으로 인테리어의 한 기준이 되는 듯했다. 마치 천장의 높이나 창문의 규격이나 건물의 총면적처럼.

이케아가 없는 곳은 없다. 어떤 가구를 선택해도 품질의 차이를 크게 느낄 수 없다. 상품명이나 제조명이 달라도 말이다. 이케아 제품은 거의 모두 디자인이 단순하고 비교적 가격이 싸다. 지불한 만큼 받는다는 말은 이케아 제품에도 적용된다 할 수 있다.

페테르센 부부를 비롯한 대부분의 사람들은 카탈로그에서 보여 주는 인테리어 방식을 너무 당연하게 받아들인다. 우리가 땅에 발을 디디고 사는 것이 중력 때문이라는 사실처럼 이케아식 인테리어도 당연하게 생각하는 것이다. 나도 이케아 가구를 집에 가지고 있는 사람이기에 사람들의 이런 사고방식을 이해할 수 있다. 하지만 나는 이케아 가구에 큰 의미를 부여하지 않는다. 오직 가구가 제 기능을 다 한다면 그것으로 만족할 뿐이다. 그래서 나는 내가 가지고 있는 물건들에 대한 의견을 잘 말하지 않는 편이다.

이케아 가구의 수명은 떡갈나무로 만든 튼튼한 가구나 원목 마루와는 비교할 수 없이 짧다. 이케아를 모르는 사람은 없다. 나는 소위 이러한 이케아 현상이 오늘날 사회의 시간 개념에 영향을 받은 건 아닌가 궁금하기도 하다. 어쩌면 이케아 현상은 현대사회가 낳은 또 하나의 산물일지 모른다. 우리는 어떤 물건의 품질 때문에 그 물건을 새로 바꾸려는 필요성을 느낀다. 하지만 어떤 것을 새것으로 바꾸고 싶어하는 욕구는 물건의 품질을 저하시키는 원인이 되기도 한다. 사람들이 한 물건을 오래 소유하고 사용하는 데 싫증을 느낀다면 굳이 수명이 오래가는 물건을 만들 필요가 있겠는가. 나처럼 물건에 관심이 없는 사람들과, 반대로 물건을 자주 새것으로 바꾸고 싶어하는 사람들 때문에, 어떤 물건을 제조하는 데는 딜레마가 존재하게 된다.

어쨌거나 나는 이케아와 내가 제작하고 만들어내는 것들을 비교할 수 있어 기쁘다고 말할 수 있다. 문제는, 이케아가 초기에는 우리 같은 목수의 작품을 모방했고, 시간이 지나면서 이제 우리 목수들이 이케아를 모방하게 되었다는 것이다. 이는 길게 볼 때 나 같은 사람이 설 자리가 점점 좁아진다는 말과 같다.

아이러니하게도 나는 오늘 저녁 이케아에 갈 예정이다. 덕분에 이번 주말은 완벽한 자유를 누릴 시간은 얻지 못할 것 같다. 트럭을 가지고 있으면 자주 누군가의 심부름을 해주게 된다. 내게 주말은 한 주 동안 일을 하며 고단해진 몸을 쉬는 시간이다. 반면에 다른 사람들에게 주말은 평일에 쉽게 할 수 없었던 큰 장을 보는 시간이다. 덕분에 나의 트럭은 자주 이런 사람들의 손발이 되곤 한다. 주위 사람들의 부탁을 모두 들어준다면 1년 중 10~15번의 주말은 길에서 시간을 보내야 할지도 모른다.

이제 나는 누군가가 이케아 쇼핑을 하니 트럭을 운전해달라고 부탁해 오면 매번 거절한다. 그랬더니 지금은 부탁하는 사람도 거의 없다. 하지만 올레는 내가 무언가를 부탁하면 거절하는 법이 없다. 그러니 오늘처럼 올레가 부탁하면 나도 거절할 명분이 없어진다. 나는 올레의 부탁을 들어주면서도 이건 우정을 빌미로 나를 부려먹는 것이라고 농담처럼 쏘아붙였다. 올레는 이케아에서 미트볼로 저녁을 사겠다고 했다.

46

◦

우리는 일을 하며 쉴 새 없이 대화를 나누었지만
일 이야기는 거의 하지 않았다.
대화의 주제는 대부분 우리가 듣고 있는 음악이나 뉴스에 대한 것이었고,
생각나는 대로 입 밖에 내면
그것이 바로 우리의 대화 주제가 되곤 했다.

연말정산 관련 업무 때문에 오늘 회계사무소에 들러야 한다. 개인 회사를 운영하기 때문에 관련 서류를 5월 중에 제출해야 한다. 단은 페테르센 가족 집에 가 있다. 그는 오늘 이번 주에 할 공사를 혼자서 시작하게 될 것이다. 연말정산 서류를 정리해 제출하고 나면 더욱 가벼운 마음으로 일할 수 있을 것 같다.

이제 남아 있는 일 중에서 규모가 큰 것은 세 가지뿐이다. 우선 마루를 깔고, 그 일이 끝나면 침실 벽을 세울 것이다. 이 일이 끝나면 계단을 설치하면 된다.

평상시 나는 공사 현장에서 보호용 신발을 신는다. 하지만 오늘

부터는 무거운 보호용 신발을 벗고 좀 더 가벼운 신발을 신은 채 일을 해도 괜찮다. 바닥에 흠집을 내지 않기 위해서는 신발 밑창에 아무런 무늬가 없어야 한다. 밑창 홈에 작은 돌 같은 것들이 끼어서 바닥에 흠집을 낼 수 있으니 말이다.

우리는 받침벽과 맞닿은 부분의 마루부터 깔기 시작했다. 바닥재는 욕실과 마찬가지로 특히 벽과 닿은 가장자리 부분을 일정한 크기로 배치하는 것이 중요하다. 벽과 바닥재 사이에 일정한 간격을 두는 것도 매우 중요하다. 실내 온도와 공기 중 습도에 따라 바닥재 크기가 변하기 때문이다. 벽에 너무 가까이 붙여 설치하면, 바닥재가 습기를 머금고 늘어날 경우 마루가 벽을 밀어내기도 한다. 이때 벽이 밀려날 경우는 거의 없기 때문에 가장자리 쪽 마루가 들뜨게 된다.

바닥재는 서로 이어 붙여야 한다. 이때 이음새의 간격을 일정하게 유지하는 것은 필수 조건이다. 어떤 바닥재는 조금 금이 간 부분도 있고, 또 어떤 것에는 옹이가 보이기도 했다. 우리는 작업 속도를 높이기 위해 바닥재를 길이에 따라 네 개의 더미로 분류해 쌓아 놓았다. 이렇게 해놓으니 알맞은 것을 고르려고 길이를 재어보는 등 시간을 허비하지 않아서 좋았다. 동시에 홈이 있는 것들은 옆에 따로 쌓아두고 바닥의 자리를 봐가면서 그중 하나를 골라 설치하곤 했다.

우리는 바닥에 미리 바닥재를 늘어놓고 자리를 잘 잡은 다음 나사못으로 고정했다. 이런 식으로 작업을 하니 일종의 대량생산의 느낌과 함께 시간을 절약할 수 있어서 나쁘지 않았다. 게다가 이음새 간격을 일정하게 맞출 수 있었고, 옹이가 있는 것들은 눈이 잘 가지 않는 곳에 적절히 배치할 수 있어서 더욱 효과적이었다. 미리 계획을 세워서 잘 깐 마루가 생각 없이 즉흥적으로 깐 마루보다 훨씬 좋아 보이는 게 당연하다.

이제 바닥재를 제 위치에 맞게 배치한 다음, 망치와 작은 목재 블록을 사용해 단단히 고정하고 마지막으로 나사못을 박았다. 이때 바닥재끼리 서로 밀착시켜야 하는 경우가 생기면 끌을 사용해 작업했다. 끌을 바닥까지 내려 박은 후 목재 블록을 끼우고 바닥재가 꽉 죄게 밀어 넣었다.

마루 까는 작업은 시간이 매우 많이 걸렸지만 서두르지 않고 차근차근 해나가면 시간 가는 줄 모르고 할 수 있어 나쁘지는 않았다. 반면에 등, 어깨, 무릎은 당연히 욱신욱신 쑤셨다.

단과 나는 라디오를 틀어놓고 일하면서 가끔 신나는 음악이 나오면 흥겹게 몸을 흔들어대기도 했다. 하지만 서로에게 방해가 되는 일은 전혀 하지 않았다. 나는 단이 하는 일을 곁눈질로 슬쩍 확인한 후, 그가 바닥재를 깔면 그 틈을 타서 톱질을 하곤 했다. 서로가 부딪치는 일이 없도록 항상 신경을 썼던 것이다. 가끔 내가 각도나 길이 등이 맞지 않아 낑낑대고 있으면 단은 내가 묻지 않아도 말없이 다가와 도와주곤 했다.

우리는 일을 하며 쉴 새 없이 대화를 나누었지만 일 이야기는 거의 하지 않았다. 대화의 주제는 대부분 우리가 듣고 있는 음악이나 뉴스에 대한 것이었고, 생각나는 대로 입 밖에 내면 그것이 바로 우리의 대화 주제가 되곤 했다. 일 이야기는 꼭 알려야 하는 사항 또는 간단한 질문이 전부였다. 그것으로 충분했고, 우리는 기분 좋게 일을 할 수 있었다.

계단이 들어설 공간 주변에도 바닥재를 깔았다. 바닥에는 미리 뚫어놓았던 구멍 주위로 13밀리미터 정도 떨어진 곳에 돌아가며 선을 표시해두었다. 그곳에 바닥재를 깐 뒤 전기톱을 이용해 그어놓은 선을 따라 정확하게 잘랐다.

이 작업을 마친 후에는 계단통 사방 면에 석고보드를 끼워 넣어 마무리 작업을 해야 한다. 그다음에는 바닥의 가장자리 및 바닥과 석고보드 사이의 틈을 메우기 위해 가늘고 긴 목재를 붙여주어야 한다. 나는 여기에 사용될 목재를 미리 잘라 흰색이 가미된 오일을 칠해서 손질을 해두었다. 이제 계단이 들어서면 이것으로 가장자리를 둘러 마무리 정리를 하면 되는 것이다.

우리는 계단이 들어설 공간 옆의 벽까지 마루를 깔았다. 단은 바닥재를 욕실 벽 쪽까지 깔았고, 나는 침실 벽을 세웠다. 이제 옌스와 프레드릭은 자신들만의 공간을 얻게 된 셈이다.

새로 깐 마루를 보면 언제나 기분이 좋아진다. 앞서 단은 합판 기초 바닥을 깔고 나서 라인댄스를 추었다. 이제 바닥재를 얹은 마루는 폴로네즈(4분의 3박자의 느린 폴란드 민속 춤곡 - 옮긴이)를 추면 더 어울릴 것 같았다. 하지만 단은 춤을 추지 않았다. 비록 라디오에서는 로키 에릭슨Roky Erickson(미국의 록밴드 '서틴스 플로어 엘리베이터스'의 멤버로 사이키델릭 록의 선구자 - 옮긴이)의 흥겨운 음악이 흘러나오고 있었지만 말이다.

"꽤 그럴듯한걸!"

모든 마루는 시간이 흘러 사용을 거듭하면 긁히거나 홈이 파이기 마련이다. 특히 소나무 원목 마루는 쪽매널 마루보다 무르기 때문에 외부 충격에 더욱 쉽게 손상된다. 나는 마루를 깔기 전에 집주인에게 항상 내가 미리 마루에 홈을 좀 내놓을 테니 안심하라고 농담처럼 말하곤 한다. 그렇게 하면 그들은 새 마루를 깔아놓고 홈이 날까 노심초사하지 않고 더 느긋한 마음으로 대할 수 있게 된다. 또 아이들이 바닥에 무언가를 떨어뜨려 홈을 낼까 매번 마음 졸이지 않아도 된다.

물론 실제로 내가 바닥에 미리 흠을 내는 일은 없지만, 말이나마 이렇게 해놓으면 집주인은 새 마루를 대하는 태도와 생각이 달라질지 모른다. 어쨌든 우리는 마루를 깔 때 정성을 다해 조심스럽게 작업을 한다. 마루 역시 흠 하나 없는 완벽한 가구의 하나로 집 안에 자리할 수 있도록.

47

○

아이들은 내가 계단을 어디에 숨겨두었는지 궁금해하며,
혹시 차에 넣어둔 거 아니냐고 물었다.
나는 계단을 가져오는 아저씨는 따로 있다며
아이들의 궁금증을 잠재웠다.

벽 공사가 마무리되자 페인트공이 벽을 매끈하게 다듬고 페인트칠을 시작했다. 그들은 전문가답게 신속하게 일을 했다. 페테르센 부부는 일반 페인트보다 수명이 긴 페인트를 선택했기 때문에 비용이 예상보다 좀 더 늘었다. 하지만 페인트공들이 일을 신속하게 처리한 덕에, 시간당 임금을 기준으로 본다면 그들 부부에게 그다지 손해 보는 일은 아니었다.

단은 바닥 공사를 마치고 침실 문을 설치한 후 벽과 바닥의 가장자리 처리 등 자잘하고 세부적인 작업을 했다. 우리는 미리 오일을 입혀둔 가장자리 자재를 각각의 자리에 설치했고, 페인트공들은 나사못이 만들어놓은 홈에 폼을 집어넣고 틈이 생긴 곳을 메우고 표면을 평평하게 만든 후 마지막으로 페인트칠을 한 번 더 했다.

계단이 들어설 공간을 마무리하는 것은 내 책임이었다.

나는 구멍을 막고 있던 합판 바닥재를 위에서부터 떼어내고 단열재와 대들보, 합판 바닥을 지지하고 있던 1.5×4인치 목재들을 제거했다. 이제 아래층과 다락을 분리하는 것은 한 겹의 얇은 천장뿐이다. 계단 공간을 확보하기 위해 다락 쪽에서 2×4인치 목재를 내려놓고, 단과 함께 앞서 제거했던 합판 바닥을 다시 그 위에 덮었다. 그렇게 함으로써 계단 공간 위에서도 작업을 하는 것이 가능해졌다. 우리는 합판 바닥 위에 보호용 비닐을 덮었다. 새로 깐 마루 가장자리까지 충분히 덮을 수 있도록 비닐을 잘 펼쳐놓았다. 다락에서 발생하는 먼지가 아래층으로 떨어지지 않도록 하기 위해서였다. 이제 다락은 다시 독립된 공간이 되었다.

약속했던 공사 마감일이 3주 앞으로 다가왔다. 하지만 우리에게는 일주일 분량의 일밖에 남지 않았다. 따라서 시간이 부족할까 봐 걱정할 일은 없었다. 공사 말기에 이토록 넉넉한 여유를 가지기란 흔한 일이 아니다.

운반할 것이 있으면 절대 빈손으로 움직이지 않는다. 주말을 앞두고 이제 공사 현장에서 필요 없는 연장과 도구를 내 차에 실었다.

이제 본격적인 마무리 작업이 시작되는 셈이다.

월요일 아침, 페테르센 가족 집에 도착하자 옌스와 프레드릭이 반갑게 인사를 건넸다. 나는 계단 공사를 위해 가설물을 설치하기 시작했다. 그들 가족은 늦잠을 잤는지 평소보다 늦게 집을 나섰다. 나는 그들이 나가기 전에 다락에서 연장과 자재를 가지고 내려왔다. 이제 다락으로 향하는 계단을 설치할 것이라고 말하자 아이들은 들뜬 표정으로 환호했다. 다락이 거실과 침실로 변하는 특별한 날이었다.

옌스는 천장에 구멍을 만드는 것을 직접 보겠다며 어린이집에 가지 않겠다고 고집을 부렸다. 부모님의 허락을 받지 못하자 아이는 울음을 터뜨렸지만, 단이 달래자 언제 그랬냐는 듯 울음을 그치고 집을 나섰다.

단은 어차피 구멍을 막아놓고 일을 할 것이기 때문에 특별히 볼 만한 것도 없다고, 특히 건물 일부를 뜯어내는 작업은 아이들이 곁에서 지켜보기엔 매우 위험하다고 덧붙였다. 망치질을 하고 무언가를 만들어내는 것은 매우 흥미로운 일임은 틀림없지만, 아주 소란스럽고 무서운 일이기도 하다고 말하자, 옌스는 알아들은 듯 고개를 끄덕였다.

"오후에 어린이집에서 돌아오면 볼 수 있을 거야. 저기 저곳에 아주 커다란 구멍이 뚫려 있는 걸 말야." 단이 천장 쪽을 손가락으로 가리키며 말했다.

"저기에 계단이 세워진단 말이죠?" 프레드릭이 아는 척을 하며 끼어들었다.

아이들은 내가 계단을 어디에 숨겨두었는지 궁금해하며, 혹시 차에 넣어둔 거 아니냐고 물었다. 나는 계단을 가져오는 아저씨는 따로 있다며 아이들의 궁금증을 잠재웠다.

나는 시간을 절약하기 위해 지난주 주말이 시작되기 전에 이번 주 할 일의 사전 작업을 해놓았다. 천장 가로세로 지지대로 사용할 목재를 미리 잘라두었고, 계단 공사를 할 때 먼지가 날리는 것을 방지하기 위해 깔아둘 보호용 덮개도 찾아서 꺼내놨다. 단은 이 일을 도와주었다. 이런 일은 두 사람이 함께 하면 훨씬 쉽게 할 수 있다. 우리는 바닥에 석고보드를 쌓아두고 주변을 정리해서, 일을 할 수 있는 동선을 확보해놓았다. 벽에도 보호용 덮개를 설치했다. 보호용 비닐은 천장 지지대에 걸쳐 벽에 늘어뜨렸으며, 벽과 천장이 맞닿는 부분의 비닐은 테이프로 잘 고정해 빈틈이 없도록 했다. 보호용 비닐에는 사람 한 명이 드나들 수 있을 만한 크기로 칼집을 내어 열어두었다. 천장의 기존 골조를 제거하기 위해 이 비닐로 만들어놓은 공간 안에 들어간 후에는 항상 등 뒤의 열린 부분을 테이프로 다시 잘 막아두어야 한다. 이 비닐 텐트는 골조를 제거할 때 떨어지는 먼지와 자잘한 폐기물들을 거두어주는 역할을 한다.

석고 천장을 다룰 때는 조심해야 할 일이 한두 가지가 아니다. 재질이 약하기 때문에 조금만 힘을 줘도 금이 가거나 부서져내린다. 자재가 목재일 경우에는 톱을 사용하면 되고, 석고일 때는 다이아몬드 날을 장착한 앵글 그라인더를 사용하면 된다. 하지만 이 두 가지 자재가 한데 섞여 있을 경우에는 톱을 사용해 정교하게 작업하는 것이 거의 불가능하다. 시간이 좀 걸리더라도 자재에 따라 차근차근 하나씩 작업하는 수밖에 없다.

나는 앵글 그라인더를 진공청소기에 연결해서 천장에서 제거해낸 석고 부스러기가 청소기 먼지 흡입구 속으로 바로 들어갈 수 있도록 했다. 이제는 계단이 들어설 공간을 마무리할 차례였다. 나는 실톱을 사용해 아래층 천장을 잘라냈다. 이때 발생한 먼지와 폐기물은 아래층 바닥을 보호하려고 덮어둔 석고보드 위로 떨어졌다. 이 일을 마치자 우리가 원하던 구멍이 뚫렸고 아래층 천장의 나머지 부분은 온전하게 남았다.

나는 주변을 정리하고 진공청소기를 사용해 말끔하게 먼지를 제거했다. 아래층 천장에서 바닥 사이 계단통 공간 옆면들에 석고보드를 세운 후, 면이 직각으로 구부러진 띠강판을 사용해 석고보드 접합 부분 모서리를 지지하고, 역시 직각으로 구부러진 코너비드(모서리를 보호하는 철물 - 옮긴이)를 사용해 튀어나온 모서리를 덮어주었다. 이렇게 하니 튼튼하고 정확한 모서리가 생겨났다. 천장 쪽은 더 손질하지 않아도 될 만큼 완벽해 보였다. 이 부분에 한해서는 탐이 바로 페인트칠을 할 수도 있을 것 같았다.

계단통 삼면은 석고보드로 마감했지만, 네 번째 면은 벽돌벽이어서 회반죽을 발라 표면을 다듬어야 했다. 요한네스는 오후에 잠시 들러 그곳에 첫 번째 회칠을 했다.

이제 다락은 페테르센 가족 집에서 심장이라고도 할 수 있는 중요한 공간이 되었다. 비록 남은 일은 많지 않았지만 그곳은 아직도 갖가지 연장과 도구로 빈틈이 없었다. 우리는 마지막 작업을 하기 전, 아래층에 살고 있는 페테르센 가족에게 누가 되지 않도록 덮어두었던 벽의 비닐막과 바닥의 석고보드를 모두 제거했다. 페인트공들은 정성을 다해 수차례 회칠 미장을 해서 벽 표면을 매끈하게 정리했다. 그 후 얇은 비닐을 천장에 테이프로 붙여 바닥에까지 늘어뜨렸다. 이물질이 아래층의 다른 공간으로 날아가지 않도록 차단한 것이다.

다락 작업을 마무리한 후 우리는 진공청소기를 사용해 청소를 하고 그것도 모자라 극세사 천을 사용해 남아 있을지도 모르는 세세한 먼지까지 모두 닦아냈다. 다락 거실에 들어갈 가구는 이케아에서 구입한 것이어서 잘라내거나 특별한 손질을 할 필요 없이 설명서에 따라 조립만 하면 되었다. 시간이 많이 걸리지 않는 일이었다.

우리는 마지막으로 계단 구멍 주변에 길고 가는 목재를 사용해 가장자리를 설치했다. 계단을 설치할 때 이 가장자리를 잠시 떼어 냈다가 설치 작업이 끝난 뒤 다시 붙여넣으면 된다. 이 가장자리는 다락과 아래층을 구별하는 표지면서, 공사가 마무리되었다는 상징적 의미도 지닌다. 적어도 내게는 그렇다.

페인트공이 일을 마치자 전기기사가 전선을 연결하고 전구와 스위치를 설치했다. 이 공사의 가장 마지막 단계를 탐과 비외른 올라브가 한 셈이었다. 그들이 마지막 가장자리 자재에 페인트칠을 하고, 전구에 불을 켜자 하나의 작품이 완성된 듯한 느낌이 스쳤다.

그 마지막 마무리는 어찌 보면 조금은 허탈한 순간이라고 해도 좋았다. 그간 해왔던 수많은 작업들, 너무나 큰 변화들, 크고 작은 문제들을 해결하기 위해 고심했던 시간들, 청소를 하고 사용했던 연장과 도구를 트럭으로 다시 운반해 나간 시간들이 차례차례 머릿속을 스쳐갔다.

오늘은 페테르센 씨의 부엌에서 마지막으로 점심 식사를 하는 날이다. 우리는 여느 때와 마찬가지로 커피를 마셨고, 잔을 부딪치며 공사를 무사히 마친 것을 자축했다.

나는 앞으로 며칠 동안 휴가를 즐기며 이따금 서류 작업을 할 생각이었다. 물론 밀린 잠도 푹 자고 낚시 여행도 떠날 계획이었다.

공사를 진행하며 찍어두었던 사진들은 분류해서 기록으로 남겨두고, 갖가지 서류는 주제에 맞게 정리했다. 공사 예산과 최종 비용을 대조하는 작업도 빼놓을 수 없는 일 중 하나다.

내가 산출했던 견적은 최종 비용과 거의 정확하게 맞아떨어졌다. 인부들의 임금을 정산하고 나니, 그것 역시 예산과 거의 일치했다. 단은 작업 시간표를 내게 가져왔고, 나는 거기에 따라 그에게 임금을 지급할 예정이다. 물론 나 자신의 작업 시간표도 작성했다. 나를 포함한 모든 인부의 임금과 자재 비용까지, 지출 금액이 모두 빠져나가고 남는 돈이 나의 순이익이 된다. 이제 나는 여름휴가를 걱정 없이 보낼 수 있고, 가을까지 회사 운영과 생계 걱정을 하지 않아도 된다.

그간 공사를 진행하면서 돈은 항상 중요한 의미를 지녔다. 하지만 공사 도중 부각되는 다른 문제점들에 비하면 덜 중요하다고 생각했기에 돈에 대해서는 비중 있게 언급하지 않았다.

이번 공사는 나의 프로젝트였다. 다음 공사는 단이 상사가 되어 추진할 것이다. 그러면 나는 책임에서 벗어날 수 있다. 일을 하고, 일한 시간을 계산해서 단에게 청구서를 보내기만 하면 된다. 의뢰인과 회의를 하지 않아도 되고, 사전 조사는 물론, 서류 작업과 예산 책정으로 신경을 쓰지 않아도 된다. 어떤 면에서 보면 그 또한 휴가의 연장이라고 할 수 있다. 이제 나는 단순히 주어진 일을 하고 단에게 진두지휘와 서류 작업을 맡기면 되는 것이다.

48

○

그들은 아이들이 우리를 보고 싶어할 것이라며,
서류에 적혀 있지 않은 말, 마음에서 우러나오는 말을 해주었다.
나는 그들의 말에서 진심을 느낄 수 있었다.
그들의 목소리에는 기쁨과 즐거움이 배어 있었고,
나 역시 기쁘고 즐겁기 그지없었다.

초여름인데도 불구하고 한낮의 햇살은 따갑기만 했다. 우리는 공사 마무리 작업의 하나로 점검 작업을 실시했다. 이 작업은 작년 11월 어느 날 어둑한 저녁에 실시했던 사전 작업과는 너무나 달랐다. 외할아버지가 아이들을 돌보는 동안 카리와 욘은 다락으로 올라와 우리와 함께 둘러보았다. 단, 탐, 비외른 올라브, 토마스, 요한네스, 구스타브, 유카, 페터, 그리고 나는 다락 여기저기에 자리를 잡고 앉았다.

우리는 쌍방의 서명이 들어간 계약서를 들고 다락을 둘러보았다. 하나하나 계약 사항을 살펴가며 그것이 계약서에 명시된 대로 실시되었는지, 또 의뢰인이 이를 승인하는지 확인했다. 이 일은 꽤 신속하게 또 거의 형식적으로 진행되었다. 우리는 그간 공사를 하는 도중에도 작업 상황을 그들에게 보여주고 설명해주었으며, 해결 방법을 함께 논의했다. 카리와 욘은 이런 식으로 공사 프로젝트에 참여했으며, 나는 그들이 결과에 만족할 것이라고 늘 믿었다.

이제 그들은 다락의 주인이 되었다. 마루를 본 그들은 매우 만족해했다. 나는 이제 마루에 흠이 생겨도 내 책임이 아니라는 생각에 안도할 수 있었다.

최종 서명은 그간의 장정에 마침표를 찍는 행위라고 봐도 좋다. 공사를 시작하기 전 계약서에 기입했던 그 첫 서명과는 다른 의미를 지니는 것이다.

문득 페테르센 부부와 함께 대화를 나눈 지 꽤 오래되었다는 생각이 스쳤다. 지난번에 이렇게 마주 앉아 서명을 했던 것은 공사를 시작하기 전 사전 조사 작업을 했던 날이 아니었던가. 욕실을 보여주니 카리는 떡갈나무로 인테리어를 했다는 데 매우 만족스러워했다. 그녀는 공사가 마무리된 욕실을 보니 왜 처음에 이케아식 인테리어를 하겠다는 생각을 했는지 스스로도 이해를 할 수 없다고 말했다. 받침벽과 대들보 관련 문제와 그 해결 방식을 설명해주며 천장 쪽을 가리키니, 페테르센 부부의 얼굴에 만족한 표정이 스쳤다. 그들 눈에도 버팀목을 제거해 변한 모습이 확연히 눈에 띄었기 때문이다.

카리와 욘은 바닥 자재로 원목을 선택한 것에 만족한다고 입을 모았다. 그들은 일전에 방문한 친구가 다락 욕실의 사시나무 패널을 보고 매우 감탄했다며 자랑스럽게 이야기해주었다. 그들은 프레드릭과 옌스가 다락에서 본 것들, 직접 만든 나뭇배를 별장까지 가져가 물에 띄웠다는 이야기를 시도 때도 없이 늘어놓는다고 했다. 그들은 아이들이 우리를 보고 싶어할 것이라며, 서류에 적혀 있지 않은 말, 마음에서 우러나오는 말을 해주었다. 나는 그들의 말에서 진심을 느낄 수 있었다. 그들의 목소리에는 기쁨과 즐거움이 배어 있었고, 나 역시 기쁘고 즐겁기 그지없었다.

우리는 그들의 집에서 소란스러운 소리를 내고 수없이 많은 양의 먼지를 만들어냈다. 어쩌면 그들은 이제 엄청난 액수의 공사비 청구서를 마지막으로, 월요일 아침마다 인사를 건넸던 우리의 목소리를 듣지 않을 수 있어 홀가분할지도 모른다. 충분히 이해할 수 있는 일이다. 그들이 우리 일에 진심으로 만족했다 할지라도 몇 달 동안 거의 매일 한 집에서 마주치는 일이 계속된다면 짜증이 나기 마련이니까.

그레프센에서는 단에게 일을 맡긴 의뢰인이 우리를 기다리고 있다. 우리는 그곳에서 모든 창문을 교체하고, 건물 외벽의 패널과 단열재도 교체한 후 새로운 외벽을 올릴 예정이다. 여름에 하기 좋은 일이다. 우리는 그 일을 완전히 마무리하기 전에 짤막하나마 여름 휴가도 즐길 계획이다. 그 후에는 감블레뷔엔에서 부엌 공사를 진행할 것이다.

옛말에 메뚜기가 어디로 튈지는 아무도 모른다고 했다. 마찬가지로 목수의 트럭도 어느 곳으로 방향을 돌릴지 아무도 모른다.

목수 일기

펴낸날	초판 1쇄 2017년 6월 15일

지은이	올레 토르스텐센
옮긴이	손화수
펴낸이	심만수
펴낸곳	(주)살림출판사
출판등록	1989년 11월 1일 제9-210호

주소	경기도 파주시 광인사길 30
전화	031-955-1350 팩스 031-624-1356
홈페이지	http://www.sallimbooks.com
이메일	book@sallimbooks.com

ISBN	978-89-522-3671-5 03610

이 도서의 국립중앙도서관 출판예정도서목록(CIP)은 서지정보유통지원시스템 홈페이지
(http://seoji.nl.go.kr)와 국가자료종합목록시스템(http://www.nl.go.kr/kolisnet)에서
이용하실 수 있습니다.(CIP제어번호: CIP2017012237)

책임편집·교정교열 성한경·김미진